★図解★

最新 労働安全衛生法の

基本と実務がわかる事典

社会保険労務士・
中小企業診断士
森島 大吾 監修

安全な職場環境づくりに不可欠な1冊!

安全管理体制や
安全衛生教育など、
労働安全衛生法の
基本事項を網羅。
建設業における危険防止措置、
健康診断、ストレスチェックから
ハラスメント、労災保険、健康保険などの
関連知識まで解説。

● **労基署への報告書、各種届、安全衛生規程などの書式も掲載**

労働安全衛生法／事業場／安全配慮義務／安全衛生管理体制／総括安全衛生管理者／安全管理者／安全衛生推進者／衛生推進者／作業主任者／産業医／安全委員会／衛生委員会／安全衛生委員会／統括安全衛生責任者／安全衛生責任者／元方事業者／現場監督／ジョイントベンチャー／安全衛生管理規程／労働者死傷病報告／安全管理指針／安全衛生教育／建設現場における特別教育／メンタルヘルス対策／ハラスメント／パワハラ防止法／過労死／労災認定／健康診断／ストレスチェック／労働保険／労災保険／特別加入者／業務災害・通勤災害／健康保険／傷病手当金／副業時の労災／被災した場合の労災認定　など

三修社

はじめに

　建設業では、建設物の大型化や作業の機械化によって一度事故が起こってしまうと、大規模な労働災害になってしまう危険性を持っています。また、IT分野の発展によって、パソコンを使っての作業が当たり前になってきました。このような作業は、個業化・分業化によって一人ひとりの作業が見えにくくなりメンタル不調になる原因にもなっています。このような時代の変化に合わせ、労働者が安心して働ける環境整備を目的に運用されているのが、「労働安全衛生法」です。労働安全衛生法は、労働災害の防止、労働者の安全と健康の確保、快適な職場環境を促すため、事業主が守るべき項目が規定されています。

　最近では、企業が全く異なる業態に転換したり、働き方が多様化するなど、より複雑な労働環境になることが予想されています。それらの変化に対して、安全衛生に関する基本的な知識を身につけ、労働災害を予防していくことはこれまでと変わらず非常に大切なことです。また、今後は、これらの基本的な項目を守るだけでなく、よりよい職場環境を提供することで生産性の向上、人手不足の解消などにも力をいれていく必要があるでしょう。

　本書では、労働安全衛生法で求められている基本的な事項について解説した入門書です。本書で扱う内容は、労働安全衛生法の全体像、社内の安全衛生管理体制・下請け等が混在する建設現場などでの安全管理体制、特殊な作業によって生じる危険・健康被害を防止するための措置、メンタルヘルスを中心とした健康管理です。さらに、万が一、労働災害に遭ってしまった場合の治療や休業補償について労災保険や健康保険の給付内容を記載しています。

　本書をご活用いただき、皆様のお役に立てていただければ監修者として幸いです。

監修者　社会保険労務士・中小企業診断士　森島　大吾

Contents

第3章　危険防止と安全衛生教育

第6章　安全衛生に関する書式サンプル集

第 1 章

労働安全衛生法の基本

1 労働安全衛生法①

労働者が快適に職場で過ごせるようにする法律

○ どんな法律なのか

労働安全衛生法は、職場における労働者の安全と健康を確保し、快適な職場環境を作ることを目的として昭和47年に制定された法律です。もともとは労働基準法に安全衛生に関する規定がありましたが（労働基準法第5章参照）、その重要性から独立した法律として置かれることになりました。このため、同法1条には「労働基準法と相まって労働者の安全と健康を確保するとともに、快適な職場環境の形成を促進する」と規定されています。そして、同条は「労働者の安全と健康の確保」と「快適な職場環境の形成」という目的を達成するため、企業側に「危害防止基準の確立」を求めています。あわせて「責任体制の明確化」も求めており、労働安全衛生法第3章に「安全衛生管理体制」という章を置いて詳細な規定を設けています。

その一方で、企業側がいかに安全で快適な職場環境を整えても、労働者側の著しい不注意や安全に対する意識の欠如によって、思わぬトラブルを招きかねません。そこで、労働者側も労働災害防止のために必要な事項を守る他、労働災害防止措置に協力するよう努めるべきと規定しています（4条）。労働者側の義務の例として、各種健康診断の受診義務（66条5項）を挙げることができます。一般的な企業で行われている各種健康診断は、実は労働安全衛生法が企業に対して義務付けているのです。

労働安全衛生法には、①同法の目的を達成するために厚生労働大臣や事業者が果たすべき義務、②機械等や危険物・有害物に対する規制、③労務災害を防止するために講じなければならない措置、④事業者が労働者の安全を確保するために安全衛生を管理する体制を整えること（安全衛生管理体制の確立）、⑤同法に違反した際の罰則などが規定されています。事業者には、大切な従業員を労働災害などの危険から守り、安心して働くことができる職場づくりを行うためにも、労働安全衛生法が重要な法律であることを理解し、計画的な安全衛生対策を講じていくことが求められます。

○ どのような組織を配置する義務があるのか

労働安全衛生法は、労働者の安全と衛生を守るため、安全管理体制を構築すべく、さまざまな役割を負った組織（スタッフなど）を事業場に配置する

ことを事業者に義務付けています。労働安全衛生法により配置が義務付けられている組織は、総括安全衛生管理者、産業医、安全管理者、衛生管理者、安全衛生推進者・衛生推進者、安全委員会・衛生委員会などです。

また、建設業など請負の労務関係で行われる仕事は、「元請けから依頼を受けた下請けが、さらに孫請けに依頼する」というように数次にわたる関係となるため、一般の安全管理体制とは異なる方法の安全管理体制の構築が求められています。

● 会社が講じるべき措置

労働安全衛生法は、事業者が配置すべき組織の種類の他にも、事業者が講じるべき措置について定めています。

まず、機械等の設備による危険、爆発性・発火性の物などによる危険、掘削・採石・荷役などの業務における作業方法から生じる危険などを防止する措置を講じなければならないことを定めています（20条、21条）。次に、ガス・粉じん・放射線・騒音・排気などにより、労働者に健康被害が生じないような措置を講じなければならないとしています（22条）。

さらに、下請契約が締結された場合には、元請業者（元方事業者）は、下請業者（関係請負人または関係請負人の労働者）に対して、労働安全衛生法や関係法令に違反することがないよう、必要な指導をしなければならないとしています（29条）。

この他、事業者が講じるべき措置として、総括安全衛生管理者などの選出、安全衛生委員会などを開催する「安全衛生管理体制の整備」、労働者に対する「安全衛生教育の実施」、労働者の健康を保護するための「健康診断の実施」などが挙げられます。

労働安全衛生法の全体像

労働安全衛生法 ← 労働基準法

総合的計画的な対策を推進

| 労働災害の防止のための危害防止基準の確立 | 責任体制の明確化 | 自主的活動の促進の措置 |

・職場における労働者の安全と健康を確保
・快適な職場環境の形成

2 労働安全衛生法②

労働者の生命・健康を守るためのさまざまな措置を行う

● 労働者への安全衛生教育

労働安全衛生法では、事業者が労働者の生命や健康を守るために安全衛生教育を行わなければならないことを定めています。

たとえば、事業者は、新たに労働者を雇い入れた場合や作業内容を変更した場合、労働者に対して安全衛生についての教育を行うことが義務付けられています（59条）。

また、現場で労働者を指導監督する者（職長など）に対しては、労働者の配置や労働者に対する指導の方法などについて、安全衛生の観点からの教育（職長教育）をしなければなりません（60条）。これらの安全衛生教育によって、安全衛生に対する労働者の意識向上を図ろうとしています。

● 労働者の健康保持のための検査

労働安全衛生法は、労働者の健康を守るために、いくつかの検査を行うことを事業者に義務付けています。

まず、有害物質を扱う屋内作業場などでは、労働者の健康が害される可能性が高いため、作業環境下での空気の汚染度合いの分析をする作業環境測定を行わなければなりません（65条）。

次に、事業者は、労働者に対して定期的に健康診断を実施しなければならず（66条）、実施後には、診断結果（異常の所見がある労働者についてのものに限る）に対する事後措置について医師の意見を聴くことも義務付けられています（66条の4）。また、労働者のメンタルヘルス対策、過重労働対策として、ストレスチェックを実施することも規定しています（66条の10）。ただし、対象労働者は、常時50名以上の労働者を使用する事業者となっています。

このような検査を経て、労働者の健康が害されるおそれがあると判明したら、事業者は、必要な対策を講じなければなりません。たとえば、作業環境測定により労働者への悪影響の可能性が判明した場合は、新たな設備の導入などを行い（65条の2）、健康診断により労働者の健康状態の悪化が判明した場合は、労働時間の短縮や作業内容の変更などを行います（66条の5）。

● 快適な職場環境を形成するために

事業者は、労働者が快適に労務に従事できるよう、職場環境を整えるよう努めなければなりません（71条の2）。具体的には、厚生労働省が公表する「事業者が講ずべき快適な職場環境の

形成のための措置に関する指針」を参考にします（71条の3）。この指針では、労働環境を整えるために空気環境、温熱条件、視環境、音環境を適切な状態にすることが望ましいとされています。また、労働者に過度な負荷のかかる方法での作業は避け、疲労の効果的な回復のため休憩所を設置することも重要である、と定めています。

そして、これらの措置を講じる際に、労働者の意見を反映させ、継続的かつ計画的に取り組んでいく必要があります。労働者にストレスが生じやすいという状況をふまえ、労働者が働きやすい環境を作ることが必要です。

また、労働者が労働災害に遭うことを防ぐため、厚生労働大臣には労働災害防止計画の策定・変更が義務付けられています。具体的には、①関係者がめざす計画の目標（死亡者数の減少など数値目標を掲げる）、②重点施策、③重点施策ごとの具体的取り組み、などの策定をします。労働災害防止計画の策定・変更にあたっては、労働政策審議会の意見を聴くことが必要です。その上で、社会情勢による労働災害の変化を反映させ、労働災害の防止のための主要な対策に関する事項や、その他労働災害の防止について重要な事項を定めます。

● 各種報告も義務付けられている

事業者には、さまざまな報告も義務付けられています。たとえば、事業場において、火災・爆発等が起きた場合には労働基準監督署へ「事故報告」を提出する必要があります。また、労災事故が発生し、労働者が休業などをした場合においては「労働者死傷病報告」を提出します。故意に提出しない場合には労災隠しが疑われる可能性があるので、注意しましょう。

総括安全衛生管理者や衛生管理者、産業医等を新たに選任した場合や変更した場合にも報告する義務があります。

安全衛生に関する教育

安全衛生教育	雇入れ時・作業内容変更時教育	労働者を新たに雇い入れた場合や、作業内容を変更した場合に行う
	特別教育	労働者を危険・有害業務に就かせる場合に行う
	職長教育	新たに政令で定める業種に就くことになった職長などの指揮・監督者に対して行う

3 事業場・事業者・労働者

同じ会社でも場所が離れていれば事業場は区別される

● 事業場について

　労働安全衛生法は、事業者にさまざまな義務を課す上で、「事業場」ごとに義務付けるという制度を採用しています。つまり、労働安全衛生法で事業場は適用単位として用いられる概念ということができ、労働基準法も同じ考え方を採用しています。通達（昭和47年9月18日基発第91号）によると、事業場とは「工場、鉱山、事務所、店舗等のごとく一定の場所において相関連する組織のもとに継続的に行なわれる作業の一体」のことで、一言でいうと一定の場所における組織的な集まりを指します。事業場については、同一場所にあるものは原則として1つの事業場となるのに対し、場所的に分散しているものは原則として別個の事業場と判断されます。

　たとえば、東京に本社、大阪・横浜・福岡に支社がある事業者の場合、東京本社が1つの事業場、3つの支社でそれぞれの事業場となるため、1つの事業者が4つの事業場を有することになります（次ページ図）。

　ただしこれには例外規定があります。場所的に分散しているものであっても、出張所や支所など規模が著しく小さく、1つの事業場という程度の独立性

がないものは、直近上位の機構と一括して1つの事業場として取り扱われます。たとえば、新たに出張所が設置され、労働者が1名しかいないケースなどは、出張所に事業場としての独立した機能がないと判断されると、その出張所の上位となる部署・組織と一括して1つの事業場として取り扱われることになります。

　反対に、同じ場所にあっても、著しく「働き方」（労働の態様）を異にする部門がある場合において、その部門を別個の事業場としてとらえることで、労働安全衛生法がより適切に運用できるときは、その部門を別個の事業場としてとらえます。たとえば、工場と診療所が同じ場所にある場合に、工場と診療所を別個の事業場としてとらえるのが典型的な例です。

● 業種の区分について

　建設業や製造業の現場では大変危険な作業が伴います。重大事故を引き起こす危険性も高いため、労働安全衛生法は、機械や化学物質の取扱いについてさまざまな規制を設けています。

　1つの事業場で行われる業態ごとに定められているのが「業種」です。労働安全衛生法は、業種に応じて異なる

安全衛生管理の規制が定められています。１つの事業場において適用されるのは１つの業種のみであるため、同一の場所で複数の業務が行われる場合には、業種ごとに事業場も区別されます。たとえば、工場と事務所が同一の場所にある場合には、工場が「製造業」、事務所が「その他の業種」としての適用を受けます。

● 労働安全衛生法上の事業者や労働者について

労働安全衛生法には、その事業場で働く労働者の健康と安全を守るために、事業主と労働者が守らなければならない事項が規定されています。その大部分は事業者が行わなければならない措置あるいは行うことが禁止されている事項です。

ここでいう「事業者」とは、その事業における経営主体、つまり「事業を行う者で、労働者を使用するもの」と定義されています（２条３号）。労働基準法の「使用者」の定義とは異なり、たとえ課長などの管理者に事業者が権限を与えていたとしても、それらは事業を行うものには該当しないため、事業者とはなりません。また、個人企業の場合は、その個人企業を経営している事業主個人が事業者となり、株式会社や合同会社などの法人企業の場合は、法人自体が事業者になります。これに対し、事業または事務所（同居の親族のみを使用する事業または事務所を除く）に使用され、賃金を支払われる者が「労働者」です（３条２号）。

ただし、家事使用人などは労働安全衛生法の適用が除外されます。注意すべき点は、名称や雇用の形態などは無関係だということです。たとえば、役員の地位を与えられていても、業務執行権を有する者の指揮命令下で労働している場合や、請負契約を結んでいても、業務の実態が被雇用者と変わらない場合は、労働者とみなされることがあります。

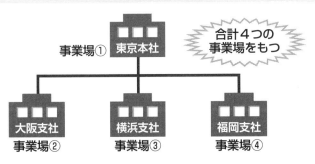

事業場のカウント方法

事業場①　東京本社

合計４つの事業場をもつ

大阪支社　事業場②　　横浜支社　事業場③　　福岡支社　事業場④

事業者・労働者の責務

事業者は、民事・刑事責任の対象となり、行政処分を受ける可能性もある

◉ 事業者の責務・労働者の責務とは

労働安全衛生法が定められた目的は「労働者の安全と衛生を守ること」で、労働災害防止もその一環とされています。労働条件全般については、労働基準法が規定していますが、特に労働者の安全・衛生に特化して、労働基準法から独立して制定された法律が労働安全衛生法です。そのため、労働安全衛生法では、事業者の責務として以下のような点が規定されています。

・労働安全衛生法で定める労働災害防止のための最低基準を守る

・快適な職場環境の実現と労働条件の改善を通じて職場における労働者の安全と健康を確保する

・国が実施する労働災害防止に関する施策に協力する

一方、事業者がどんなに労働災害の防止に努め、労働者の安全と健康を守る努力をしたとしても、労働者がそれを損なうような行為をしていては効果を上げることはできません。そのため、労働安全衛生法では、労働者側の責務として事業者が行う措置に協力することなどを規定しています。

◉ 事業者に課される責任

労働災害を発生させた事業者は、刑事責任・民事責任の対象となるとともに、行政処分を受ける場合もあります。

・刑事責任

労働安全衛生法の多くの規定の違反については刑事責任の対象になりますが、労働安全衛生法が規定する刑罰は、違反行為者である個人（自然人）に科されるのが原則です。ただし、違反行為者が事業者の代表者や従業者などである場合には、代表者や従業者などに刑罰が科されるとともに、その事業者にも罰金刑が科されます。これを両罰規定といいます。

・民事（民事損害賠償）責任

労働災害によって死傷した労働者またはその遺族は、労働者災害補償保険の給付を受けることができます。しかし、それだけですべてが片付くわけではありません。労働者が労働災害によって受けた精神的苦痛や財産的損害を賠償する民事上の責任が、事業者に対して生じることがあります。

・行政処分

労働安全衛生法の一定の規定に違反する事実がある場合、事業者や注文者などは、作業の停止や建設物等の使用停止・変更といった行政処分を受ける可能性があります。労働安全衛生法に違反する事実がなくても、労働災害発

生の急迫した危険があって緊急の必要がある場合、事業者は、作業の一時停止や、建設物等の使用の一時停止といった行政処分を受ける可能性があります。

● 働き方改革で事業者の責務が追加された

働き方改革では、時間外の上限時間や正規社員と非正規社員の不合理な待遇差の禁止など、さまざまな法律が改正されました。それに伴って、労働安全衛生法も平成31年4月1日に改正され、「産業医・産業保健機能」と「長時間労働者に対する面接指導」が強化されました。

安全衛生体制として、衛生委員会を開催する必要がありますが、形骸化してしまっている事業場も多くなっています。また、産業医を選任しているが、何をやってもらってよいのかがわからないという事業場も多くあります。

そこで、労働安全衛生法の改正では、産業医・産業保健機能の強化が図られ

ました。産業医を選任した事業者は、産業医に対して次のような情報を提供しなければなりません。

・健康診断等に基づく面接指導実施後に講じた措置または講じようとする措置の内容
・時間外、休日労働時間が1か月当たり80時間を超えた労働者の氏名、超えた時間
・産業医が労働者の健康管理等を適切に行うために必要と認めるもの

また、産業医が事業者に労働者の健康管理を有効に機能させるために勧告をした場合には、衛生委員会に報告し、委員会は必要な調査審議を実施しなければなりません。

また、事業者は、時間外・休日労働時間が1か月当たり80時間を超えた労働者には、超えた時間に関する情報を通知しなければなりません。あわせて、面接指導の申し出を促すことが望まれています。

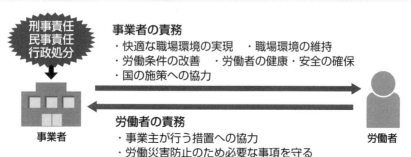

事業者・労働者の責務

刑事責任
民事責任
行政処分

事業者の責務
・快適な職場環境の実現　・職場環境の維持
・労働条件の改善　・労働者の健康・安全の確保
・国の施策への協力

事業者

労働者の責務
・事業主が行う措置への協力
・労働災害防止のため必要な事項を守る

労働者

5 安全配慮義務

労働者の安全や健康を守るため必要な措置を講ずることが必要

○安全配慮義務とは

　事業者（使用者）には「安全配慮義務」が課せられています。安全配慮義務とは、労働者が職場において安全に労務を提供できる環境を整備する義務ということです。これは労働災害の発生を防止し、労働者を保護するために定められた最低限度の義務だといえます。

　労働契約法5条は、「使用者は、労働契約に伴い、労働者がその生命、身体等の安全を確保しつつ労働することができるよう、必要な配慮をするものとする」と規定して、事業者（使用者）が労働者に対して安全配慮義務を負うことを明示しています。

　もっとも、事業者に求めている「必要な配慮」の内容は一義的に定まるものではなく、当該事業場での労働者が担う職種や職務の内容などに応じて、個別に決定せざるを得ません。安全配慮義務を果たすため、事業者がどのような対策を講じていくかについては、さまざまな場面が想定できるため、ケース・バイ・ケースで考えていく必要があります。

○具体的な措置内容とは

　安全配慮義務を果たすためにどのような対策を講じていくかについて

は、さまざまな場面が想定できるため、ケース・バイ・ケースで考えていく必要があります。

　たとえば、危険な作業方法などを伴う仕事に従事する労働者に対しては、労働者を危険から守るための措置を具体的に講じることが必要です。

　また、労働時間が長くなりすぎてしまい、労働者が過労死するような状況が生じているような場合には、その労働者の業務内容を洗い出した上で、振り分けが可能な分は他の労働者に行わせる方法や、新たな労働者を雇うなどの、労働者の負担を軽減するような措置を講じることが要求されます。

　労働者の健康のために普段から行うべきことは、専門医によるカウンセリング（健康相談）を定期的に実施することです。カウンセリングにより何か問題が発覚した場合には、その都度適切な措置を講じることを考えます。

　このように、事業者（使用者）が果たすべき安全配慮義務の内容は通り一辺倒なものではなく、労働者が置かれた労働環境の状況に応じて変化します。

　労働者が劣悪な労働環境に置かれた場合、心身を害して休職をする可能性や、退職につながる可能性があります。事業者は、貴重な人材を失うばかりか、

場合によっては劣悪な労働環境に対する訴えを起こされるケースもあり、多大な労力を費やす危険性があります。

このような事態を防ぐため、事業者は、労働者の安全や健康を守るために何をするべきかを常に考え、必要な配慮について措置を講じる必要があります。

●安全配慮義務違反の具体例とは

どのような場合に安全配慮義務違反が問われるかは、労働者の置かれた環境などによって変わるため、一概に説明することはできません。ここでは、いくつかの裁判例をもとに、「安全配

慮義務違反がある」という判断が下された事例を示していきます。

まず、製造現場での被災という点において「石綿セメント管を製造していた会社の従業員に対する安全配慮義務違反」が認められたケースがあります（さいたま地裁平成24年10月10日判決）。石綿（アスベスト）に関しては、作業に従事した労働者に対する多大な健康被害が現在でもたびたび取り上げられています。

石綿の健康被害については、石綿健康被害救済法に基づいて、平成19年4月以降、労災保険適用事業場のすべて

安全配慮義務

安全配慮義務	違反	→ 事業者は損害賠償義務などを負う

- ・労働者の生命・身体などの安全を確保するため、必要な措置を講じなければならない
- ・労働安全衛生法上の義務の遵守に限らず、労働者の健康や安全を確保する姿勢が重要

安全配慮義務を果たすための会社側の対策

安全配慮義務を果たすための対策
- → 危険な作業方法を伴う仕事については労働者が危険な状態に陥らないようにする措置を講じる
- → 労働者の負担を軽減するような措置を講じる
- → 専門医によるカウンセリングを定期的に実施する
- → カウンセリングなどで問題が発覚した場合には、その都度適切な措置を講じる
- → 労働者の安全や健康を守るために必要なことは何かを常に考えておく

の事業主（事業者）に対して、石綿健康被害救済のための一般拠出金の負担を義務付けています。

次に、宿直中の労働者が外部からの侵入者により殺傷された事件が発生したケースでは、会社が外部からの侵入者を防ぐための物的設備を施すなどの措置を講じなかった点に安全配慮義務違反があったとされました（最高裁昭和59年4月10日判決）。

さらに、労働者が過労死した事件においては、会社が労働者の健康に配慮し、業務の軽減・変更などの方法で労働者の負担を軽減するための適切な措置をとらなかった点に安全配慮義務違反があったとされました（東京高裁平成11年7月28日判決）。

他にも、労働者が勤務中に自動車の運転を誤って同乗者を死亡させた事件では、会社などの安全配慮義務として、車両の整備を十分に行う義務や、十分な運転技術を持つ者を自動車の運転手として指名する義務があるとされています（最高裁昭和58年12月6日判決、最高裁昭和58年5月27日判決）。

このように、安全配慮義務はさまざまな場面で問題となります。事業者は、自社の労働者を危険から守るためにどのような安全配慮義務を負うのかについて、常に考えていく必要があります。

なお、安全配慮義務違反が原因で、労働者が負傷や病気になった場合には国が労災保険給付を行う場合があります。この場合には、労災保険給付の価額の限度で事業主は損害賠償責任を免れます（慰謝料などは除く）。

●中高年齢者に対しての安全配慮

近年、少子高齢化や不景気などの影響により、中高年の労働者の割合が増加する事業場が多くあります。

経験豊富で知識量、技術力の高い労働者がいるのは事業場にとって財産といえるものの、その一方で年齢が高くなるに従って心身の機能が衰え、労働能力が低下する人がいることも事実です。

このため、労働安全衛生法では事業者に対し、「中高年齢者の就業につい

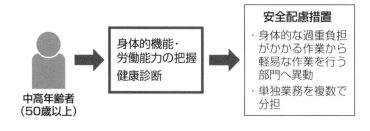

中高年齢者に対する安全配慮義務

中高年齢者
（50歳以上）

→

身体的機能・
労働能力の把握
健康診断

→

安全配慮措置
・身体的な過重負担がかかる作業から軽易な作業を行う部門へ異動
・単独業務を複数で分担

て、心身の条件に応じて適正な配置を行うように努力すること」を求めています。

　安全配慮の内容としては、たとえば、身体的に過重な負担がかかる作業を行う部門から軽易な作業を行う部門に移す方法や、それまで1人で行っていた業務を複数で分担できるようにするといった方法が考えられます。

　なお、ここでいう「中高年齢者」とは、厚生労働省ではおおむね50歳以上を想定しています。しかし、労働者の身体的機能や労働能力は、単純に年齢だけではかれるものではありません。事業者としては個々の労働者の心身の状況をチェックした上で、それぞれに必要な対策を検討することが必要です。

●安全配慮義務違反の例外

・予見可能性がなかった場合

　予見可能性とは、あらかじめ発生する危険を察知できたかどうかです。た

とえば、精神疾患によって自殺したケースでは、精神的な疾患を患っていたことを知っていった者が社内に誰もおらず、叱責や指導方法についても、業務の範囲内で逸脱が認められないときには安全配慮義務違反ではないと判断されることがあります。

　また、予見可能性があったとしても、適切な防止措置を取っていた場合にも安全配慮義務違反ではないと判断されることがあります。

・相当因果関係がない場合

　上記の例で、精神疾患によって自殺した場合において、配偶者との離婚や親族の死亡など、業務以外に強い精神負担があった場合には、事業主の責任とは言えないため、安全配慮義務違反でないと判断される可能性は高くなります。あるいは、事業主の責任が軽減される場合もあります。このように、相当因果関係があるかどうかは、ケース・バイ・ケースで判断されます。

安全配慮義務違反が肯定された事例

石綿セメント管を製造していた会社の従業員に対する安全配慮義務違反
➡ 会社が石綿による健康被害を防止する適切な措置を講じなかった点に違反を肯定

宿直中の労働者が外部からの侵入者により殺傷された事件
➡ 会社が外部侵入者を防ぐ物的設備を施すなどの措置を講じなかった点に違反を肯定

労働者が過労死した事件
➡ 会社が業務負担の軽減などの適切な措置を講じなかった点に違反を肯定

Column

労働時間の適正な把握

　長時間労働は、労働者の心身の疲労から労働災害の発生リスクを高めます。また、労働災害リスク以外にも、従業員の離職、生産性の低下など企業経営にも大きな影響があるものです。そのため、長時間労働の是正は、国をあげた課題となっています。

　労働基準法では、労働時間、休日、深夜業について規制を設けているため、使用者は、労働時間の適正な把握が求められています。平成29年には「労働時間の適正な把握のために使用者が講ずべき措置に関するガイドライン」を策定しています。ガイドラインでは、労働時間の考え方、労働時間の適正な把握のために使用者が講ずべき措置などを記載しています。一方、管理監督者やみなし労働時間制が適用される労働者については、適用の範囲としていないことから、ガイドラインでは労働基準法上の割増賃金等の観点を重視していることがうかがえます。

　しかし、管理監督者やみなし労働時間制が適用される労働者であっても長時間労働による心身の疲労を見過ごしていくことはできません。そのため、平成31年の労働安全衛生法の改正によって、これらの労働者の労働時間の状況についても把握しなければならないとされました。具体的には、長時間労働者の労働時間等を産業医に情報提供する義務が事業主に課されたため、すべての労働者の労働時間の状況が客観的な方法で把握される必要があります。

　労働時間の把握は、タイムカードによる記録、PCなどの使用時間の記録などの客観的な方法や使用者による現認が原則となります。やむを得ない理由によって、これらの方法がとれない場合のみ自己申告制によることができます。ただし、自己申告制であっても適正な申告をするように十分な説明を行う必要があります。

　なお、労働時間の状況の記録は、３年間保存する必要があります。

第2章

安全衛生管理体制の全体像

1 安全衛生管理体制①

安全を確保するための組織を設置しなければならない

● なぜ管理体制の構築が必要なのか

事業者には安全で快適な労働環境を維持することが求められています。しかし、どんなに事業者が「安全第一」という理想を掲げ、環境整備を試みても、実際に業務を行う労働者にその意図が正確に伝わらず、ばらばらに動いていたのでは労働災害を防ぐことはできません。その目的を達成するためには、安全確保に必要なものが何であるかを把握し、労働者に対して具体的な指示を出し、これを監督する者の存在が不可欠となります。

このため、労働安全衛生法では安全で快適な労働環境を具体的に実現する上での土台として安全衛生管理体制を構築し、責任の所在や権限、役割を明確にするよう義務付けています。

● 事業場の規模と労働者数で分類される

労働安全衛生法では、事業場を一つの適用単位として、その事業場の業種や規模によって構築すべき安全衛生管理体制の内容を分類しています。設置すべき組織には、次のような種類があり、常時使用する労働者数によって選任が義務付けられています。

① **総括安全衛生管理者**

安全管理者、衛生管理者などを指揮するとともに、労働者の危険防止や労働者への安全衛生教育の実施といった安全衛生に関する業務を統括管理します。

② **安全管理者**

安全に関する技術的事項を管理します。

③ **衛生管理者**

衛生に関する技術的事項を管理します。

④ **安全衛生推進者**

安全管理者や衛生管理者の選任を要しない事業場で、総括安全衛生管理者が総括管理する業務を担当します。

⑤ **産業医**

労働者の健康管理等を行う医師のことです。

⑥ **作業主任者**

高圧室内作業などの政令が定める危険・有害作業に労働者を従事させる場合に選任され、労働者の指揮などを行います。

● 業種の区分

一般の安全衛生管理体制においては、業種を次のように区分しています（次ページ図）。

ⓐ 林業、鉱業、建設業、運送業、清掃業

ⓑ 製造業（物の加工業を含む）、電気業、ガス業、熱供給業、水道業、

通信業、各種商品卸売業、家具・建具・什器等卸売業、各種商品小売業、家具・建具・什器小売業、燃料小売業、旅館業、ゴルフ場業、自動車整備業、機械修理業

ⓒ　その他の業種

たとえば、総括安全衛生管理者は、労働者数が常時100人以上のⓐの事業場、常時300人以上のⓑの事業場、常時1000人以上のⓒの事業場で選任します。安全管理者は、労働者数が常時50人以上のⓐとⓑの事業場で選任します。衛生管理者や産業医は、労働者数が常時50人以上のすべての業種の事業場で選任します。なお、これらは選任すべき事由が発生した日から14日以内に選任し、遅滞なく労働基準監督署へ報告を行わなければなりません。

労働安全衛生法で配置が義務付けられている組織

業　種	規模・選任すべき者等
製造業（物の加工を含む）、電気業、ガス業、熱供給業、水道業、通信業、自動車整備及び機械修理業、各種商品卸売業、家具・建具・じゅう器等小売業、燃料小売業、旅館業、ゴルフ場業	①常時10人以上50人未満 　安全衛生推進者 ②常時50人以上300人未満 　安全管理者、衛生管理者、産業医 ③常時300人以上 　総括安全衛生管理者、安全管理者、衛生管理者、産業医
林業、鉱業、建設業、運送業及び清掃業	①常時10人以上50人未満 　安全衛生推進者 ②常時50人以上100人未満 　安全管理者、衛生管理者、産業医 ③常時100人以上 　総括安全衛生管理者、安全管理者、衛生管理者、産業医
上記以外の業種	①常時10人以上50人未満 　衛生推進者 ②常時50人以上1000人未満 　衛生管理者、産業医 ③常時1000人以上 　総括安全衛生管理者、衛生管理者、産業医
建設業及び造船業であって下請が混在して作業が行われる場合	①現場の全労働者数が常時50人以上の場合（ずい道工事、圧気工事、橋梁工事については常時30人以上） 　統括安全衛生責任者、元方安全衛生管理者（建設業のみ） ②統括安全衛生責任者を選任すべき事業者以外の請負人 　安全衛生責任者

2 安全衛生管理体制②

複数の事業者が混在する場合の安全管理体制を構築する

●建設現場などでの安全管理体制

建設現場などでは、発注者から仕事を直接請け負った「元方事業者」（1つの場所で行う事業の仕事の一部を請負人に依頼している事業者のことで、複数の請負関係が存在する事業の場合は最も上位に位置する注文者を指します）と、その元方事業者から仕事を請け負った下請事業者（労働安全衛生法では「関係請負人」と名付けています）が混在して仕事をするのが一般的です。

このような現場では、それぞれの事業者ごとに安全管理体制を構築していても管理が行き届かず、労働災害が起こりやすくなります。また、元方事業者に比べて、下請事業者が担う仕事の内容は、部分的であるがゆえに専門性が高く、危険を伴うことが少なくありません。そのため、元方事業者の労働者以上に、下請事業者の労働者においては労働災害が発生する確率が相対的に高くなっていますので、より一層徹底した安全管理体制の確立が求められているといえます。さらに、労働者の安全管理体制について、下請事業者内部の問題とするだけでなく、当該仕事を依頼した元方事業者に対しても一定の責任を負わせています。

労働安全衛生法は、主に建設業や造船業において元方事業者の労働者と関係請負人の労働者が同一の場所で作業を行う場合、前述した安全衛生管理体制（24ページ）に加えて、元方事業者が統括安全衛生責任者、元方安全衛生管理者、店社安全衛生管理者、を選任し、下請業者が安全衛生責任者を選任することを義務付けています。なお、労働安全衛生法が定める特定事業（建設業・造船業）を行う元方事業者を「特定元方事業者」といいます。

事業場の業種と規模に応じて、配置する責任者や管理者は異なりますが、配置することで現場の全体を統括できる安全管理体制を構築するように義務付けています。具体的な選任要件などは44ページに記載していますが、ここでは簡単にそれぞれの仕事内容などを触れておきます。

① 統括安全衛生責任者

統括安全衛生責任者は、元方事業者と下請事業者の連携をとりつつ、労働者の安全衛生を確保するための責任者のことです。元方事業者と下請事業者の双方の労働者が同じ場所で作業を行うことで生じる労働災害を防止するため、現場の安全衛生の統括管理を行います。

総括安全衛生責任者の選任を行うのは、特定元方事業者（建設業と造船業）です。

② **元方安全衛生管理者**

元方安全衛生管理者は、統括安全衛生責任者の下で技術的な事項を管理する実質的な担当者のことです。事業者から現場の労働災害を防止するために必要とする措置を行う権限を与えられています。つまり、総括安全衛生責任者の補佐的な役割を担います。

元方安全衛生管理者の選任を行うのは、特定元方事業者（建設業と造船業）です。

③ **安全衛生責任者**

安全衛生責任者は、大規模な建設業の現場等で労働災害を防止するため、下請事業者が選任する現場の安全衛生を担当する者のことです。

大規模な建設業の現場では、総括安全衛生責任者を選任する必要があります。この総括安全衛生責任者との連絡を担当するのが安全衛生責任者です。そのため、下請事業者のそれぞれが安全衛生責任者を選任します。

①〜③は、それぞれ密接に関連しており、安全管理体制の関係は下図のようになっています。

④ **店社安全衛生管理者**

店社安全衛生管理者とは、統括安全衛生責任者、元方安全衛生管理者、安全衛生責任者の選任を要しない小規模な建設現場において労働者の安全を確保するため、元方事業者と下請事業者の連携をとりつつ、現場の安全衛生の指導などをする人のことです。小規模な建設現場では安全衛生管理体制が不十分なケースも多いため、店社安全衛生管理者を選任し、現場の安全衛生の統括管理を行います。

選任を行うのは、建設業の元方事業者です。

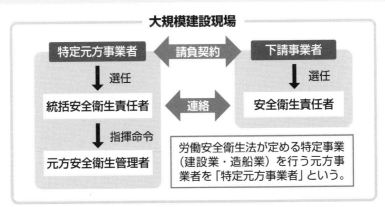

大規模な建設業の現場における安全管理体制

大規模建設現場

特定元方事業者 ←請負契約→ 下請事業者

選任↓　　　　　　　　　選任↓

統括安全衛生責任者 ←連絡→ 安全衛生責任者

指揮命令↓

元方安全衛生管理者

労働安全衛生法が定める特定事業（建設業・造船業）を行う元方事業者を「特定元方事業者」という。

3 総括安全衛生管理者

事業場の安全衛生管理の最高責任者

● 総括安全衛生管理者とは

　総括安全衛生管理者は、事業所の安全衛生についての最高責任者です。以下の条件に該当する事業場では、総括安全衛生管理者を選任することが義務付けられています。

① 林業、鉱業、建設業、運送業、清掃業の事業場のうち、常時100人以上の労働者を使用している場合

② 製造業（物の加工業を含む）、電気業、ガス業、熱供給業、水道業、通信業、各種商品卸売業、家具・建具・じゅう器（什器）等卸売業、各種商品小売業、家具・建具・じゅう器小売業、燃料小売業、旅館業、ゴルフ場業、自動車整備業、機械修理業の事業場のうち、常時300人以上の労働者を使用している場合

③ その他の業種の事業場のうち、常時1000人以上の労働者を使用している場合

　この条件に合致している事業場が総括安全衛生管理者を選任しなかった場合、事業者には50万円以下の罰金が科せられる可能性があります。

　なお、常時使用する労働者の数とは、日雇労働者、パートタイマーなどの臨時的な労働者の数も含めて算出します。派遣労働者についても派遣先、派遣元双方に含めて算出します。

　また、製造業であっても本社など、製造を行っていない事業場は「その他の業種の事業場」と判断するため注意が必要です。

● どんなことをしなければならないのか

　総括安全衛生管理者の役割は、安全管理者や衛生管理者を指揮し、事業場全体の安全衛生を守ることです。具体的には以下のような業務について総括管理を行います。

① 労働者の危険または健康障害を防止するための措置に関すること

② 労働者の安全または衛生のための教育の実施に関すること

③ 健康診断の実施その他健康の保持増進のための措置に関すること

④ 労働災害の原因の調査および再発防止対策に関すること

⑤ ①〜④の他、労働災害を防止するため必要な業務で、厚生労働省令で定めるもの

　厚生労働省が定めるものは、具体的に、次の3つが該当します。

ⓐ 安全衛生に関する方針の表明に関すること

ⓑ 建設物、原材料などの危険性また

は有害性等の調査およびその結果に基づき講ずる措置に関すること

ⓒ 安全衛生に関する計画の作成、実施、評価および改善に関すること

●選任手続きについて

総括安全衛生管理者には、その事業場において、事業の実施を実質的に総括管理する権限および責任を有する者を選任します。主な仕事は人の管理であるため、統括管理の権限をもち、責任を負う立場にある人であれば、特別な資格や経験は不要です。工場長などの役職名を持っていなくてもかまいませんが、一般的には、工場長や所長などその事業場の最高責任者を選任するケースが多くなっています。

なお、総括安全衛生管理者の選任は、総括安全衛生管理者を選任すべき事由が発生した日から14日以内に行わなければなりません。選任後は、遅滞なく所轄労働基準監督署長に選任報告書を提出する必要があります。

統括安全衛生管理者が、旅行や病気、事故などにより、職務を行うことができない場合には代理人を選任する必要があります。

●都道府県労働局長の勧告がある

事業場の労働安全衛生管理体制が不十分で、他の同業種、同規模の事業場と比較して労働災害の発生率が高い場合、都道府県労働局長は、総括安全衛生管理者の業務の執行状況について事業者に勧告をすることができます。

勧告がなされた事業者は必要な措置を取らなければなりません。

総括安全衛生管理者の選任

業　種	事業場の規模 （常時使用する労働者数）
林業、鉱業、建設業、運送業、清掃業	100人以上
製造業（物の加工業を含む）、電気業、ガス業、熱供給業、水道業、通信業、各種商品卸売業、家具・建具・じゅう器等卸売業、各種商品小売業、家具・建具・じゅう器小売業、燃料小売業、旅館業、ゴルフ場業、自動車整備業、機械修理業	300人以上
その他の業種	1000人以上

4 安全管理者

事業場の安全に関する技術的事項を管理する専門家

●安全管理者とは

安全管理者は、事業場の安全についての技術的事項を管理する専門家です。安全管理者となるには、安全に関する一定の資格が必要です。具体的には、以下のいずれかの資格を保有する者でなければいけません。

① 大学や高等専門学校等で理科系統の正規の過程を修めて卒業して2年（高校、中等教育学校の卒業者の場合は4年）以上「産業安全の実務」に従事した者のうち、厚生労働大臣が指定した安全についての技術的事項を管理するのに必要な知識についての研修を修了した者

② 労働安全コンサルタント

③ その他厚生労働大臣が指定する者

安全管理者が担当する業務のひとつは、労働安全衛生法10条1項が規定する以下の業務（総括安全衛生管理者が統括管理する業務）のうち、安全についての技術的事項を管理することです。

ⓐ 労働者の危険または健康障害を防止するための措置に関すること

ⓑ 労働者の安全または衛生のための教育の実施に関すること

ⓒ 健康診断の実施その他健康の保持増進のための措置に関すること

ⓓ 労働災害の原因の調査および再発防止対策に関すること

ⓔ ⓐ〜ⓓの他、労働災害を防止するため必要な業務で、厚生労働省令で定めるもの

もう一つの業務は、作業場等を巡視（巡回）し、設備や作業方法などに危険のおそれがある場合は、直ちにその危険を防止するための必要な措置を講じなければならないことです。衛生管理者や産業医などとは異なり、作業場等の巡視の回数や頻度についての定めは特にありません。

なお、安全管理者の業務は、総括安全衛生管理者が選任されている事業場では、その指揮の下で行うことになります。

●選任手続きについて

製造業や林業、建設業などの一定の業種で、事業場で常時使用する労働者の数が50人以上の場合に、安全管理者の選任が義務付けられています。具体的に選任が義務付けられている業種は、次ページの図のとおりです。

安全管理者の選任は、安全管理者を選任すべき事由が発生した日から14日以内に行わなければなりません。また、原則としてその事業場に専属の者を選任するとされています。選任後は、遅

延なく、選任報告書を所轄労働基準監督署に提出しなければなりません。ここでの専属とは、その事業場に属している者を意味します。つまり、生産関係等の業務を兼任しているような場合が該当します。

ただし、2人以上の安全管理者を選任する場合で、その安全管理者の中に労働安全コンサルタントが含まれる場合は、当該労働安全コンサルタントのうち1人は事業場に専属の者である必要はありません。

● 専任の安全管理者とすべき業種・規模

一定の業種では事業場の常時使用する労働者が50人以上の場合には、専属の安全管理者を選任する義務があります。しかし、事業場の労働者が1000人以上など大規模になると、他の業務と兼務している専属では安全衛生体制の確立に向けた十分な措置が行えない

ケースがあります。

そこで、下記のように業種と事業場規模ごとに専任の安全管理者の設置を義務付けています。なお、専任とは通常の勤務時間を専ら安全管理者の職務を行うために費やす者のことをいいます。

① 建設業、有機化学工業製品製造業、石油製品製造業の事業場のうち、常時300人以上の労働者を使用している場合

② 無機化学工業製品製造業、化学肥料製造業、道路貨物運送業、港湾運送業の事業場のうち、常時500人以上の労働者を使用している場合

③ 紙・パルプ製造業、鉄鋼業、造船業の事業場のうち、常時1000人以上の労働者を使用している場合

④ 選任が必要な業種で上記以外の事業場（労働災害の少ない事業場は除く）のうち、常時2000人以上の労働者を使用している場合

安全管理者を選任しなければならない業種と規模

業　　　種	事業場の規模 （常時使用する労働者数）
林業、鉱業、建設業、運送業、清掃業、製造業（物の加工業を含む）、電気業、ガス業、熱供給業、水道業、通信業、各種商品卸売業、家具・建具・じゅう器等卸売業、各種商品小売業、家具・建具・じゅう器小売業、燃料小売業、旅館業、ゴルフ場業、自動車整備業、機械修理業	50人以上

衛生管理者

事業場の衛生に関する技術的事項についての管理者

● 衛生管理者とは

衛生管理者とは、事業場の衛生についての技術的事項を管理する専門家です。そのため、衛生管理者となるには、衛生に関する一定の資格が必要です。具体的には、以下のいずれかの資格を保有する者でなければなりません。

① 衛生工学衛生管理者免許

② 第一種衛生管理者免許

③ 第二種衛生管理者免許（次ページ図の①に掲げられた業種では衛生管理者になることができない資格）

④ 医師・歯科医師

⑤ 労働衛生コンサルタント

⑥ その他で厚生労働大臣が指定する者

衛生管理者は、業種を問わず、常時50人以上の労働者を使用する事業場で選任が義務付けられており、労働者の人数に応じて選任すべき衛生管理者の人数が決まります。具体的には、以下のようになっています。

・常時50人以上200人以下の事業場は1人以上

・常時201人以上500人以下の事業場は2人以上

・常時501人以上1000人以下の事業場は3人以上

・常時1001人以上2000人以下の事業場は4人以上

・常時2001人以上3000人以下の事業場は5人以上

・常時3001人以上の事業場は6人以上

● どんなことをしなければならないのか

衛生管理者が担当する業務は、労働安全衛生法10条1項が規定する業務のうち、衛生についての技術的事項を管理することです。

① 健康に異常がある者の発見および処置

② 作業環境の衛生上の調査

③ 作業条件、施設等の衛生上の改善

④ 労働衛生保護具、救急用具等の点検および整備

⑤ 衛生教育、健康相談その他の労働者の健康保持に関する必要な事項

⑥ ①〜⑤の他、労働災害を防止するため必要な業務で、厚生労働省令で定めるもの

もう一つの業務は、少なくとも毎週1回作業場等を巡視（巡回）し、設備、作業方法、衛生状態に有害のおそれがある場合には、直ちに労働者の健康障害を防止するため必要な措置を講じなければならないことです。

また、事業者は、衛生管理者が上記の業務を円滑にできるように必要な権

限を与えなければなりません。

●選任手続きについて

　衛生管理者の選任は、衛生管理者を選任すべき事由が発生した日から14日以内に行わなければならず、原則として事業場に専属の者を選任することが必要です。選任後は、遅延なく選任報告書を所轄労働基準監督署へ提出しなければなりません。ここでの専属とは、その事業場に属している者を意味します。つまり、他の業務を兼任しているような場合が該当します。ただし、2人以上の衛生管理者を選任する場合で、その衛生管理者の中に労働衛生コンサルタントが含まれる場合は、当該労働衛生コンサルタントのうち1人は事業場に専属の者であることを要しません。

　また、衛生管理者が旅行や疾病、事故などにより事業場で職務を行うことができない場合には代理者を選任しなければなりません。

●専任の衛生管理者とすべき業種・規模

　次の事業場では、衛生管理者のうち少なくとも1名を専任の衛生管理者にする必要があります。

① 常時1000人を超える労働者を使用する事業場

② 常時500人を超える労働者を使用し、かつ法定の有害業務に30人以上の労働者を従事させている事業場

　さらに、②の事業場では衛生管理者のうち1人を衛生工学衛生管理者免許をうけた者の中から選任しなければなりません。

衛生管理者の免許等資格要件

業　　種	免許等保有者
①農林水産業、鉱業、建設業、製造業（物の加工業を含む）、電気業、ガス業、水道業、熱供給業、運送業、自動車整備業、機械修理業、医療業および清掃業	第一種衛生管理者免許もしくは衛生工学衛生管理者免許を有する者または医師、歯科医師、労働衛生コンサルタント、その他で厚生労働大臣が指定する者
②その他の業種	第一種衛生管理者免許、第二種衛生管理者免許もしくは衛生工学衛生管理者免許を有する者または医師、歯科医師、労働衛生コンサルタント、その他で厚生労働大臣が指定する者

6 安全衛生推進者・衛生推進者
中小規模の事業場で安全衛生の推進を担う

● 安全衛生推進者や衛生推進者とは

　我が国の99％が中小企業と言われ、大規模な事業場はごく少数というのが現状のようです。そのため、中小規模の事業場で職場の安全と衛生を担うために、安全衛生推進者や衛生推進者の選任を義務付けています。安全管理者や衛生管理者の選任が義務付けられていない常時10人以上50人未満の労働者を使用する事業場では、業種に応じて、安全衛生推進者または衛生推進者のいずれかを選任しなければなりません。

　なお、常時使用する労働者の数は、日雇労働者、パートタイマー等の臨時的労働者の数も含めて算出します。

　具体的には、安全管理者の選任が必要な業種（林業・建設業・製造業・通信業など）の事業場では、安全衛生推進者を選任する義務を負います（次ページ図）。一方、安全衛生推進者の選任義務を負わない業種（金融業など）の事業場では、比較的危険度が低いとされるため、衛生推進者を選任する義務を負います。

　なお、平成26年には「安全推進者の配置等に係るガイドライン」が示されています。このガイドラインでは、安全管理者や安全衛生推進者の選任義務がない業種の中でも、特に労働災害発生が多い、「小売業」「社会福祉施設」「飲食店」で常時10人以上の労働者を使用する事業場に対して、安全推進者の配置をするように促しています。安全推進者は、事業の実施を総括管理する者の補佐として、職場環境や作業方法の改善、安全教育に関することを職務としています。

● どのような業務を担当するのか

　安全衛生推進者や衛生推進者が担当する業務は、労働安全衛生法10条1項が規定する業務です。具体的には、次のような業務を担当します。

① 労働者の危険または健康障害を防止するための措置
② 労働者の安全または衛生のための教育の実施
③ 健康診断の実施その他の健康の保持増進のための措置
④ 労働災害の原因の調査や再発防止対策

　ただし、衛生推進者は「衛生に係る業務」のみを担当します。

● 選任手続きや資格について

　安全衛生推進者等（安全衛生推進者または衛生推進者）は、これらを選任すべき事由が発生した日から14日以内

に選任しなければなりません。しかし、所轄労働基準監督署長などに選任報告書を提出する義務はありません。また、安全衛生推進者等は、その事業場に専属の者を選任します。他の事業場で働いている者を選任することはできないため注意が必要です。

安全衛生推進者等に選任できるのは、①都道府県労働局長の登録を受けた者が行う講習を修了した者、②安全管理者・衛生管理者・労働安全コンサルタント・労働衛生コンサルタントの資格を有する者、③大学卒業後1年以上安全衛生（衛生推進者については衛生）の実務経験を積んだ者、④高等学校卒業後3年以上（安全衛生（衛生推進者

については衛生）の実務経験を積んだ者など、安全衛生推進者等としての業務を行うのに必要な能力があると認められる者です。

なお、①の講習は全国で開催されており、安全衛生推進者の講習は2日間、衛生推進者の講習は1日間のカリキュラムで組まれていることが多いようです。

●関係労働者に周知してもらうには

安全衛生推進者等の選任後、事業者は安全衛生推進者等の氏名を関係労働者に周知させる必要があります。具体的には名札や、他の作業員とは違う色のヘルメットの着用などの方法による周知が考えられます。

安全衛生推進者、衛生推進者の選任と業務

安全衛生推進者の選任が必要な業種	事業規模	安全衛生推進者の業務内容
林業、鉱業、建設業、運送業、清掃業、製造業（物の加工業を含む）、電気業、ガス業、熱供給業、水道業、通信業、各種商品卸売業、家具・建具・じゅう器等卸売業、各種商品小売業、家具・建具・じゅう器小売業、燃料小売業、旅館業、ゴルフ場業、自動車整備業、機械修理業	労働者の数が常時10人以上50人未満の事業場	・労働者の危険・健康障害を防止するための措置 ・労働者の安全衛生のための教育の実施 ・健康診断の実施その他健康の保持増進のための措置 ・労働災害の原因の調査や再発防止対策　など

衛生推進者の選任が必要な業種	事業規模	衛生推進者の業務内容
安全衛生推進者の選任が必要な業種以外の業種	労働者の数が常時10人以上50人未満の事業場	安全衛生推進者の業務のうち衛生に関する事項

7 作業主任者
危険な作業において労働災害の防止を担う専門家

●作業主任者とは

労働者が特に危険な場所において業務を行う場合に、労働災害の防止のために選任されるのが作業主任者です。作業主任者の選任義務が生ずるのは、事業の規模に関係なく、主として以下に例示したような31の危険・有害作業に労働者を従事させる場合です。

① 高圧室内作業

② ボイラーの取扱いの作業

③ ガンマ線照射装置を用いて行う透過写真の撮影の作業

④ コンクリート破砕器を用いて行う破砕の作業

⑤ 高さが5m以上のコンクリート造の工作物の解体または破壊の作業

⑥ ずい道等の堀削の作業

⑦ 特定化学物質等を製造し、または取り扱う作業

⑧ 酸素欠乏危険場所における作業

作業主任者の業務は、現場の労働者が行う作業の内容に応じて異なります。一般的には、作業に従事する労働者の指揮の他、使用する機械等の点検、安全装置等の使用状況の監視、異常発生時の必要な措置などを行います。たとえば、木材加工用機械作業主任者の職務について、労働安全衛生規則130条では次のように定めています。

① 木材加工用機械を取り扱う作業を直接指揮すること

② 木材加工用機械およびその安全装置を点検すること

③ 木材加工用機械およびその安全装置に異常を認めたときは、直ちに必要な措置をとること

④ 作業中、治具、工具等の使用状況を監視すること

また、作業主任者を2名以上選任した場合には、それぞれ作業主任者の業務分担を定めておく必要があります。

●作業主任者となるには

作業主任者になる資格を有するのは、①都道府県労働局長の免許を受けた者、または②都道府県労働局長の登録を受けた者が行う技能講習を修了した者です。①②のどちらを必要とするかは作業の内容によって異なります。

たとえば、高圧室内作業や大規模なボイラー取扱作業などの場合は、①の免許取得者のみが作業主任者の資格を有します。これに対し、小規模のボイラー取扱作業などの場合は、①の免許取得者の他、②の技能講習修了者も作業主任者の資格を有します。

作業の内容に応じて必要とされている免許や技能講習は、労働安全衛生規

則16条・別表第一で細分化されていますが、技能講習は都道府県労働局長の登録を受けた「登録教習機関」が執り行っています。

●作業主任者の周知義務とは

作業主任者の選任後、事業者は、作業主任者の氏名やその者に行わせる事項を「作業場の見やすい箇所に掲示する等」の方法で関係労働者に周知させなければなりません。「掲示する等」の方法には、作業主任者に腕章を付け

させる、特別の帽子を着用させる、などの措置が含まれます。

一方、作業主任者については、安全衛生推進者や衛生推進者などとは異なり、選任しなければならない理由が生じてから14日以内に選任する義務や、所轄労働基準監督署長などに選任報告書を提出する義務は課されていません。

また、代理者を選任する必要はなく、専属・専任の者を選任する必要もありません。

作業主任者と必要な資格（一例）

作業主任者名称	資格種類	作業主任者名称	資格種類
高圧室内作業主任者	免許	木材加工用機械作業主任者	技能講習
ガス溶接作業主任者	免許	プレス機械作業主任者	技能講習
林業架線作業主任者	免許	ずい道等の掘削等作業主任者	技能講習
エックス線作業主任者	免許	ボイラー取扱作業主任者	ボイラー技士免許等

作業主任者一覧表

作業主任者一覧表

作業の内容	作業主任者 氏名
地山の掘削作業（5m）	青木　高雄
型枠支保工の組立作業	井上　健二
足場組立作業	宇野　琢磨

作業場の見やすい箇所に掲示

8 産業医

労働者の健康管理を担う医師である

産業医とは

産業医とは、事業者と契約して、事業場における労働者の健康管理等を行う医師のことです（13条1項）。労働者が心身の健康を保持し、快適な作業環境の下で仕事を行えるよう指導や助言を行う役割を持ちます。前提として、投薬や予防接種などの医療行為に携わることはできません。産業医は、常時3000人を超える労働者を使用する事業場は、産業医を2人以上選任しなければなりません。

産業医は、労働者の健康管理等を行うのに必要な医学に関する知識や、労働衛生に関する知識を備えていることが必要です（13条2項）。そこで、産業医となるためには、以下のいずれかの資格を保有する医師であることが必要とされています。

① 厚生労働大臣の指定する者が行う労働者の健康管理等を行うのに必要な医学知識についての研修を修了した者
② 産業医の養成等を目的とする医学の正規課程を設置する産業医科大学その他の大学を卒業した者であって、その大学の実習を履修した者
③ 労働衛生コンサルタント試験の合格者で、試験区分が保健衛生である者

④ 大学において労働衛生に関する科目を担当する教授、准教授、講師（常時勤務）またはこれらの経験者
⑤ その他厚生労働大臣が定める者

産業医は、選任すべき事由が発生した日から14日以内に選任しなければなりません。産業医の選任後は、遅滞なく選任報告書を所轄労働基準監督署長に提出しなければなりません。

どんな業務をするのか

産業医の主な業務は、健康診断の実施や作業環境の維持管理などの労働者の健康管理、健康教育や健康相談、労働者の健康障害の原因の調査や再発防止のための措置などです。その他、少なくとも毎月1回作業場等を巡視し、作業方法または衛生状態に有害のおそれがあると判断すれば、直ちに労働者の健康障害を防止するために必要な措置を講じなければなりません。平成29年施行の法改正で、事業者の同意と所定の情報提供がある場合には、作業場等の巡視は「少なくとも2か月に1回以上」に変更することが可能になりました。

また、産業医は、労働者の健康を確保するため必要があると認めるときは、事業者に対し、労働者の健康管理等に

ついて必要な勧告をすることができます。勧告を受けた事業者は、その内容を尊重しなければなりません（13条5項）。

●一定の事業場では専属の産業医が必要

一定の規模以上または有害業務を行う事業場では専属の産業医の選任義務を負います。

産業医は、常時50人以上の労働者を使用するすべての業種の事業場で選任しなければなりませんが、以下のいずれかに該当する事業場では、専属の産業医を選任する必要があります。

① 常時1000人以上の労働者を使用する事業場

② 坑内労働、多量の高熱物体を取り扱う業務、有害放射線にさらされる業務など、一定の有害業務に、常時500人以上の労働者を使用する事業場

また、常時3000人を超える労働者を使用する事業場では、2人以上の産業医を選任しなければなりません。この場合、2人以上の産業医のうち、少なくとも1人が専属の産業医でなければなりません。

●産業医の選任義務のない事業所について

常時50人未満の労働者を使用する事業場では、産業医の選任義務はありませんが、労働者の健康管理を行うべきであることは言うまでもありません。そこで、労働安全衛生法では、このような事業場についても医師や地域産業保健センターの名簿に記載されている保健師などに、労働者の健康管理を行わせるよう努めることを求めています。

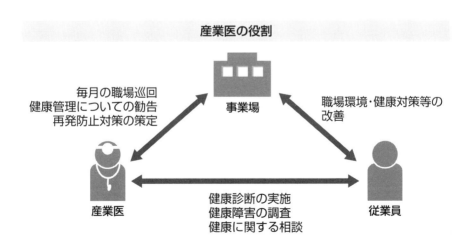

産業医の役割

毎月の職場巡回
健康管理についての勧告
再発防止対策の策定

事業場

職場環境・健康対策等の改善

産業医

健康診断の実施
健康障害の調査
健康に関する相談

従業員

安全委員会・衛生委員会・安全衛生委員会

月1回以上開催しなければならない

●安全委員会・衛生委員会とは

事業者は、職場における労働者の安全衛生の確保と健康管理を行わなければなりません。そのため、一定規模以上の事業場では安全委員会や衛生委員会を設置することが義務付けられており、労働者の安全衛生を確保する必要があります。

安全委員会とは、労働者の危険の防止や、労働災害の原因・再発防止対策（安全に関するもの）などについて調査審議する委員会です。安全委員会では、労働者が事業場の安全衛生について理解と関心を持ち、事業者と意見交換を行います。労働者の意見が事業者の行う安全衛生措置に反映され、結果的に安全衛生管理体制を向上させることがねらいです。

衛生委員会とは、労働者の健康障害の防止や、健康の保持増進などについて調査審議する委員会です。労働災害の原因および再発防止対策（衛生に関するもの）も調査審議対象となります。

●安全委員会を設置するには

安全委員会は、林業・鉱業・建設業などでは常時50人以上、製造業・電気業・ガス業・熱供給業などでは常時100人以上を使用する事業場で設置義

務が生じます。安全委員会の委員は、以下に該当する者で構成されます。

① 総括安全衛生管理者または総括安全衛生管理者以外の者で当該事業場においてその事業の実施を統括管理する者か、これに準じる立場の者の中から事業者が指名した者

② 安全管理者の中から事業者が指名した者

③ 当該事業場の労働者で、安全に関し経験を有する者の中から事業者が指名した者

上記の①に該当する委員は1人を指名し、その者が議長になります。ただし、総括安全衛生管理者の選任義務がある事業場の場合は、①の委員は総括安全衛生管理者でなければなりません。

一方、上記の②③に該当する委員の半数は、事業場に過半数組合（過半数の労働者で組織する労働組合）が存在する場合はその労働組合、過半数組合がない場合は過半数代表者（労働者の過半数を代表する者）の推薦に基づき指名する必要があります。

なお、安全委員会の委員には、派遣先で就労する派遣労働者を指名することができます。この場合の派遣労働者は、安全に関しての経験をもつ者であることが必要です。

●衛生委員会を設置するには

衛生委員会は、業種を問わず、常時50人以上を使用する事業場で設置しなければなりません。衛生委員会の委員は、以下に該当する者で構成されます。

① 総括安全衛生管理者または総括安全衛生管理者以外の者で当該事業場においてその事業の実施を統括管理する者か、これに準じる立場の者の中から事業者が指名した者

② 衛生管理者の中から事業者が指名した者

③ 産業医の中から事業者が指名した者

④ 当該事業場の労働者で、衛生に関し経験を有するもののうち事業者が指名した者

衛生委員会の委員については、③に該当する者を含まなければならない点が特徴です（選任される産業医は事業場の専属であることを要しません）。また、事業場で作業環境測定を実施している作業環境測定士を委員として指名することができます。作業環境測定士については指名義務がありません。

安全委員会と同様、①に該当する委員は1人を指名し、その者が議長となります。一方、②③に該当する委員の半数は、事業場に過半数組合が存在する場合はその労働組合、過半数組合がない場合は過半数代表者の推薦に基づき指名する必要があります。

なお、衛生委員会の場合も、派遣先で就労する派遣労働者を委員として指名することができます。この場合の派遣労働者は、衛生に関しての経験をもつ者であることが必要です。

●安全衛生委員会を設置するには

安全委員会と衛生委員会の設置義務がある事業場では、両者を統合した安全衛生委員会を設置することができます。安全衛生委員会の委員は、以下に

安全委員会を設置しなければならない事業場

業　　　種	従業員の規模
林業、鉱業、建設業、製造業（木材・木製品製造業、化学工業、鉄鋼業、金属製品製造業、運送用機械器具製造業）、運送業（道路貨物運送業、港湾運送業）、自動車整備業、機械修理業、清掃業	常時50人以上
上記以外の製造業、上記以外の運送業、電気業、ガス業、熱供給業、水道業、通信業、各種商品卸売業、家具・建具・じゅう器等卸売業、家具・建具・じゅう器小売業、各種商品小売業、燃料小売業、旅館業、ゴルフ場業	常時100人以上

該当する者で構成されます。

① 総括安全衛生管理者または総括安全衛生管理者以外の者で当該事業場においてその事業の実施を統括管理する者か、これに準じる立場の者のうちから事業者が指名した者

② 安全管理者および衛生管理者のうちから事業者が指名した者

③ 産業医のうちから事業者が指名した者

④ 当該事業場の労働者で、安全に関し経験を有するもののうちから事業者が指名した者

⑤ 当該事業場の労働者で、衛生に関し経験を有する者のうちから事業者が指名した者

なお、作業環境測定士を指名できる点や、①の委員1名が議長になること、過半数組合（ない場合は過半数代表者）の推薦などについては、前述した衛生委員会と同様です。

●安全委員会の調査審議

安全委員会では、職場での労働災害などを防止するために、労働安全衛生法に準じた以下の事項を調査審議します（17条1項）。

① 労働者の危険を防止するための基本となるべき対策

② 労働災害の原因および再発防止対策で、安全に係るもの

③ 安全に関する規程の作成に関すること

④ 安全教育の実施計画の作成に関すること

⑤ 新規に採用する機械、器具その他の設備または原材料に係る危険の防止に関すること

⑥ 都道府県労働局長等から文書により命令・指導等を受けた事項のうち、労働者の危険の防止に関すること

⑦ 危険性または有害性等の調査およびその結果に基づき講ずる措置のうち、安全に係るもの

⑧ その他労働者の危険の防止に関する重要事項

具体的には、職場での防災対策や、新入社員受け入れ時の安全衛生教育、年末年始の労働災害・交通事故防止計画などの議題が考えられます。

●衛生委員会の調査審議

衛生委員会では、従業員の健康や安全を守るために必要な対策について審議調査を行います。安全委員会同様に審議内容が定められており、以下の事項を調査審議します（18条1項）

① 労働者の健康障害を防止するための基本となるべき対策

② 労働者の健康の保持増進を図るための基本となるべき対策

③ 労働災害の原因および再発防止対策で、衛生に係るもの

④ 衛生に関する規程の作成に関すること

⑤ 衛生教育の実施計画の作成に関す

ること

⑥　定期に行われる有害性の調査およびその結果に対する対策の樹立に関すること

⑦　作業環境測定の結果およびその結果の評価に基づく対策の樹立に関すること

⑧　定期に行われる健康診断、臨時の健康診断および自ら受けた健康診断等に関する医師の診断、診察または処置の結果ならびにその結果に対する対策の樹立に関すること

⑨　健康の保持増進を図るため必要な措置の実施計画の作成に関すること

⑩　新規に採用する機械等または原材料に係る健康障害の防止に関すること

⑪　都道府県労働局長等から、文書により命令・指導等を受けた事項のうち、労働者の健康障害の防止に関すること

⑫　長時間にわたる労働による労働者の健康障害の防止を図るための対策の樹立に関すること

⑬　労働者の精神的健康の保持増進を図るための対策の樹立に関すること

⑭　その他労働者の健康障害の防止および健康の保持増進に関する重要事項

　たとえば、長時間労働者の現状把握や面談制度、健康診断の受診状況確認や再検査対象者への対応などが考えられます。また、テレワークにおける作業環境整備や、働き方の変化によるメンタルヘルス対策なども議題にすることができるでしょう。

●開催時期など

　衛生委員会の調査審議事項には「健康診断の結果」に関する事項が含まれますが、これは受診した労働者すべての健康診断の結果ではなく、事業場における健康管理対策の資料として足りる内容であればよいとされています。

　また、安全委員会や衛生委員会は、毎月1回以上開催しなければなりません。開催時には議事の内容を記録し、作業場の見やすい場所への掲示や書面の交付などにより、議事の概要を労働者に周知し、重要な議事の記録は3年間保存する必要があります。

安全衛生委員会

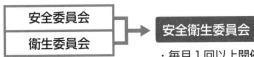

・毎月1回以上開催
・安全委員会・衛生委員会の調査審議事項すべてを網羅

● 統括安全衛生責任者はどんなことをするのか

同じ場所で事業者の異なる労働者が作業する建設現場などで、元請負人（元方事業者）と下請負人の連携をとりつつ、労働者の安全衛生を確保する責任者を統括安全衛生責任者といいます。

建設現場などでは、元請負人を頂点に数次の請負が行われ（重層下請構造）、下請負、再下請負と、複数の事業者に雇用された労働者が一つの作業場所で作業を行います。そのため、作業間の連絡調整が不十分になり、労働災害が発生しやすくなります。

このような事態を防止するため、重層下請負構造の作業場所では、一般の事業場とは異なる安全管理体制を取ることが求められます。具体的には、発注者から請け負った建設業や造船業の元請負人（特定元方事業者）で、作業に従事する労働者数が常時50人以上の場合、統括安全衛生責任者の選任義務が生じます。統括安全衛生責任者の業務は、元方安全衛生管理者の指揮とともに、以下の事項を統括管理することです。

① 協議組織の設置および運営を行うこと

② 作業間の連絡および調整を行うこと

③ 作業場所を巡視すること

④ 関係請負人（下請負人）が行う労働者の安全または衛生のための教育に対する指導および援助を行うこと

⑤ 建設業の特定元方事業者は、仕事の工程に関する計画および作業場所における機械・設備等の配置に関する計画の作成や、当該機械・設備等を使用する作業に関し関係請負人が労働安全衛生法または同法に基づく命令の規定に基づき講ずべき措置についての指導を行うこと

⑥ ①〜⑤の事項の他、労働災害を防止するため必要な事項

● どんな事業場で選任する必要があるのか

統括安全衛生責任者は、建設業と造船業の2業種のみで選任が必要です。さらに、工事の種類によって選任する要件が異なります。原則として一の場所の労働者数が50人以上の場合に選任が必要となりますが、①ずい道等の建設工事、②圧気工法による作業を行う工事、③一定の橋梁の建設の工事、については労働者数が30人以上の場合に選任が必要となります。

● 安全衛生責任者はどんなことをするのか

一定規模以上の建設現場では、元請業者（元方事業者）が統括安全衛生責任者を選任した上で、現場の安全衛生を確保しなければなりません。一方、元請業者から業務を請け負う下請業者（関係請負人）も同じく安全衛生に取り組む必要があります。

そこで、元請業者が統括安全衛生責任者の選任義務がある現場で自ら仕事を行う下請業者には、安全衛生責任者の選任が義務付けられています。安全衛生責任者の業務は、以下のようなものがあります。業務全体を見ると、元請業者と下請業者をつなぐ下請業者側の連絡調整役が安全衛生責任者ということができます。

①　統括安全衛生責任者との連絡
②　統括安全衛生責任者からの連絡事項の関係者への伝達
③　①の連絡事項のうち、下請業者（安全衛生責任者を選任した下請業者）に関するものの実施についての管理
④　下請業者が作成する作業計画と元請業者が作成する作業計画との整合性を図るために行う統括安全衛生責任者との連絡調整
⑤　労働者の行う作業で生ずる労働災害の危険の有無の確認
⑥　下請業者が仕事の一部を他の請負人に請け負わせている場合における請負人の安全衛生責任者との作業間の連絡調整

● 元方安全衛生管理者はどんなことをするのか

建設現場で統括安全衛生責任者を補佐して技術的事項を管理する実質的な担当者を元方安全衛生管理者といいます。

安全衛生管理責任者の選任義務

		20人	30人	50人
建設業	・ずい道などの建設 ・橋梁の建設 ・圧気工法による作業			統括安全衛生責任者 元方安全衛生管理者 安全衛生責任者
	主要な構造部分が鉄骨または鉄骨鉄筋コンクリートである建築物の建設		店社安全衛生管理者	
	その他の建設業		選任義務なし	
造船業			選任義務なし	統括安全衛生責任者

一定規模以上の建設現場では、同一の場所で異なる事業者に雇用された労働者が作業を行うことがあります。この場合に元請負人（元方事業者）と下請負人（関係請負人）の連携が円滑になるよう、統括安全衛生責任者、元方安全衛生管理者、安全衛生責任者が選任されます。統括安全衛生責任者は現場の安全衛生を統括管理し、元方安全衛生管理者を指揮します（15条1項）。その指揮の下で、元方安全衛生管理者は統括安全衛生責任者が統括管理する事項のうち技術的事項の管理を行います（15条の2）。

元方安全衛生管理者は、以下のいずれかの資格を有する者の中から、建設業を行う元方事業者が選任義務を負います。

① 大学または高等専門学校における理科系統の正規の課程を修めて卒業した者で、その後3年以上建設工事の施工における安全衛生の実務に従事した経験を有する者

② 高等学校または中等教育学校において理科系統の正規の学科を修めて卒業した者で、その後5年以上建設工事の施工における安全衛生の実務に従事した経験を有する者

③ その他、厚生労働大臣が定める者

●店社安全衛生管理者はどんなことをするのか

一定規模の建設現場では、統括安全衛生管理者などを選任して作業の連絡調整や作業場の巡視などを行い、安全衛生を確保することが義務付けられています。しかし、統括安全衛生管理者の選任義務のない中小規模の建設現場においても、元請負人（元方事業者）と下請負人（関係請負人）が存在する場合、連絡調整の不備が原因で労働災害が起こる可能性があるのは否定できません。

そこで、労働安全衛生法では、中小規模の建設現場において、一定の要件を満たす場合には、店社安全衛生管理者を選任し、元請負人と下請負人の連携をとりながら、事業場の安全衛生の管理をするように義務付けています。

店社安全衛生管理者の選任義務を負うのは、一定の要件を満たす建設業の事業場です（45ページ図）。たとえば、鉄骨造または鉄骨鉄筋コンクリート造の建築物の建設の仕事で、常時従事する労働者数（関係請負人を含めた数）が20人以上50人未満の事業場などです。選任の義務があるのは建設業における元方事業者です。

店社安全衛生管理者となる資格を有するのは、大学卒、高等専門学校卒、高等学校卒などの学歴に応じ、一定の年数以上、建設工事の施工における安全衛生の実務経験を有する者などです。

店社安全衛生管理者の業務は、以下のようになっています。

① 工事現場において統括安全衛生管理者が担当する者（現場代理人等）

に対する指導を行う

② 少なくとも毎月1回、労働者が作業を行う場所を巡視する

③ 労働者の作業の種類その他作業の実施の状況を把握する

④ 協議組織の会議に随時参加する

⑤ 元請業者が作成した仕事の工程に関する計画や、作業場所における機械・設備等の配置に関する計画のとおりに措置が講じられているかを確認する

●労働基準監督署等への報告

特定元方事業者は、事業が開始されると遅延なく、その場所を管轄する労働基準監督署へ「事業開始報告」を行う必要があります。その際に、統括安全衛生責任者、元方安全衛生管理者、店社安全衛生管理者を選任した旨と氏名を併せて報告する必要があります。

また、下請人が安全衛生責任者を選任した場合には、元方事業者に対して連絡するように努めなければなりません。

建設業における下請構造

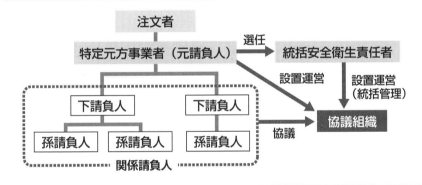

下請け時の安全衛生管理体制

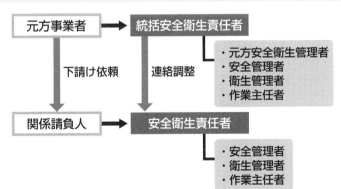

11 元方事業者が講ずべき措置①

元方事業者には災害防止のためのさまざまな措置を講じる必要がある

● 元方事業者はどんな措置を講じなければならないのか

発注者から仕事を受注した事業者が、その仕事を他の事業者に発注することが「下請け」です。建設業、造船業、鉄鋼業、情報通信業などで、下請けは一般的に行われており、1か所の現場で異なる事業者の下で働く労働者が混在しているのが特徴です。

下請けで仕事を受注した事業者が、さらにその仕事を他の事業者に発注するのが「孫請け」です。大規模な建設現場などでは、孫請けからさらに下請けが行われることもあります。

労働安全衛生法では、最初に注文者から仕事を引き受けた事業者を「元方事業者」と名付けて、下請けによってその仕事を引き受けた事業者（請負人）を「関係請負人」と名付けています。なお、下請負人も、孫請負人も、さらにその下請けの請負人も、労働安全衛生法では、「関係請負人」と呼ばれます。

下請けによって行われる仕事は、一般的に危険で有害性の高いものが多いため、関係請負人の労働者による労働災害の発生率は、元方事業者の労働者に比べて高くなっています。

このような事態に対処し、下請けに

おける労働災害を防止するため、労働安全衛生法では、元方事業者に対して、その業種に関係なく、以下の措置を講ずべきことを規定しています。

① 関係請負人とその労働者が、労働安全衛生法などの規定違反をしないために必要な指導を行うこと

② 関係請負人とその労働者が、労働安全衛生法などの規定違反をしている場合、是正のための必要な指示を行うこと

そして、関係請負人は、元方事業者から上記のような指導、指示を受けた場合には従わなければなりません。

● 特定元方事業者が特に講じなければならない措置とは

協議組織の設置運営や作業場所の巡視など労働災害を防止するための必要な措置が求められています。

特定事業を行う元方事業者のことを「特定元方事業者」といいます（15条1項）。特定事業とは「建設業」「造船業」の2つの事業を指します。

特定元方事業者は、同一の場所において特定事業に従事する労働者（関係請負人の労働者を含む）に対して生じる労働災害を防止するため、以下の事項に関する必要な措置を講じることが

48

義務付けられています（30条1項）。

① 協議組織の設置および運営
② 作業間の連絡および調整
③ 作業場の巡視（毎作業日に少なくとも1回行う）
④ 関係請負人が行う労働者の安全または衛生のための教育に対する指導および援助
⑤ 仕事の工程や作業場所における機械・設備等の配置に関する計画の作成と、機械・設備等を使用する作業に関して関係請負人が講ずべき措置についての指導（建設業においてのみ）
⑥ その他労働災害を防止するために必要な事項

①の「協議組織」とは、複数の事業者が作業を行う現場において、労働災害を防止するために協議する組織のことです。元方事業者に加えてすべての関係請負人も参加し、互いが連携することで労働災害の防止を図ります。

さらに、⑥の「必要な事項」に含まれるものとして、クレーン等の運転についての合図、事故現場等の標識、有機溶剤等の集積場所、警報、避難等の訓練の実施方法を統一することや、これらを関係請負人に周知させることなどの行為が挙げられます。

なお、特定元方事業者がその現場における統括安全衛生責任者を選任した場合、その者に特定元方事業者が講ずべき措置の統括管理をさせる必要があります。また、建設業を行う特定元方事業者が統括安全衛生責任者を選任した場合には、元方安全衛生管理者を選任し、その者に統括安全衛生責任者が統括管理する事項のうち技術的事項を管理させる必要があります（15条の2）。そのため造船業を行う特定元方事業者は、元方安全衛生管理者の選任義務がありません。

元方事業者が講ずべき措置

元方事業者
ある場所で行う事業の仕事の一部を請負人に請け負わせている者

→ **義務** →
仕事に関し、労働安全衛生法や労働安全衛生法に基づく命令の規定に違反しないよう必要な指導を行う

仕事に関し、労働安全衛生法や労働安全衛生法に基づく命令の規定に違反している場合には、是正のため必要な指示を行う

関係請負人やその労働者は、元方事業者の指示に従わなければならない

12 元方事業者が講ずべき措置②

建設業では安全管理指針の遵守も求められる

◉建設現場には安全管理指針がある

特に建設業の現場においては、複数の事業者がそれぞれの労働者を率いて作業をする労働形態が一般的です。規模の大きい現場になればなるほど、事業者の数も増加します。

また、作業内容が大きく変化する場合もあるため、労働災害が発生する危険性は他の業種と比較して非常に高くなっています。

こうした建設業の現場において、安全管理水準の向上と労働災害の防止を目的にして定められたのが「安全管理指針」です。安全管理指針においては、労働災害を防止するため、以下の事項について、元方事業者が実施することが望ましい安全管理の具体的内容が記されています。

① 安全衛生管理計画の作成
② 過度の重層請負の改善
③ 請負契約における労働災害防止対策の実施およびその経費負担者の明確化
④ 関係請負人と労働者の把握
⑤ 作業手順書の作成
⑥ 協議組織の設置および運営
⑦ 作業間の連絡および調整
⑧ 作業場所の巡視
⑨ 新規入場者（新たに作業を行うこ

とになった労働者）教育
⑩ 新たに作業を行う関係請負人に対する措置
⑪ 作業開始前の安全衛生打ち合わせ
⑫ 安全施工サイクル活動の実施
⑬ 職長会（リーダー会）の設置

◉建設業の元方事業者が必要な措置を講ずべき場所

建設業の仕事は足場の悪い現場などで行うため、作業場所自体が危険を伴うものです。その上、作業内容が変化するため、その都度の対処が必要です。また、地形的な問題も安全に影響を及ぼすという特徴を持っています。

労働安全衛生法では、以下の場所で関係請負人の労働者が建設業の仕事の作業を行うときは、関係請負人が講ずべき以下の場所における危険防止措置が適正に講ぜられるよう、技術上の指導などの必要な措置を講じる義務があると規定しています。

① 土砂等が崩壊するおそれのある場所
② 土石流が発生するおそれのある場所
③ 機械等が転倒するおそれのある場所
④ 感電の危険が生ずるおそれのある場所
⑤ 建設物が損壊するなどのおそれのある場所

13 注文者が講ずべき措置①

安全に作業をするため、注文者にも講ずるべき措置がある

● 建設物の使用についての措置

　基本的に、仕事を他人に請け負わせている方を注文者、仕事を請け負う方を請負人と呼びます。重層下請構造の場合は、元方事業者が一次請負人に対する注文者、一次請負人は二次請負人に対する注文者であり、一つの事業について複数の注文者がいることになります。そして、注文者は請負人に対し、あらゆる配慮や措置を講じなければなりません。労働安全衛生法は、特定事業（建設業・造船業）の仕事を自ら行う注文者が、仕事を行う場所で、建設物等（建設物・設備・原材料）を請負人（仕事が数次の請負契約で行われるときは、当該請負人の請負契約の後次のすべての請負契約の当事者である請負人を含む）の労働者に使用させる場合には、その建設物等について、労働者の労働災害を防止するため必要な措置を講ずるべきことを規定しています。つまり、注文者の建設物等を請負人の労働者が使用する場合に、その建設物等に関する労働災害防止措置を注文者に対し義務付けています。

　上記の義務を負う建設業などの仕事の注文者は、自身もその仕事に携わる事業者を指します。そして、仕事が数次の請負契約によって行われることで、同じ建設物等について上記の義務を負う注文者が複数となる場合は、最も上位の事業者のみが「注文者」として上記の義務を負います。

　たとえば、規制対象となる建設物等のひとつである架設通路を使用した建設業の仕事の一部をA社がB社に依頼し、さらにB社がC社に依頼している場合は、A社とB社が注文者となり得ますが、最も上位であるA社のみがB社・C社に対して上記の義務を負います。

　また、労働安全衛生法31条1項の規制対象となる「建設物等」として、労働安全衛生規則では「くい打機及びくい抜機、軌道装置、型わく支保工、アセチレン溶接装置、交流アーク溶接機、電動機械器具、潜函等、ずい道等、ずい道型わく支保工、物品揚卸口等、架設通路、足場、クレーン等、ゴンドラ、局所排気装置、全体換気装置、圧気工法に用いる設備、エックス線装置、ガンマ線照射装置」を挙げています。

　いずれも使用にあたって労働者に危険が伴うため、各々の建設物等の規制内容も労働安全衛生規則が規定しており、基準や規格に適合したものを使用することや、所要の安全のための措置を講じることが注文者に義務付けられています。

14 注文者が講ずべき措置②

化学物質のリスクも考慮し、必要な措置を行う

● 建設機械の安全確保

建設業の仕事を自ら行う発注者、または発注者から仕事の全部を請け負ってその仕事の一部を他に請け負わせている請負人は、以下の①～③の建設機械を使用する作業（特定作業）に従事するすべての労働者の労働災害を防止するための措置を講じる義務があります。具体的には、建設現場の安全確保のため、作業内容、作業の指示系統、立入禁止区域について、必要な連絡調整を行うことが義務付けられています。

① 機体重量が3t以上のパワー・ショベル、ドラグ・ショベル、クラムシエル

② くい打機、くい抜機、アース・ドリル、アース・オーガー

③ つり上げ荷重が3t以上の移動式クレーン

● 化学物質等を取り扱う設備において講じるべき措置

化学物質等（化学物質、化学物質を含有する製剤その他の物）の中には人体に有害な物質が存在するため、取扱いには細心の注意を払わなければなりません。労働安全衛生法では、化学物質等を製造する場合や、取扱いを行う設備について、注文者が行うべき措置について規定しています。

・措置を行う対象となる設備

一定の化学設備およびその付属設備や、一定の特定化学設備およびその付属設備。

・措置の具体的な内容

改造・修理・清掃等のため、上記の設備を分解する作業またはその内部に立ち入る作業を請負人に行わせようとする場合、以下の事項を記載した文書を交付すること。

① 労働安全衛生法31条の2に規定するものの危険性と有害性

② 作業において注意すべき安全と衛生に関する事項

③ 作業の安全と衛生を保全するために講じた措置

④ 化学物質の流出などの事故が起きた場合に講ずべき措置

なお、この措置を行う義務を負うのは「他の者から請け負わないで注文している」注文者です。注文者から文書の交付を受けた請負人が、他の事業者に上記の作業を行わせる場合は、その文書の写しを他の事業者に交付することで、安全のための措置を適切に引き継ぎ、周知させなければなりません。

● 化学プラントの安全性の確保

化学プラントとは、化学物質の製造

や取扱い、貯蔵等を行う工場施設や装置のことです。厚生労働省は化学プラントの新設や変更などを行う際の安全性を評価する基準として「化学プラントにかかるセーフティ・アセスメントに関する指針」を定めています。指針では、化学プラントの設計から試運転まで、以下のような流れに沿った5つのプロセスについての安全性についての事前調査を行うように定めています。

なお、以下の過程を経て安全対策が講じられた設備であっても、機械の誤作動や設計ミス、誤った取扱いによって労働災害が起こることが考えられますので、事業場の特性も加味した上での安全対策を講じることが求められます。

第1段階 関係資料の収集と作成

対象となる化学プラントの特性を把握することを目的とします。たとえば、工程系統図、プロセス機器リスト、安全設備の種類とその設置場所等の資料の作成に際しては「誤作動防止対策」や「異常の際に安全に向かうように作動する方式」を組み込むことが求めら

れます。

第2段階 定性的評価－診断項目による診断

化学プラントの一般的な安全性を確保するため、診断項目による診断が行われます。その上で、改善すべき事項があれば、設計変更等が行われます。

第3段階 5項目による定量的評価

対5項目（物質、エレメントの容量、温度、圧力、操作）により、総合的に化学プラントの安全性にかかる定量的評価を行います。その際、災害の起こりやすさ（確率）と災害が発生した場合のその大きさとを同時に評価し、上記5項目に均等に比重をかけて定量化を行い、危険度ランクを付けます。

第4段階 プロセス安全性評価

第3段階で得られた危険度ランクとプロセスの特性等に応じ、潜在的な危険を洗い出し、妥当な安全対策を決定します。

第5段階 安全対策の確認等

第4段階の結果に基づき、総合的な検討と最終チェックを行います。

化学プラントのセーフティ・アセスメントに関する指針

① 関係資料の収集と作成　→　② 定性的評価　→　③ 5項目による定量的評価　→　④ プロセス安全性評価　→　⑤ 安全対策の確認等

15 現場監督が講ずべき措置

法律以外にも、規則や通達で定められている

● 現場監督はどんな措置を講じる必要があるのか

労働安全衛生法は、労働者の安全と健康を守るために、事業者に対してさまざまな規定を設けています。現場監督はこれらの事業者が講ずべき義務について、実際に仕事が行われる作業場に有効に反映させる責務を担っており、法律によって定められた事業主の責務を、現場において実行することが現場監督の責務となります。

一方、労働安全衛生法26条においては、事業者が講じた措置に対する労働者側の遵守義務が定められています。

● 規則にはどんなものがあるのか

前述の措置に加えて、事業者が講ずべき措置を具体的に示すために定められているのが厚生労働省令です（次ページ図）。たとえば、機械等の作業の危険防止について、「クレーン等安全規則」「ゴンドラ安全規則」「ボイラー及び圧力容器安全規則」などが定められています。また、材料の使用に伴う健康被害防止について、「有機溶剤中毒予防規則」「粉じん障害防止規則」「石綿障害予防規則」等が定められています。

さらに、クレーン等安全規則では、

クレーン、移動式クレーン、デリック、エレベーター等を製造するときには、所轄都道府県労働局長の許可を受けなければならないこと、設置や検査などの方法が規定されています。

● 通達にはどんなものがあるのか

厚生労働省令が定めていないものでも、労働者にとって必要と認められる措置については、通達で指針が示される場合があります。たとえば、業務上疾病の約6割を占めるとされる腰痛については「職場における腰痛予防対策の推進について」（平成25年6月18日基発0618第1号）という通達が出されています。

この通達にある「職場における腰痛予防対策指針」では、リスクアセスメントや労働安全衛生マネジメントシステムの考え方を導入しつつ、作業管理、作業環境管理、健康管理、労働衛生教育等について、以下の①〜④の腰痛予防対策を示しています。労働者の健康を損なわないようにするため、特に重量物を取り扱う機会が多くある建設業などの他、介護や看護作業については、法律や規則に定めがないものについても、適切な指導や管理を行うことが求められます。

① 作業管理について

　腰に負担がかかる作業の自動化、省力化による負担軽減、不自然な作業姿勢・動作をとらない工夫、作業人数や時間・重量などの作業実施体制の検討、作業姿勢や手順などに関する作業標準の策定・見直し、適切な休憩と作業量、作業の組み合わせへの配慮、業務に適した靴や服装の着用など。

② 作業環境管理について

　寒さで腰痛を発症・悪化させないための適切な温度設定、作業環境の安全確認ができるような通路・階段等の適切な照度、凹凸がなく防滑性に優れた作業床面、動作に支障をきたさない作業空間の確保、機器・設備や荷の配置・作業台の高さなどの配慮、車両系建設機械の操作・運転などにより長時間の振動を受ける業務の軽減対策など。

③ 健康管理について

　腰に著しく負担がかかる作業への配置前およびその後6か月以内ごとの定期健康診断、作業前・作業中・作業後の腰痛予防体操の実施と実施するための時間や場所の確保、休業者が職場復帰する際に就労上の措置を講じて労働者の不安を解消することなど。

④ 労働衛生教育等について

　重量物の取扱い作業や同一姿勢が長時間続く作業に従事する労働者に対し、配置前・配置後に労働衛生教育を必要に応じて行うこと、腰痛に関し、労働者が精神的ストレスを蓄積しないよう相談窓口を設けるなどの組織的な対策を整えること、健康保持増進のための措置を講ずることなど。

危険防止や健康被害防止について定める厚生労働省令

機械等の作業の
危険防止について定めるもの　→
クレーン等安全規則
ゴンドラ安全規則
ボイラー及び圧力容器安全規則　など

材料の使用に伴う健康被害
防止について定めるもの　→
有機溶剤中毒予防規則
粉じん障害防止規則
石綿障害予防規則　など

法律、省令、通達の関係

労働安全衛生法　→　厚生労働省令（○○規則）　→　通　達

※通達になるほど、より細かい運用や解釈が書かれている

16 ジョイントベンチャーでの代表者選出

責任の所在が曖昧になることを防ぐ

●代表者を届け出なければならない

建設工事において、複数の事業者が共同連帯して仕事を行うことをジョイントベンチャーといいます。複数の建設企業が、一つの建設工事を受注、施工する点に特徴があります。大規模で技術的に難易度が高い施行について、複数企業の技術を結集できる点がメリットとして挙げられます。反面、複数企業が元請事業者となるために労働安全衛生体制が曖昧になりやすいというデメリットがあります。

ジョイントベンチャーは「ＪＶ」とも呼ばれ、ひとつの建設業者が単独で受注と施工を行うケースと比べ、大規模な建設工事や技術的難易度が高い建設工事で多く採用される手法です。内容・形態の違いによって、安全衛生法上の「代表者の届出義務」が生じる場合があります。

ジョイントベンチャーには、大きく分けて２つの施工形態があります。１つは「共同施工方式」と呼ばれ、もう１つは「分担施工方式」と呼ばれています。また、企業体を形成する目的に応じても２つに分けることができます。

１つは「特定建設共同企業体」と呼ばれ、大規模で技術的難度の高い工事を施工する目的で利用されます。もう１つは、「経常建設共同企業体」と呼ばれ、中小建設企業が経営力・施工力を強化する目的で利用されます。

共同施工方式は、ジョイントベンチャーでの発注工事で多くとられる方式で、ジョイントベンチャーを構成する建設業者が共同で施工に携わります。

一方、分担施工方式は、文字通り工事を複数の建設業者が工区や工種別に分担して行う方式で、建設業者それぞれが独立した責任体制を取っています。

ただし、共同施工方式の場合には、その仕事における建設業者間の境界がないため、両者を区別をすることが困難です。端的な表現をすると、完全なひとつの建設業者となってしまい、その結果、もともと個別に独立していた指揮命令系統・責任体制が複雑かつ曖昧なものとなってしまうおそれがあります。

そのため、労働安全衛生法は、２つ以上の建設業者が、同一の場所で共同連帯して仕事を請け負った場合、事業者のうちの１人を代表者として都道府県労働局長へ届け出なければならないとする規定を置いています。

労働安全衛生法の趣旨は労働環境の保全にあり、それは同時に、万が一のトラブル発生時に責任者をはっきりさ

せることも意味しているため、このような規定が存在します。

●代表者選定・届出の手続きについて

代表者選定の届出は、仕事開始の日の14日前までに「共同企業体代表者（変更）届」という所定の書面を、仕事が行われる場所を管轄する労働基準監督署長を経由して都道府県労働局長に提出することによって完了します。

また、代表者を変更する場合も同様の届を提出する必要があります。もし代表者の選定・届出が行われない場合には、都道府県労働局長が代表者を指名することになっており、ジョイント

ベンチャーの代表者（責任者）が不在ということにはならないしくみになっています。

そして、代表者の選定は、労働安全衛生法により、出資割合や工事施工にあたっての責任の程度を考慮して行うべきと規定されているため、原則として、法人の場合は法人代表責任者（社長）を代表者とします。しかし、例外として広範囲にわたる職務権限が支店長等にゆだねられている場合には、その支店長名をもって代表者とすることも可能になっています。

ジョイントベンチャーの種類

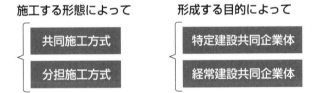

施工する形態によって
- 共同施工方式
- 分担施工方式

形成する目的によって
- 特定建設共同企業体
- 経常建設共同企業体

ジョイントベンチャー（JV）のしくみと代表者選出

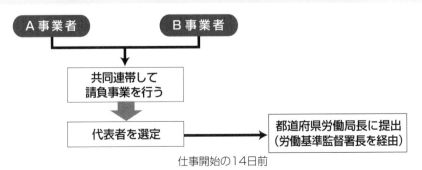

A事業者　　B事業者

共同連帯して
請負事業を行う

代表者を選定 → 都道府県労働局長に提出
（労働基準監督署長を経由）

仕事開始の14日前

女性労働者を増やすための環境整備

　日本建設業連合会の統計である「建設業の現状」によると、建設業の就業者数は、ピーク時の1997年には685万人でしたが、2019年では499万人で、ピーク時比で72.8％と約４分の３になっています。これには、団塊の世代の大量退職に加え、若年層の入職が伸び悩んでいることが影響しています。

　もともと３Ｋ職場のイメージが強い建設業界では、安定した雇用と高い賃金で人材を確保していました。しかし、景気が低迷するようになると、経営側は大幅なリストラや賃金カットで苦境をしのごうとしました。このため、建設業界は若い世代にとって「仕事がきつい上に賃金は安く、いつクビになるかわからない不安定な業界」と映るようになったわけです。一度ついてしまった悪いイメージは、なかなか払拭できるものではありません。

　そこで国や業界団体は、人材確保のターゲットとして外国人や女性に注目し、外国人技能実習生の受け入れ拡大や女性技能労働者・技術者を増やすべくさまざまな取り組みを進めています。

　外国人については、仕事以外の私生活面でのサポート体制づくり、経験の浅い外国人の労働災害を防止するため、安全衛生教育や施工業者の技術指導などが取り組むべき課題として挙げられます。

　一方、女性については、女性用トイレの設置など働きやすい環境の整備や、介護や育児と両立できる労働条件、身体的な条件に左右されない業務内容の検討などが急務です。さらに、女性求職者に対する効果的な建設業のPR方法の検討も重要です。

　国土交通省では、2020年１月16日に「女性の定着促進に向けた建設産業行動計画」が策定されています。行動計画では、女性の入職促進、就労継続に向けたさまざまな取り組みを実施することが記載されています。

第３章

危険防止と安全衛生教育

1 危険や健康被害を防止するための事業者の措置

危険要因の列挙と同時に明示される講ずべき措置

● 事業者はどんなことをしなければならないのか

　労働災害の防止対策や安全な労働環境の保全は、トラブルや事故などを未然に防ぐことが最重要課題です。そのために事業者が講ずべき措置は、大きく分けて、危険防止措置、健康障害防止措置、労働者に関連する必要な措置、労働者の救護に関する措置に分類できます。それぞれの具体的な措置については、以下のようになります。

【危険防止措置】

① 機械、爆発性・引火性などの物、電気・熱などによる危険の防止措置

② 掘削・採石等、墜落・土砂等の業務における作業方法による危険の防止措置

③ 墜落するおそれのある場所、土砂等が崩壊するおそれのある場所の危険の防止措置

【健康障害防止措置】

④ 原材料、ガス、蒸気、粉じんなどによる健康障害の防止措置

【労働者に関連する必要な措置】

⑤ 建設物その他の作業場についての健康保持等の措置

⑥ 作業行動についての労働災害防止措置

⑦ 労働災害発生の危険急迫時の作業中止・退避等の措置

【労働者の救護に関する措置】

⑧ 重大事故発生時の労働者の救護における労働災害防止措置

　ここでは「④健康障害の防止措置」という項目を例にとりあげてみましょう。具体的に「何を防止すればよいのか」は業種により異なりますが、労働安全衛生法ではさまざまな業種を想定して、「健康障害を生じさせる危険要因」の例として以下のようなものを挙げています。

　原材料、ガス、蒸気、粉じん、酸素欠乏空気、病原体、放射線、高温、低温、超音波、騒音、振動、異常気圧、排気、排液、残さい物など

　また、「⑤の健康保持等の措置」については、具体的に、通路、床面、階段等の保全や、換気、採光、照明、保温、防湿、休養、避難および清潔に必要な措置を求めています。これらの措置を実施することで、労働者の健康、風紀、生命の保持がなされるとしています。

● 労災防止には、労使の協力が必要不可欠

　建設業などの危険性の高い業種などには、さらに細かい規定が設けられています。このように、労働安全衛生法

は、労災や危険の原因・要因を列挙すると同時に、それらについての対策を事業者に求めています。

そして、対策や措置が実効性を得るためには事業主の義務だけでなく、労働者の協力が必要不可欠です。たとえば、労働安全衛生法26条は、前述した危険や健康被害を防止するための事業者の措置（同法20条〜25条、25条の2第1項）に応じて、労働者が必要な事項を守らなければならないと規定しています。この規定などにより、労働者の協力も求めることで、労働災害・健康障害の発生防止という目的を達成しようとしています。

事業者が講じなければならない措置

機械・爆発物・電気などから生じる危険の防止措置
・機械や器具から生じる危険、爆発性・発火性・引火性のある物による危険、電気・熱などのエネルギーによる危険が生じることを防止する措置

労働者の作業方法から生じる危険の防止措置
・掘削、採石、荷役、伐木の作業方法から生ずる危険を防止する措置

墜落、崩壊のおそれのある場所での危険防止措置
・労働者が墜落するおそれのある場所、土砂が崩壊するおそれのある場所での危険を防止するための措置

原材料や放射線などから生じる健康被害の防止措置
・原材料、ガス、蒸気、粉じん、酸素欠乏空気、病原体などによる健康障害の防止措置
・放射線、高温、低温、超音波、騒音、振動、異常気圧などによる健康障害の防止措置
・排気、排液、残さい物による健康障害の防止措置

労働者を就業させる作業場についての必要な措置
・労働者を就業させる作業場について、通路・床面・階段の保全、換気、採光、照明、保温、防湿、休養、避難、清潔に必要な措置など、労働者の健康、風紀、生命の保持のため必要な措置

労働者の作業行動についての必要な措置
・労働者の作業行動から生ずる労働災害を防止するための措置

災害発生の急迫した危険があるときの必要な措置
・労働災害発生の急迫した危険がある場合は、直ちに作業を中止し、労働者を作業場から退避させる措置

重大事故発生時の労働者の救護における労働災害防止措置

建設現場などにおける事業者の義務

事業者による保護具の使用命令に労働者は従う義務を負う

●なぜ保護具の着用・使用が必要なのか

保護具とは、労働災害や健康障害の防止を目的として、労働者が直接身につけて使用するものです。労働者が危険性の高い作業に従事する場合に、保護具の着用または使用が必要とされます。

事業者が備えるべき保護具の例として、保護帽、墜落制止用器具、呼吸用保護具等、皮膚障害等防止用の保護具などが挙げられます。

たとえば、保護帽（ヘルメット）には、飛来物や落下物から頭部を保護する役割と墜落等による頭部の損傷を軽減する役割があります。役割を果たすために硬度や耐熱性などのある材質のものを選ぶ必要があります。以下のような業務で着用する必要があります。

① 不整地運搬車の荷の積卸し
② 貨物自動車の荷の積卸し
③ つり上げ機械を使った作業
④ 採石の作業
⑤ 造林の作業　など

墜落制止用器具（落下防止のベルト・ロープ・フックなど）は、建設業等の高所作業において使用されることが一般的です。墜落制止用具の使用方法、点検・保守・保管方法などについては「墜落制止用具の安全な使用に関するガイドライン」（平成30年6月22日付け）で定められています。

呼吸用保護具等（保護衣、保護眼鏡、呼吸用保護具など）は、以下の業務で備える必要があります。特に、呼吸用保護具については、ろ過式と給気式があり、その作業場の危険度により使い分ける必要があります。

① 著しく暑熱または寒冷な場所での業務
② 多量の高熱物体、低温物体、有害物を取り扱う業務
③ 有害な光線にさらされる業務
④ ガス、蒸気、粉じんを発散する有害な場所における業務
⑤ 病原体による汚染のおそれの著しい業務

皮膚障害等防止用の保護具（塗布剤、不浸透性の保護衣、保護手袋、履物など）は、以下の業務で備える必要があります。

① 皮膚に障害を与える物を取り扱う業務
② 有害物が皮膚から吸収され、あるいは侵入して、健康障害や感染をおこすおそれのある業務

その他、強烈な騒音を発する場所における業務では、耳栓などの保護具を備える必要があります。このとき、事

業者が耳栓などの保護具の使用を命じたときは、遅滞なく、その保護具を使用すべきことを、見やすい場所に掲示しなければなりません。

また、事業者から業務に必要な保護具の使用を命じられた労働者は、その保護具を使用しなければなりません。

○ 事業者はどんなことに気をつけるべきか

事業者は、事業場において必要とされる保護具が適切に利用できるような状況を整えなければなりません。

具体的には、同時に就業する労働者の人数以上の保護具を常備し、労働者全員に行き渡るようにします。保護具は、清潔かつ使用に問題がない状態を常に保っておく必要があり、保護具の使い回しなどで疫病感染のおそれなどがある場合は、各人専用の保護具を用意するか、または疫病感染を予防する措置を講ずるなど、必要な手立てを打つ必要があります。

保護具の種類と保護具が必要な作業

保護帽の着用	・100kg以上の荷を貨物自動車に積み卸す作業 ・5t以上の不整地運搬車に荷を積み卸す作業 ・ジャッキ式つり上げ機械を用いて荷のつり上げ、つり下げ作業 ・地山の掘削作業　　　　　　　　　　　など
墜落制止用器具の着用	・高さ2m以上の高所作業で墜落の危険のある場合 ・足場の組立、解体などの作業 ・型枠支保工の組立て　　　・土止め支保工作業 ・採石のための掘削作業　　　　　　　　など
救命具を備える	・水上の丸太材、いかだなどの上で作業を行う場合 ・船舶により労働者を作業場所に輸送するとき　　など
絶縁用保護具の着用	・充電電路の点検や修理など、充電電路を取り扱う作業で感電のおそれがある場合 ・電路やその支持物の敷設、点検、修理、塗装などの電気工事作業で感電のおそれがある場合　　　など

3 騒音・振動の防止対策①

騒音や振動を指針に基づいて管理し、健康障害を防ぐ

● 振動障害防止のための指針

　昨今では、チェーンソーなどの機械工具を使用する場合、使用時に生じる振動が労働者の腕や身体に健康障害を発生させる「振動障害」が問題視されています。振動障害は、手や腕を通して起こる局所振動による障害のことをいいます。振動障害は、手指や腕のしびれ、冷え、こわばりなどが間欠的、持続的に現れます。そのため、事業者は労働者がこうした機械工具を使用する際の振動障害を防ぐ措置をとらなければなりません。

　措置の具体的な内容については、まずはチェーンソーに限定された規定である「チェーンソー取扱い作業指針」により以下の項目にわたって示されています。

① チェーンソーの選定基準
② チェーンソーの点検・整備
③ チェーンソー作業の作業時間の管理および進め方
④ チェーンソーの使用上の注意
⑤ 作業上の注意
⑥ 体操などの実施
⑦ 通勤の方法
⑧ その他人員の配置など

　また、チッピングハンマー、エンジンカッター、コンクリートバイブレーターなどの、チェーンソーを除いた振動工具を対象とした「チェーンソー以外の振動工具の取扱い業務に係る振動障害予防対策指針」では次の事項を示しています。

① 対象業務の範囲
② 振動工具の選定基準
③ 振動作業の作業時間の管理
④ 工具の操作時の措置
⑤ たがねなどの選定および管理
⑥ 圧縮空気の空気系統に係る措置
⑦ 点検・整備
⑧ 作業標準の設定
⑨ 施設の整備
⑩ 保護具の支給および使用
⑪ 体操の実施
⑫ 健康診断の実施およびその結果に基づく措置
⑬ 安全衛生教育の実施

● 振動障害を予防するための措置

　「チェーンソー取扱い作業指針」では、事業者が講ずべき具体的な振動障害予防措置の指針が示されています。たとえば、チェーンソーを選定するにあたり、事業者に対して、防振機構内蔵型を選定することや、可能な限り扱いやすい軽量のものを選ぶことなどを求めています。

振動障害の予防措置で最も重要なことは、振動工具の長時間の作業を規制するということです。長時間にわたる作業による手腕への影響を評価し、有効な対策を講じていくことを求めています。また、作業時間以外にも、寒冷による要因も見られることから、休憩時間や通勤方法についても規制を設けています。たとえば、適切な暖房施設を有する休憩室を設けたり、オートバイによる通勤をできる限り禁止するなどの措置をとる必要があります。

そして、定期的な点検・整備とともに、振動工具管理責任者を選任して、チェーンソーの点検・整備状況を定期的に確認させ、その状況を記録させることも必要です。

作業時間の管理については、「チェーンソーを取り扱わない日を設けるなどの方法で1週間の振動ばく露時間を平準化する」「特殊な計算式で日振動ばく露量を求めて、手腕への影響の評価とそれに基づく対策を行う」といったことなどが挙げられます。

その他、チェーンソーの使用上の注意、作業上の注意、体操等の実施、通勤方法などについて、細かい指針が示されています。

騒音や振動についてのまとめ

チェーンソー以外の振動対策が必要な工具

・ピストンによる打撃機構を有する工具
・内燃機関を内蔵する工具
・携帯用皮はぎ機等の回転工具
・携帯用タイタンパー等の振動体内蔵工具
・携帯用研削盤やスイング研削盤
・卓上用研削盤や床上用研削盤
・締付工具
・往復動工具

作業場で騒音を測定

85デシベル未満、85デシベル以上90デシベル未満、90デシベル以上の3つに区分される

騒音の大きさに応じて、作業環境の改善や防音保護具の使用が必要になる

騒音・振動の防止対策②

職場での騒音には作業環境測定を実施し、必要な措置を講じる

●チェーンソー以外の振動工具について

「チェーンソー以外の振動工具の取扱業務に係る振動障害予防対策指針」があります。「チェーンソー取扱い作業指針」と基本的な内容は重複していますが、とりわけ特殊な計算式を用いて日振動ばく露量を求めた上で、手腕への影響の評価とそれに基づく対策を行うという措置を強く勧奨しています。これは国際標準化機構（ISO）が推進する科学的管理手法の考え方を取り入れたものです。

●騒音対策について

騒音は、作業時の合図・会話による連携などを妨害するおそれがあり、作業の安全をおびやかすだけでなく、騒音性難聴などの騒音障害を引き起こすという問題があります。そのため、事業者には「騒音障害防止のためのガイドライン」などに基づき、必要な措置をとることが求められています。このガイドラインは、コンクリートブレーカーやインパクトレンチなどによる作業を対象に策定されました。作業環境の騒音レベルを測定・評価し、評価区分に応じて防音保護具の使用、低騒音型機械の採用、防音設備の設置などが

示されています。その他にも、労働者の健康診断、労働衛生教育の実施などを求めており、騒音対策についての体系的な指針とされています。

まず、作業環境測定を実施し、結果により3つの区分に分けることが求められています。具体的には、著しい騒音を発する屋内作業場の作業環境測定です。6か月以内ごとに1回（施設、設備、作業工程、作業方法を変更した場合はその都度）、定期的に、以下の方法で等価騒音レベルの測定を実施することが必要です。

① 作業場の床平面上に6m以下の等間隔の縦線と横線を引き、その交点（測定点）の床上1.2m～1.5mの間で測定

② 発生源に近接して作業が行われる場合、その位置で測定

その上で、各区分に応じた騒音対策を講じることが求められています。騒音レベルが最も高い区分においては、保護具の使用することが必要です。

また、事業者は、健康診断を実施し、その結果に基づく事後措置を行わなければなりません。具体的には、中度以上の聴力低下が認められる場合には、防音保護具の使用励行、作業時間の短縮の措置を講ずること、などです。

5 石綿対策①

事業主は、石綿対策を講ずる必要がある

◉石綿の製造等の全面禁止

石綿は、熱に強く頑丈で、コストパフォーマンスにも優れていたため、これまで建築材料や化学設備などに多用されてきました。石綿は、アスベストと呼ばれています。

しかし、現在では石綿の製造、輸入、譲渡、提供、使用は全面禁止されています。石綿の粉じんを吸入することにより肺ガンなどの重大な病気を引き起こすおそれがあるためです。石綿が存在することは問題ではなく、飛び散ること、吸い込むことが問題とされています。

このような問題点をふまえ、事業者は、労働者の健康を守るため、建築物などを解体する際は「石綿障害予防規則」などに基づき、必要な石綿対策の措置を講ずる必要があります。

◉事前調査（石綿障害予防規則3条）

建築物の解体や石綿除去などをする場合、事業者は、あらかじめその建築物などについて、石綿使用の有無を調査しなければなりません。その際には、目視や設計図書などにより、石綿使用の有無をしっかり確認する必要があります。

しかし、対象建築物の目視による石綿調査を行う場合、石綿使用の事実が見落されやすいという目視調査に特有の欠点があります。

これに対応するため、厚生労働省は「建築物等の解体等の作業における石綿ばく露防止対策の徹底について」という通達で、目視調査で見落としやすい例を示して注意喚起をしています。事前調査を行う事業者は、この例を確認しておくことが必要です。

通達では、内装仕上材、鉄骨造の柱、煙突内部、天井裏などの石綿使用の事実が見落とされやすい場所の例示や、「石綿が煙突内部の石綿建材の上にコンクリートで覆われている」などの特殊な建設技術を要因とした見落されやすい石綿使用の例示などが行われています。

また、「建築物等の解体等の作業及び労働者が石綿にばく露するおそれがある建築物等における業務での労働者の石綿ばく露防止に関する技術上の指針」では、事前調査の細かい方法などを示しています。

たとえば、目視や設計図書などによる調査は、石綿作業主任者技能講習修了者などの「石綿に関し一定の知見を有し、的確な判断ができる者」が行うと規定されています。

6 石綿対策②

石綿対策には隔離等の措置を検討する

●事前調査においてのその他の注意事項

その他、分析による調査の際の手順も指定されており、用いるべき分析方法は「日本工業規格（JIS）A1481-1、A1481-2若しくはA1481-3又はこれらと同等以上の精度を有する分析方法」であるとの定めがあります。そして、事業者は、調査結果の記録を作業場の見やすい位置に掲示し、その記録を40年間保存すべきことも示されています。

●作業計画を立てる（石綿障害予防規則4条、5条）

事前調査の結果、解体などを検討している建築物などにおいて石綿使用の事実が判明した場合は、「石綿障害予防規則」などに定めるさまざまな措置を講じる必要があります。

その中で最初にすべきものが、作業計画の策定および所轄労働基準監督署長への届出です。作業計画については、次の①～③の事項を定める必要があります。その上で、実際の作業も当該計画に従って進めなければなりません。

① 作業の方法および順序
② 石綿粉じんの発散を防止し、または抑制する方法
③ 労働者への石綿粉じんばく露を防

止する方法

実際に作業を行う際は、所轄労働基準監督署長への届出が必要です。この届出については期限が定められています。

たとえば、耐火建築物または準耐火建築物における吹付け石綿の除去作業については、工事開始の14日前までに作業計画を届け出なければなりません。一方、建築物等（鋼製の船舶を含む）の解体等の作業のうち、以下の①～③の作業をする際は、工事開始前までに作業を届け出ることが必要です。

① 石綿含有の保温材・耐火被覆材等の除去作業
② 石綿等の封じ込めまたは囲い込みの作業
③ ①以外の吹付け石綿の除去作業

●隔離等の措置が必要な場合（石綿障害予防規則6条）

事業者は、建築物等（鋼製の船舶を含む）の解体等の作業において、吹付け石綿の除去作業、石綿等の封じ込めまたは囲い込み作業、石綿等の切断等の作業を伴う石綿含有の保温材・耐火被覆材等の除去作業を労働者に行わせる際は、以下の措置を講じる必要があります。

① 作業場所をそれ以外の作業場所か

ら隔離する

②　作業場所の排気に集じん・排気装置を使用する

③　作業場所の出入口に前室、洗身室、更衣室を設置する

④　作業場所、前室等を負圧（屋外よりも気圧が低い状態）に保つ

⑤　②の集じん・排気装置からの石綿の粉じんの漏洩の有無を点検する

　上記の方法は、吹き付けられた石綿の除去についての措置です。一方で、石綿が使用されている（含有されている）建築物、工作物については、切断等以外の方法で行わなければなりません。

　ただし、切断等によって除去する場合には、石綿の粉じんが発散しやすいため、作業場所をビニールシート等で隔離する、常時湿潤な状態に保つ措置が必要となります。

●立ち入り禁止の措置をする場合

　事業者は、石綿を使用した建築物等（鋼製の船舶を含む）の解体作業などを行う際は、安全のために当該作業に従事する労働者以外の者が立ち入ることを禁止する必要があります。

　同時に、立ち入りの制限について周知させるため、見やすい場所に表示をしなければなりません。

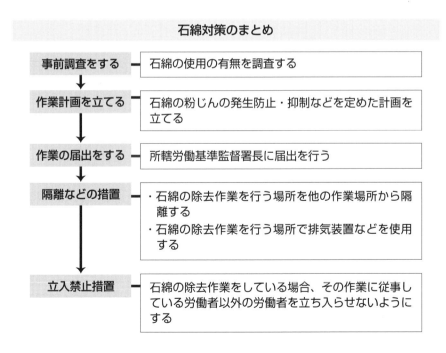

石綿対策のまとめ

事前調査をする	石綿の使用の有無を調査する
作業計画を立てる	石綿の粉じんの発生防止・抑制などを定めた計画を立てる
作業の届出をする	所轄労働基準監督署長に届出を行う
隔離などの措置	・石綿の除去作業を行う場所を他の作業場所から隔離する ・石綿の除去作業を行う場所で排気装置などを使用する
立入禁止措置	石綿の除去作業をしている場合、その作業に従事している労働者以外の労働者を立ち入らせないようにする

酸素欠乏や粉じんに対する対策

危険な作業環境での作業で求められる措置

● 酸素欠乏危険作業について

酸素欠乏症とは、人体が酸素濃度18%未満の環境に置かれた場合に発症し、脳の機能障害および細胞破壊を引き起こす重大な健康障害です。労働安全衛生法65条１項では、「事業者は、有害な業務を行う屋内作業場その他の作業場で、政令で定めるものについて、厚生労働省令で定めるところにより、必要な作業環境測定を行い、及びその結果を記録しておかなければならない」と示されており、事業者は、この規定に準じて作業環境測定を実施する必要があります。

具体的な測定基準は「作業環境測定基準」によって、次のように定められています。

① 測定点は、当該作業場における空気中の酸素の濃度の分布の状況を知るために適当な位置に５か所以上設けること

② 測定は、酸素計または検知管方式による酸素検定器で行うこと

● 酸素欠乏症防止規則を尊守する

事業者は、酸素欠乏症等防止のための対策が定められた「酸素欠乏症防止規則」を遵守しなければなりません。

この規則においては、作業場におけ

る空気中の酸素濃度の測定時期、測定結果の記録・保存、測定器具、換気、保護具・墜落制止用器具（安全帯）等、連絡体制、監視人等、退避、診察・処置などについて、細かい規定が設けられています。

● 粉じん作業について

労働安全衛生法上の義務として、事業者は、一定の粉じんを著しく発散する屋内作業場について、作業環境測定を行う必要があります。粉じんには、土石、岩石、鉱物、金属、炭素などがありますが、健康障害を引き起こす最も有名な粉じんは、鉱物の一種である石綿（アスベスト）です。石綿は建築用資材として多用されてきましたが、粉じんの吸引により呼吸器系の重大な疾病を引き起こすおそれがあります。

「作業環境測定基準」では、粉じんの濃度測定を行う粉じんの種類などについて記されています。土石、岩石、鉱物に関する特定粉じん作業を行う屋内作業場では、原則として、粉じん中の遊離けい酸の含有量を測定します。また、屋内作業場における作業環境測定は、６か月に１回ごとに定期的に実施することが必要です。

●事業者はどんなことをしなければならないのか

事業者は、粉じんの濃度測定を行った際は、その都度、①測定日時、②測定方法、③測定箇所、④測定条件、⑤測定結果、⑥測定実施者氏名、⑦測定結果に基づく改善措置を講じたときの概要を記載した測定記録を作成し、7年間保存しなければなりません。

さらに、測定を行った際は結果についても評価を行い、評価記録を残す必要があります。記録内容は、①評価日時、②評価箇所、③評価結果、④評価実施者氏名の4項目で、7年間の保存が必要です。

作業環境の状態は「第一管理区分」「第二管理区分」「第三管理区分」の3つに区分されます。第一管理区分とは、有害物質の濃度が管理濃度を超えない状態を指し、作業環境管理が適切であると判断される状態です。第二管理区分とは、有害物質濃度の平均が管理濃度を超えないものの、第一管理区分と比べ改善の余地がある状態です。一方、第三管理区分は、有害物質濃度の平均が管理濃度を超える状態であり、環境管理が適切でない状態を指します。

事業者は、作業環境評価の結果、第三管理区分に区分された場所については、直ちに、施設・設備・作業工程・作業方法の点検を行い、その結果に基づいて作業環境を改善するため必要な措置を講じ、その場所の管理区分が第一管理区分または第二管理区分となるようにしなければなりません。

また、事業者は「粉じん障害防止規則 別表第3」に掲げる作業に労働者を従事させる場合、労働者に有効な呼吸用保護具(送気マスク、空気呼吸器など)を使用させなければなりません。ただし、一定の作業(動力を用いて掘削する場所の作業など)に労働者を従事させる場合は、労働者に電動ファン付き呼吸用保護具を使用させなければなりません。

粉じんの濃度測定における記録

粉じんの濃度測定
① 測定日時　② 測定方法
③ 測定箇所　④ 測定条件
⑤ 測定結果
⑥ 測定実施者氏名
⑦ 測定結果に基づく改善措置の概要

7年間保存

測定結果 →

作業環境評価
① 評価日時　② 評価箇所
③ 評価結果
④ 評価実施者氏名

7年間保存

8 有害物質に対する規制や対策

有害物質に関する徹底した規制

● 製造等の禁止と製造の許可に分けて規制している

労働者に重大な健康障害を生じさせ、またはそのおそれがある危険・有害物質について、労働安全衛生法は「製造等の禁止」をする物質と、「製造の許可」をする物質とに分けて、製造等の規制を設けています。特に、血液や尿路系器官、ガンのリスクなど、重度の健康障害を引き起こすリスクが高いものは、製造等の禁止物質として最も厳しい規制が設けられています。これらの製造等の規制は、事業者に限らず、すべての者が適用対象になっているのが特徴です。

● 製造等の禁止に該当する危険・有害物質

労働安全衛生法55条は、「黄りんマッチ、ベンジジン、ベンジジンを含有する製剤その他の労働者に重度の健康障害を生ずる物で、政令で定めるもの」を製造禁止物質としています。これらは、製造だけでなく輸入・譲渡・提供・使用(あわせて「製造等」といいます)が禁止されています。

製造等が禁止される危険・有害物質は、次ページ図の「製造等の禁止(施行令16条1項)」に列挙されているも

のです。

ただし、試験研究目的があって、あらかじめ都道府県労働局長の許可を得た場合に限り、製造等の禁止に該当する物質の製造・輸入・使用が認められるとの例外があります。この例外に当てはまらないのに、製造等の禁止に該当する物質の製造等を行った者に対しては、3年以下の懲役または300万円以下の罰金という罰則が設けられています(116条)。

● 許可を得ると製造可能な危険・有害物質

労働者に重度の健康障害を生ずるおそれがある物質で、厚生労働大臣の許可を得た場合に製造が許可されるものを「製造許可物質」といいます。労働安全衛生法56条では、「ジクロルベンジジン、ジクロルベンジジンを含有する製剤その他の労働者に重度の健康障害を生ずるおそれのある物で、政令で定めるもの」としており、これらを製造しようとする者は、あらかじめ厚生労働大臣の許可を受けなければなりません。

製造許可物質は、次ページ図の「製造の許可(施行令17条、別表第3第1号)」に列挙されているものです。こ

こで列挙されている物質は、試験研究目的以外であっても、許可を得ることで製造が可能になります。

●表示義務と表示方法

　有害物質を取り扱う際の事故を防止するためにも、その物質に関する情報を正確に伝達または受け取ることはとても重要です。そのため、労働安全衛生法では、①労働者に危険・健康障害を生ずるおそれのある物質や、②前述した「製造の許可」の対象となる危険・有害物質を、容器に入れるか、または包装して譲渡・提供する者は、名

危険・有害物質

製造等の禁止（施行令16条1項）

① 黄リンマッチ
② ベンジジンおよびその塩
③ 4-アミノジフェニルおよびその塩
④ 石綿
⑤ 4-ニトロジフェニルおよびその塩
⑥ ビス（クロロメチル）エーテル
⑦ ベーターナフチルアミンおよびその塩
⑧ ベンゼンを含有するゴムのりで、その含有するベンゼンの容量が当該ゴムのりの溶剤（希釈剤を含む）の5%を超えるもの
⑨ ②③⑤⑥⑦をその重量の1%を超えて含有し、または④をその重量の0.1%を超えて含有する製剤その他の物

製造の許可（施行令17条、別表第3第1号）

① ジクロルベンジジンおよびその他の塩
② アルファーナフチルアミンおよびその塩
③ 塩素化ビフェニル（別名PCB）
④ オルトートリジンおよびその塩
⑤ ジアニシジンおよびその塩
⑥ ベリリウムおよびその化合物
⑦ ベンゾトリクロリド
⑧ ①～⑥を重量の1%を超えて含有し、または⑦を重量の0.5%を超えて含有する製材その他（合金にあっては、ベリリウムをその重量の3%を超えて含有するものに限る）

称や人体に及ぼす作用などを表示しなければならないと規定されています。

具体的には、以下の@〜⑧の表示事項を容器または包装に表示する義務があります。上記の①②に該当して表示義務の対象となる物質については、労働安全衛生法施行令18条などで細かく規定されています。

@　名称（「成分」は表示義務事項から除外されています）

ⓑ　人体に及ぼす作用

ⓒ　貯蔵または取扱上の注意

ⓓ　表示をする者の氏名・住所・電話番号

ⓔ　労働者に注意を喚起するための標章（絵表示）

ⓕ　注意喚起語

ⓖ　安定性および反応性

この表示義務は、危険性に関する情報を明確に表示し、譲渡・提供を受けた者が適切な安全措置を行えるようにするのを目的としており、該当物質を譲渡・提供する者に課せられた義務です。

表示事項の表示方法については、容器・包装に直接表示事項を印刷するか、または表示事項を印刷したラベルを作成して貼ることとされています。

なお、容器・包装への直接の印刷・貼付が困難な場合は、表示事項のうち「@名称」以外の事項は、印刷した票を容器・包装に結びつけて表示することが可能です。

●健康診断を行う必要がある

事業者には、一定の有害業務に従事する労働者に対し、一般健康診断よりも診断項目を増加させた健康診断を行うことが義務付けられています。この健康診断を「特殊健康診断」といい、粉じん作業や高圧室内業務など、有害な作業環境で働く労働者等を対象として実施されます。

労働安全衛生法施行令22条1項は、特殊健康診断を行うべき有害業務として、高圧室内作業に係る業務、電離放射線業務、特定化学物質の製造または取扱いの業務、石綿の取扱いまたは試験研究目的のための製造の業務、鉛業務、四アルキル鉛等業務、有機溶剤の製造または取扱いの業務などを挙げています。

具体的にどんな健康診断をするのか特殊健康診断の実施時期、検診項目は該当する有害業務に応じて詳細が示されていますが、一般的な実施時期は、以下とされています。

①　有害業務に常時従事する労働者を雇い入れたとき

②　有害業務に配置換えしたとき

③　6か月（または3か月）ごとの定期

特殊健康診断の対象となる労働者がいる場合は、上記の時期に有害業務の内容に応じて定められた項目の健康診断を行わなければなりません。特に粉じん作業に従事する労働者に対しては、就業時・定期・定期外（検診でじん肺

所見やその疑いがある者など）の他、離職時にも検診が必要なため注意が必要です。

また、有害業務のうち歯やその支持組織に有害な物（塩酸・硫酸・硝酸など）のガス・蒸気・粉じんを発散する場所における業務に常時従事する労働者に対しては、歯科医師による健康診断（歯科健康診断）を、雇入時、配置換え時、6か月ごとの定期に実施する必要があります。

有害業務を原因とする健康障害の中には、潜伏期間が非常に長いものがあります。そのため、事業者は、一定の特定化学物質業務または石綿業務に従事した後、他の業務に配置換えした労働者（現に使用している労働者に限る）についても、6か月以内ごとに1回、定期に特殊健康診断を行わなければなりません。この特殊健康診断は、当該労働者が過去に有害業務に従事していたことを理由に定期的に実施しなければならない健康診断であるため、事業者は対象となる労働者や過去の有害業務について確認を怠ることがないよう注意が必要です。

健康診断の実施義務に違反した事業者は、50万円以下の罰金に処される可能性があります。

また、都道府県労働局長が必要と認めたときには、労働衛生指導医の意見をもとに、事業者に対し、臨時の健康診断実施を指示できます。労働衛生指導医とは、厚生労働大臣から任命された労働衛生について学識経験を有する医者のことです。他にも、たとえば紫外線や赤外線にさらされる業務や、激しい騒音を発生する場所での業務など一定の業務について、行政指導に基づき健康診断が行われる場合もあります。

特殊健康診断の種類

種類	対象となる業務
じん肺健康診断	粉じん作業
有機溶剤中毒予防健康診断	屋内作業場での有機溶剤の取扱い業務
鉛健康診断	鉛を取り扱う業務
四アルキル鉛健康診断	四アルキル鉛の製造・混入などを取り扱う業務
特定化学物質健康診断	特定化学物質を取り扱う業務(石綿を除く)
高気圧作業健康診断	高圧室内業務・潜水業務
電離放射線健康診断	エックス線などの電離放射線を受ける業務
石綿健康診断	石綿を取り扱う業務
歯科健康診断	労働安全衛生法施行令22条3項に定める業務

事業場における救護措置

建設作業現場では救護のための措置が講じられていることが必要

安全衛生上の救護措置とは

労働災害の発生時に適切な救護措置をとることは、どんな業種においても必要です。労働安全衛生法は、特に労働災害が発生する危険が高く、発生時には重大な被害が予想される、以下の①②の仕事をする事業者に対し、救護措置がとられる場合の労働災害を防止するため、必要な措置を講ずることを義務付けています。

① ずい道等の建設の仕事で、出入り口からの距離が1000m以上となる場所での作業や、深さが50m以上となるたて杭（通路として使用するものに限られる）の掘削を伴うもの

② 圧気工法を用いた作業を行う仕事で、ゲージ圧力が0.1メガパスカル以上の状態で行うこととなるもの

どんなことをしておかなければならないのか

労働安全衛生法では、労働者の救護措置がとられる場合における労働災害が発生しないよう準備しておくとの観点に立って、以下の①～⑤の措置を講じておくことを規定しています。

① 救護等に必要な機械等の備付けと管理

備え付けていなければならないものには、空気呼吸器または酸素呼吸器、メタン・硫化水素・一酸化炭素・酸素の濃度測定器、懐中電灯、その他の救護に必要とされるものがあります。また、常時使用できるようにするために清潔にしておかなければなりません。

② 救護訓練の実施

訓練は1年に1回実施することが必要で、訓練を実施した日や訓練を受けた労働者の氏名、訓練内容などについての記録は、3年間保存しなければなりません。訓練内容は、①の機械等の使用方法、救急蘇生の方法、その他の救急処置に関するものです。

③ 救護の安全についての規程の作成

救護組織、機械等の点検・整備、訓練の実施などに関する規程が定められている必要があります。

④ 作業についての労働者の人数と氏名の確認

ずい道等の内部や高圧室内において作業を行う労働者の人数と氏名が常時確認できるようになっていることが必要です。

⑤ 技術的事項の管理者の選任

①～④の救護に関する技術的事項の管理者を救護技術管理者といいます。事業者は、ずい道等の建設の仕事または圧気工法の作業に3年以上従事し、

厚生労働大臣の定める研修を修了した者の中から、救護技術管理者を選任します。

●救護技術管理者への権限付与

救護技術管理者は、救護に関する技術的事項を管理する技術者のことで、その事業場に専属の者が務めます。事業者は、救護技術がいざという時に円滑に行われるよう、救護技術管理者に対して労働者の救護の安全に関し必要な権限を付与しなければなりません。

なぜなら、救護技術管理者が救護の安全に関する必要な権限を持たない場合、専門的見地から会社の救護設備に対する欠陥点を改善し、必要な器具の購入予算請求などを行おうとしても、権限がないので何もできないという事態が生じ得るからです。

そのため、事業者に対し、救護の安全について必要な知識・技術を持った者に権限の付与を義務付けることで、危険性の高い建設業作業の中でも事故発生率が高く、人命に関わる仕事の技術責任者の立場を、とりわけ安全上の要請からしっかりと守り独立させようとしています。

救護措置とは

労働安全衛生上の救護措置

救護等に必要な機械等の備付・管理
①空気呼吸器・酸素呼吸器
②メタン・硫化水素・一酸化炭素・酸素濃度測定のため必要な測定器具（発生のおそれがない時は不要）
③携帯用照明器具（懐中電灯など）
④その他労働者の救護に関し必要な機械等

救護訓練の実施
①年に一度の実施
②訓練日・労働者名・内容の記録は３年保存

救護の安全規程作成
救護組織、点検・整備、訓練実施の定めなど

作業労働者の人数・氏名確認
ずい道等の内部や高圧室内作業の労働者数・その氏名

技術的事項の管理者の選任
救護技術管理者を定める

10 高温下の事業場における対策

高温下の作業での対策を検討する

● 高温下の事業場ではさまざまな措置を行う

労働基準法では、特定業務として、「多量の高熱物体を取り扱う業務（100℃以上の鉱物等）及び著しく暑熱な場所における業務（乾球温度40℃等）」を定め、法定労働時間超える時間外労働について2時間までに制限しています。法定労働時間は1日8時間ですので、このような業務では最大10時間が労働時間の最大値ということになります。また、同業務に18歳未満の年少者や妊産婦を就業させてはいけません。

多量の高熱物体を取り扱う業務及び著しく暑熱な場所における業務の管理体制として、このような業務に500人以上が常時使用されている事業場では、専属の産業医を選任しなければなりません。

事業者は、作業環境管理として以下の措置を行わなければなりません。

① 暑熱または多湿の屋内作業では、半月に1回、定期に温度、湿度、輻射熱を測定すること

② 多量の熱を放散する溶融炉等では、熱気を直接屋外に排出し、輻射熱から労働者を保護すること

さらに、作業管理を行うために、以下の措置も行わなければなりません。

① 多量の高熱物体を取り扱う業務又は著しく暑熱な場所には、関係者以外の者が立ち入ることを禁止し、その旨を見やすい箇所に表示すること

② 暑熱の屋内作業場では、冷房や通風など適当な温湿度調整をすること

③ 加熱された炉の修理については、冷却した後でなければ労働者をその内部に入れないこと

④ 多量の発汗を伴う作業場では、塩、飲料水を備えなければならないこと

事業主は、健康管理についても責任を負わなければなりません。具体的には、多量の高熱物体を取り扱う業務及び著しく暑熱な場所における業務では、半年に1回、健康診断を実施しなければなりません。

● 熱中症の予防対策にはどんなものがあるのか

熱中症とは、体内の水分と塩分のバランスが崩れることで発症するめまい・失神・嘔吐・痙攣などの健康障害全般のことを指し、主に高温多湿な環境下等で発症します。近年は気温が高く上昇する傾向にあり、熱中症になる危険が叫ばれています。

特に高温多湿となる場合が多い建設

78

業の現場では、労働者の命に関わる事態になりかねないため、熱中症にならないような対策を講じることが求められます。

職場の熱中症予防については、厚生労働省の「職場における熱中症の予防について」という通達に対策が示されています。通知にも記載があり、熱中症対策として用いられているのが「WBGT値（暑さ指数）」です。

WBGT値は熱によるストレスを示す数値で、これが高いほど熱中症を引き起こす危険が増すため、熱中症対策としてはWBGT値を引き下げることが重要になります。

WBGT値を測定し、またWBGT予報値を確認しておくことで、必要な措置等の参考にすることができます。特に、WBGT予報値を実際の測定値が上回るような事態においては、急遽作業時間の見直し等を行うなど臨時的な対応が必要だといえるでしょう。

熱中症は真夏によく発症するイメージですが、春先も危険な時期とされています。時期的に「まだ大丈夫」という安心感があるため、気がついたときには脱水症状を起こしていたという事態も少なくありません。そのため、事業者は春先のうちから、熱中症に対する措置を講じることが必要です。

特に事業者に要求される措置としては、作業管理と労働者の健康管理が挙げられます。作業管理としては、①休憩時間等を確保して身体に負担が大きい作業を避けること、②計画的に作業環境における熱への順化期間（熱に慣れ適応するために必要な期間）を設けること、③水分・塩分の作業前後・作業中の定期的な摂取の徹底を図ること、などが求められています。

そして、健康管理としては、健康診断の実施や医師等の意見の聴取、労働者に対する熱中症予防に関する指導などを行う必要があります。

主な熱中症予防対策

① 熱中症の発症に重大な影響を与える睡眠不足・体調不良等についての健康管理指導および該当者への必要な対応

② 定期的な水分および塩分摂取の指示および注意喚起

③ 高温多湿環境下での作業に不慣れな者に対して「暑熱順化期間」を設ける

④ 暑さ指数の測定や予報値の確認をした上で、指数の引き下げを図る

⑤ ①〜④の措置の対策開始時期は早めを心がけ、設定する

○リスクアセスメントの導入とその結果に基づく措置

リスクアセスメントとは、事業場の危険性または有害性を見つけ出し、これを低減するための手法です。労働安全衛生法28条の2では「危険性又は有害性等の調査及びその結果に基づく措置」として、建設業や製造業の事業場の事業者に対して、リスクアセスメントおよびその結果に基づく措置の実施に取り組むよう努めることを求めています（努力義務）。

リスクアセスメントを実施するためには、前提として、建設業特有の事業性をふまえなければなりません。具体的には、建設業には、①所属の違う労働者が同じ場所で作業をして、複数かつ何層にもわたる複雑な下請け構造を持つこと、②短期間に作業内容が変化する可能性があること、といった特徴があります。

このような建設業の性質は、建設業における災害防止対策の難しさを示すものといえるでしょう。労働安全衛生関係の法令を遵守することはもちろん、各々の役割を行うことが重要です。具体的には、現場の元方事業者が行う統括管理、関係請負人各々が行う自主的な安全衛生活動と本店および支店への

安全衛生指導、また、関係団体や行政が一体となって行う総合的な災害防止対策です。

リスクアセスメントの実施について、「危険性又は有害性等の調査等に関する指針」では、以下のⓐ〜ⓓの手順を示しています。

ⓐ　労働者の就業に係る危険性または有害性の特定

ⓑ　特定された危険性または有害性ごとのリスクの見積り

ⓒ　見積りに基づくリスクを低減するための優先度の設定およびリスク低減措置の検討

ⓓ　優先度に対応したリスク低減措置の実施

リスクアセスメントの実施にあたっては、次ページ図のように、安全管理の担当者が役割を果たすことになります。

さらに指針では、事業者が作業標準、作業手順書、仕様書などを入手し、リスクアセスメントの実施に活用するとともに、洗い出した作業、特定した危険性または有害性、見積もったリスク、設定したリスク低減措置の優先度、実施したリスク低減措置の内容を記録することも示しています。

リスクアセスメントに関するその他の指針も参考になります。具体的には、

化学物質の取扱いについて、「化学物質等による危険性又は有害性等の調査等に関する指針」、機械や設備の製造業について、「機械の包括的な安全基準に関する指針」が公表されています。

また、厚生労働省ではリスクアセスメントの実施事例も公表しています。これらを参考にしながら自社のリスクアセスメントに取り組むことが大切です。

●リスクアセスメントの効果

事業場で、このようなリスクアセスメントを行うことでさまざまな効果が期待できます。

まず、職場のリスクが明確になり、管理者だけでなく事業場全体でリスクを共有することができます。

次に、リスク共有ができることで、具体的な安全対策について考えることができます。安全対策についての優先順位、守るべき事項が理由も含めて明確になっていきます。

そして、これらのことに職場全員が参加することで、「危険」に対する意識が高まります。

●工事計画の届出と審査

労働安全衛生法では、一定規模以上の建設工事などを行う事業者に対して、工事開始日の14日前または30日前に、所轄労働基準監督署長または厚生労働大臣に届け出ること（事前届出）を義務付けています（詳細については158ページ参照）。

事前届出があった工事については審査が行われ、法令違反がある場合には工事の差止めや計画変更の指示が行われます。これは計画段階で行われる災害防止のための措置です。

リスクアセスメントの実施体制と役割

総括安全衛生管理者	➡ 調査の実施を統括管理する
安全管理者・衛生管理者	➡ 調査の実施を管理する
安全衛生委員会・安全委員会・衛生委員会	➡ 調査を実施する上で労働者に関与してもらうようにする
職　長	➡ 危険性・有害性の特定、リスクの見積り、リスク低減措置の検討を行ってもらうように努める
機械設備の専門家	➡ 機械設備などについて調査を実施する

※事業者は調査を実施する者に対して必要な教育を実施する

機械等の安全確保のための規制

取扱いに高い危険が伴う機械は、検査を受けなければ使用できない

● 特定機械等とは

労働安全衛生法では、下記の8種類の機械等を「特定機械等」と規定し、労働災害を防止するための規制を定めています。

① ボイラー（小型ボイラー等を除く）
② 第一種圧力容器（小型圧力容器等を除く）
③ つり上げ荷重3t以上（スタッカー式は1t以上）のクレーン
④ つり上げ荷重3t以上の移動式クレーン
⑤ つり上げ荷重2t以上のデリック
⑥ 積載荷重が1t以上のエレベーター
⑦ ガイドレール（昇降路）の高さが18m以上の建設用リフト（積載荷重が0.25t未満のものを除く）
⑧ ゴンドラ

● 機械等の安全確保についての法律の規制がある

特定機械等は、業務において特に危険とされる作業に用いられる機械等であるため、これらが正常に動作しなかった場合には非常に重大な労働災害を引き起こすおそれがあります。

そのため、特定機械等を製造する際は、不良品による事故が発生しないように都道府県労働局長の許可を受ける

ことが必要とされています。

さらに、一度は使用を廃止した特定機械等を再び使用することになった場合も、安全を守るために都道府県労働局長の行う検査を受けることが義務付けられています。特定機械等を設置した場合や何らかの変更を加えた場合、使用を休止していた特定機械等を再び使用し始める際には、労働基準監督署長の行う検査を受けなければ使用することができません。

● 検査証の必要性

検査に合格した特定機械等には「検査証」が交付されます。この検査証がない場合は、特定機械等の譲渡・貸与をすることはできません。また、一度は使用を廃止した特定機械等を再び使用する場合には検査証に裏書をします。

この検査証には有効期間があり、有効期間を更新するためには登録性能検査機関が行う性能検査を受ける必要があります。その上で、特定機械等の場合は事業主が自ら点検を行うことが求められています。有効期間は、特定期間によって異なります。

なお、特定機械等以外にも、定期的に自主検査をすることが規定されている機械等があり、それらの中でも一定

の機械等については、有資格者または登録検査業者に検査（特定自主検査）を実施させることが必要とされています。

●特定機械以外の機械の規制

次のような特定機械以外の機械では、必要な規格や安全装置を備えていなければ設置等をしてはいけません。

① 小型ボイラー
② 第二種圧力容器
③ プレス機械またはシャーの安全装置
④ 防じんマスク
⑤ 防毒マスク
⑥ 保護帽
⑦ 木材加工用丸のこ盤の歯の接触予防装置　など

これらの特定機械以外の機械については、個別検定か型式検定を受けなければなりません。個別検定では、機械1台ごとに個別に行われる検定を実施し合格しなければなりません。一方、型式検定では機械等の型式ごとに検定を行います。つまり、①、②については個別検定、③～⑦については型式検定に合格する必要があります。

また、動力により駆動する機械等については、作動部分上の突起物、動力電動部分等については防護のために措置を行っておくことが必要です。

特定機械等の規制内容

13 機械の使用にあたっての注意点①
前照灯やヘッドガードの設置などを行う必要がある

● 車両系建設機械を使用した作業の安全を確保するための措置

車両系建設機械とは、以下のものを指します。

① 整地・運搬・積込み用機械（ブル・ドーザー、モーター・グレーダー等）

② 掘削用機械（パワー・ショベル、ドラグ・ショベル等）

③ 基礎工事用機械（くい打機、くい抜機等）

④ 締固め用機械（ローラー等）

⑤ コンクリート打設用機械（コンクリートポンプ車等）

⑥ 解体用機械（ブレーカ等）

車両系建設機械を使用する場合の措置については、主に労働安全衛生規則で定められています。

車両系建設機械には前照灯を備える必要があります。ただし、作業を安全に行うための照度が保持されている場所では、前照灯を備える必要はありません（労働安全衛生規則152条）。

また、岩石の落下等により労働者に危険が生ずるおそれのある場所で車両系建設機械（ブルドーザー、トラクターショベル、ずり積機、パワーショベル、ドラグショベル、ブレーカに限る）を使用する際には、車両系建設機械に堅固なヘッドガードを備えなけれ

ばなりません（労働安全衛生規則153条）。ヘッドガードとは運転席の屋根部分をいい、あくまでも落石等から運転手を守る役目のものを指します。

車両系建設機械を使って作業を行う際には、機械の転落、地山の崩壊等による労働者の危険を防止するために、あらかじめ当該作業を行う場所の地形、地質の状態を調査し、その結果を記録しておく必要があります（労働安全衛生規則154条）。

さらに、調査結果に基づいた作業計画を定め、その計画に沿って作業を行わなければなりません（労働安全衛生規則155条）。

機械の制限速度についても、地形や地質の状態に応じ適正な制限速度を定め、その速度を守り作業を進める必要があります（労働安全衛生規則156条）。

その他、車両系建設機械を使って作業を行う際には、乗車席以外の箇所に労働者を乗せてはいけない（労働安全衛生規則162条）など、複数の危険防止対策が規定されています。

● くい打ち機を使用した作業の安全を確保するための措置

動力を用いるくい打機やくい抜機（不特定の場所を自走できるものを除

く）、ボーリングマシンの機体、附属装置および附属品については、労働者の安全を守るため、使用の目的に適応した必要な強度を有し、著しい損傷、摩耗、変形、腐食のないものでなければ使用することはできません（労働安全衛生規則172条）。

　動力を使うくい打機・くい抜機、ボーリングマシンについては、倒壊を防止するため、以下のような一定の措置（倒壊防止措置）を講じる必要があります（労働安全衛生規則173条）。

① 　軟弱な地盤への据付時は、脚部・架台沈下防止のため敷板、敷角を使用する

② 　施設や仮設物等への据付時は、耐力確認の上、不足時は補強する

③ 　脚部・架台が滑動するおそれがある場合、くい・くさびで固定させる

④ 　くい打機・くい抜機・ボーリングマシンは、不意の移動を防ぐためレールクランプ、歯止め等で固定させる

⑤ 　控えのみで頂部を安定させる場合、数を3以上とし、末端は堅固な控えぐいや鉄骨に固定させる

⑥ 　控線のみで頂部を安定させる場合、控線の等間隔配置や数を増やす方法で安定させる

⑦ 　バランスウエイトで安定させる場合、移動を防止するために架台に確実に取り付ける

第3章 危険防止と安全衛生教育

車両用建設機械使用時の安全確保措置

```
                   ┌─ 前照灯の設置
                   │    作業を安全に行うための照度が保持されていない場
                   │    所で車両系建設機械を使用する場合
                   │
                   ├─ 堅固なヘッドガードの設置
  車両系建設機械     │    岩石の落下等により労働者に危険が生ずるおそれの
  使用時の          │    ある場所で車両系建設機械を使用する場合
  安全確保措置 ─────┤
                   ├─ 作業場所の地形・地質の状態の調査、結果記録
                   │    車両系建設機械を使って作業を行う場合において、
                   │    以下の労働者の危険を防止するための対策
                   │    ① 車両系建設機械の転落　② 地山の崩壊等
                   │
                   └─ 乗車席以外の箇所への労働者乗車禁止
                        車両系建設機械を使って作業を行う場合
```

85

14 機械の使用にあたっての注意点②
安全確保のために使用禁止された対象物もある

● 玉掛け作業の安全を確保するための措置

玉掛けとは、クレーンなどのフック（荷物を引っかける器具）に、ワイヤロープなどで荷物の掛け外しをする作業です。機械に関連した労働災害のうち、死亡災害の多くがクレーンなどの作業時と言われています。発生原因は、玉掛けした荷の運搬中に、荷が落下し、作業者に激突することで起きています。

クレーン等安全規則では、クレーン、移動式クレーン、デリックの玉掛用具であるワイヤロープの安全係数は6以上と定めています。一方、クレーン、移動式クレーン、デリックの玉掛用具であるフック、シャックルの安全係数は5以上と定めています。なお、安全係数とは、ワイヤロープの破断荷重を、そのワイヤーにかかる荷重の最大値で割ったものです。つまり、安全係数6とは、1000kgの荷を吊り上げる場合には、ワイヤーロープの耐荷重6000kg以上のものを使用するということになります。

クレーン、移動式クレーン、デリックの玉掛用具であるワイヤロープ、つりチェーンなどの用具を用いて玉掛けの作業を行うときは、その日の作業を開始する前に、安全確保に十分配慮し

た作業標準を定めて、関係する作業員に周知することが求められます。そして、作業標準などに基づいて、クレーンの運転者、玉掛け作業をする者、その補助者、合図者を決めておきます。また、玉掛け作業をする者の中から責任者を指名することも求められます。

また、作業開始前には当該用具の異常の有無について点検を行わなければなりません。そして、点検によって異常を発見した場合には、直ちに補修する必要があります。

つり上げ荷重が1t以上のクレーンの玉掛け業務を行うには、玉掛け技能講習が必要で、1t未満では特別教育が必要となります。

● 移動式クレーンを使用する作業の安全確保措置

移動式クレーンについても、クレーン等安全規則63条～66条の3において、安全確保措置の規定を設けています。まず、移動式クレーンを使用して作業を行う場合には、当該移動式クレーンに検査証を備え付けておかなければなりません。この移動式クレーンは、厚生労働大臣が定める基準（移動式クレーンの構造に関係する部分に限る）に適合するものであることが必要です。

次に、移動式クレーンを使用する際には、当該移動式クレーンの構造部分を構成する鋼材の変形、折損等を防止するために、当該移動式クレーンの設計の基準とされた負荷条件に留意しなければなりません。

移動式クレーンの巻過防止装置については、「フック、グラブバケット等のつり具の上面または当該つり具の巻上げ用シーブの上面」と「ジブの先端のシーブその他当該上面が接触するおそれのある物（傾斜したジブを除く）の下面」との間隔が0.25m以上（直働式の巻過防止装置にあっては0.05m以上）となるように調整しておかなければなりません。

そして、移動式クレーンを使って作業を行う際には、移動式クレーンの転倒等による労働者の危険を防止するために、作業に必要な場所の広さ、地形および地質の状態、運搬しようとする荷の重量、使用する移動式クレーンの種類・能力等を考慮して、以下の事項を決める必要があります。

・移動式クレーンによる作業の方法
・移動式クレーンの転倒を防止するための方法
・移動式クレーンによる作業についての労働者の配置・指揮の系統

玉掛け作業における安全確保のための禁止事項

対象物	使用禁止内容	使用禁止となる場合
ワイヤロープ	クレーン、移動式クレーン、デリックの玉掛用具として使用禁止	①ワイヤロープ1よりの間において素線（フィラ線を除く）の数の 10%以上の素線が切断
		②直径の減少が公称径の7%を超える
		③キンク状態（ロープやホースなどによじれなどが生じ、元に戻りにくい状態）
		④著しい形くずれや腐食がある
		⑤緩みがある
つりチェーン		①変形している
		②き裂がある
フック、シャックル、リング等の金具		①変形している
		②き裂がある

●エレベーターを使用する作業の安全を確保する措置

エレベーターの使用については、クレーン等安全規則147条〜150条において、事業者が講ずべき安全確保のための具体的な措置が定められています。

エレベーターを使って作業を行う際は、作業場所にエレベーター検査証を備え付ける必要があります。エレベーターは、厚生労働大臣の定める基準（エレベーターの構造部分に限る）に適合しなければ使用することはできません。

エレベーターのファイナルリミットスイッチ、非常止めその他の安全装置が有効に作用するような調整を行うことも必要とされています。その他には、エレベーターにその積載荷重を超える荷重をかけて使用することが禁止されています。

エレベーターを設置した後は、1か月に1回定期に自主検査を実施する必要があります。その結果は3年間保存しなければなりません。また、年1回、厚生労働省の指定する機関により検査を実施し、検査証の更新を受ける必要があります。

定期自主点検は、災害を防ぐだけでなく維持管理における予防保全という視点もあります。思わぬトラブルを防ぎ修繕に必要な費用を軽減することにも役立ちます。

●建設用リフトを使用する作業の安全を確保するための措置

建設用リフトの使用については、クレーン等安全規則180条〜183条において、事業者が講ずべき安全確保のための具体的な措置が定められています。

建設用リフトを使って作業を行う際は、作業場所に建設用リフト検査証を備え付ける必要があります。建設用リフトは、厚生労働大臣の定める基準（建設用リフトの構造部分に限る）に適合しなければ使用できません。

巻上げ用ワイヤロープに標識を付すること、警報装置を設けることなど、巻上げ用ワイヤロープの巻過ぎによる労働者の危険を防止するための措置も必要です。

建設用リフトの運転を行う者に対して特別教育を実施する必要があります。

また、建設用リフトの検査証の有効期間は、設置から廃止までとなっています。エレベーターのように更新する必要はありません。建設用リフトは工事の間だけ使用するためというのが主な理由です。定期自主点検は月に1回

実施しなければなりません。

⚫ ゴンドラを使用する作業の安全を確保するための措置

ゴンドラを使用する作業の安全を確保するための措置は、ゴンドラ安全規則13条〜22条に定められています。

ゴンドラにその積載荷重を超える荷重をかけての使用は禁止されています。ゴンドラの作業床の上で、脚立、はしごなどを使用して労働者に作業させることも禁止されています。

ゴンドラを使用して作業を行うときは、ゴンドラの操作について一定の合図を定め、合図を行う者を指名した上で合図を行わせる必要があります。ゴンドラの作業床で作業を行うときは、当該作業を行う労働者に墜落制止用器具（安全帯）その他の命綱を使用させなければなりません。

さらに、強風、大雨、大雪等の悪天候のため、ゴンドラを使用する作業の実施について危険が生じる可能性がある場合には、作業を行うことができません。

ゴンドラの操作を行う者についても特別教育を実施する必要があります。また、作業開始前には必要な点検を実施し、異常があった場合には直ちに補修をしなければなりません。

ゴンドラについては、エレベーターと同様に月1回の定期自主検査と1年に1回の検査証の更新が必要です。

ゴンドラ作業時の作業開始前点検

ゴンドラ使用時の事前点検事項

- ワイヤロープと緊結金具類の損傷・腐食の状態
- 手すり等の取りはずしおよび脱落の有無
- 突りょう、昇降装置等とワイヤロープとの取付部の状態およびライフラインの取付部の状態
- 巻過防止装置その他の安全装置、ブレーキおよび制御装置の機能
- 昇降装置の歯止めの機能
- ワイヤロープが通っている箇所の状態

● 地山の掘削工事の安全を確保するための措置

地山の掘削工事に関しては、労働安全衛生規則355条〜367条において、安全確保措置の規定を設けています。

地山の掘削の作業を行う際に、地山の崩壊、埋設物の損壊等によって労働者に危険を及ぼす可能性がある場合には、作業箇所とその周辺の地山について以下の①〜④の事項を調査し、掘削の時期と順序を定めて作業を行う必要があります。

① 形状、地質および地層の状態

② き裂、含水、湧水および凍結の有無および状態

③ 埋設物等の有無および状態

④ 高温のガスおよび蒸気の有無および状態

掘削面の高さが2m以上となる地山の掘削作業を行う場合には、「地山の掘削及び土止め支保工作業主任者技能講習」を修了した者の中から、地山の掘削作業主任者を選任する必要があります。

選任された地山の掘削作業主任者は、主に以下の①〜③の業務を担当します。

① 作業の方法を決定し、作業を直接指揮すること

② 器具と工具を点検し、不良品を取り除くこと

③ 墜落制止用器具等と保護帽の使用状況を監視すること

なお、明り掘削の作業を行う場合、掘削機械・積込機械・運搬機械の使用によるガス導管、地中電線路等の損壊によって、労働者に危険が及ぶ可能性がある場合には、これらの機械を使用してはいけません。

明り掘削の作業を行う場合には、運搬機械・掘削機械・積込機械（車両系建設機械と車両系荷役運搬機械等を除く）の運行の経路と、これらの機械の土石の積卸し場所への出入りの方法を定めて、これを関係労働者に周知させる必要があります。また、明り掘削の作業を行う場合において、運搬機械等が、労働者の作業箇所に後進して接近するとき、または転落するおそれがあるときは、誘導者を配置して、誘導者にこれらの機械を誘導させなければなりません。

● 足場の組立ての安全を確保するための措置

足場の組立てに関しては、労働安全衛生規則564条〜568条において、安全確保措置の規定を設けています。

つり足場（ゴンドラのつり足場を除

きます）、張出し足場、高さが２ｍ以上の構造の足場について、その組立て・解体・変更の作業を行う際には、以下の①〜⑤の措置を講じる必要があります。

① 組立て、解体・変更の時期・範囲・順序を当該作業に従事する労働者に周知させること

② 組立て・解体・変更の作業を行う区域内には、関係労働者以外の労働者の立入りを禁止すること

③ 強風、大雨、大雪等の悪天候のため、作業の実施について危険がある場合には作業を中止すること

④ 足場材の緊結、取りはずし、受渡し等の作業にあっては、幅40cm以上の作業床を設け、労働者に墜落制止用器具（安全帯）を使用させるなど、労働者の墜落による危険を防止するための措置を講ずること

⑤ 材料、器具、工具等を上げ、または下ろすときは、つり綱、つり袋等を労働者に使用させること

これに加えて、所定の足場の組立て・解体・変更の作業を行う場合には、事業者は「足場の組立て等作業主任者技能講習」を修了した者の中から、足場の組立て等作業主任者を選任し、以下の ⓐ〜ⓓ の事項を行わせる必要があります。ただし、解体作業の際には、下記の ⓐ の事項を行わせる必要はありません。

ⓐ 材料の欠点の有無を点検し、不良品を取り除くこと

ⓑ 器具・工具・墜落制止用器具および保護帽の機能を点検し、不良品を取り除くこと

ⓒ 作業の方法と労働者の配置を決定し、作業の進行状況を監視すること

ⓓ 墜落制止用器具および保護帽の使

掘削工事の安全確保措置

作業箇所・周辺地山の調査

①形状・地質・地層の状態
②き裂、含水、湧水、凍結の有無・状態
③埋設物等の有無・状態
④高温のガス、蒸気の有無・状態

↓

掘削の時期・順序の設定

↓

掘削作業の開始

掘削面２ｍ以上の地山の掘削

↓

地山の掘削作業主任者の選任

①作業方法の決定、作業の直接指揮
②器具と工具の点検、不良品の除去
③墜落制止用器具（安全帯）等・保護帽の使用状況の監視

用状況を監視すること

なお、事業者は、足場およびつり足場における作業を行うときは、その日の作業を開始する前に（つり足場の方が点検項目が多い）、安全状態を点検し、異常がある場合には、直ちに補修しなければなりません。

● 高所作業車を使用する作業の安全を確保するための措置

高所作業車に関しては、労働安全衛生規則194条の8 ～ 194条の28において、安全確保措置の規定を設けています。

事業者は、高所作業車（運行に使用されるものを除く）については、前照灯と尾灯を備えなければなりません。ただし、走行の作業を安全に行うため必要な照度が確保されている場所では、その必要はありません。

高所作業車を用いて作業（道路上の走行の作業を除く）を行うときは、当該作業を行う場所の状況や当該高所作業車の種類・能力等に適応する作業計画を定めた上で、当該作業計画により作業を行う必要があります。

そして、高所作業車の運転者が走行のための運転位置から離れる場合（作業床に労働者が乗って作業を行う場合を除く）には、当該運転者に以下の①～②の措置を講じさせる必要があります。
① 作業床を最低降下位置に置くこと
② 原動機を止め、かつ、停止の状態を保持するためのブレーキを確実に

かけるなどの高所作業車の逸走を防止する措置を講ずること

実際に高所作業車を走行させる際には、高所作業車の作業床に労働者を乗せてはいけません。ただし、平坦で堅固な場所において高所作業車を走行させる場合に、例外措置が設けられています。具体的には、以下のⓐ～ⓒの措置を講じた際はこの限りではないとされています（労働安全衛生規則194条の20）。

ⓐ 誘導者を配置し、その者に高所作業車を誘導させること
ⓑ 一定の合図を定め、誘導者に合図を行わせること
ⓒ あらかじめ作業時における高所作業車の作業床の高さとブームの長さ等に応じた高所作業車の適正な制限速度を定め、それにより運転者に運転させること

● 貨物自動車を使用する作業の安全を確保するための措置

貨物自動車に関しては、労働安全衛生規則151条の65 ～ 151条の76において、安全確保措置の規定を設けています。

事業者は、貨物自動車に最大積載量を超える荷を載せて使用することを禁止しています。

また、事業者は最大積載量が5 t以上の貨物自動車に荷の積卸しをする作業を行う場合には、労働者の墜落による危険を防止するため、床面と荷台を

安全に昇降するための設備を設ける必要があります。

　積卸の作業は最も危険を伴う作業であるため、100kg以上の荷の積卸については作業を指揮する者を定めて、次の事項を行わせなければなりません。

① 作業手順、手順ごとの作業を決定して、直接指揮すること
② 器具や工具を点検すること
③ 作業場には関係労働者以外立ち入らせないこと
④ ロープ解きの作業、シート外しの作業を行う場合、荷台上の荷の落下の危険性がない事を確認してから、積卸しの作業着手を指示すること
⑤ 前述の昇降設備、保護帽の使用状

況を監視すること

　荷台にあおりのない貨物自動車を走行させる場合、荷台に労働者を乗車させることは禁止されています。荷台にあおりがある場合には、次のことを行うことで労働者を荷台に乗車させることが可能です。

① 荷台に荷を載せている場合、荷の移動による労働者の危険を回避する措置（滑止め、歯止め）を講じること
② あおりを確実に閉じること
③ 労働者が墜落するおそれのある箇所に乗らないこと
④ 労働者の身体の最後部が運転席の屋根の高さを超えないこと

高所作業車使用時の安全確保措置

安全確保措置

- 前照灯・尾灯の整備
- 作業計画に応じた作業実施
  作業場所の状況、高所作業車の種類・能力等に適応した作業計画を定める
- 走行用運転位置から離れる場合の措置
  ① 作業床を最低降下位置に置く
  ② 高所作業車の逸走防止措置
- 走行時の作業床への労働者乗車の禁止
  - 平坦・堅固な場所における例外措置
    ①誘導者を配置　②一定の合図を定めて実施
    ③あらかじめ作業時の作業床の高さ・ブームの長さに応じた適正な制限速度の設定

17 作業環境を確保するための必要な措置②

あらゆる労働災害を想定した措置をとる必要がある

● 2m以上の高所からの墜落による危険を防止するための措置

事業者は、高さが2m以上の場所（作業床の端・開口部等を除く）で作業を行う場合に、墜落により労働者に危険が生じる可能性がある際は、足場を組み立てるなどの方法により作業床を設けなければなりません。作業床の設置が難しい場合は防網を張り、労働者に墜落制止用器具（安全帯）を使用させる等、墜落による危険を防止するための措置を講じる必要があります（労働安全衛生規則518条）。高さが2m以上の箇所で作業を行う場合において、労働者が墜落制止用器具等を使用する際には、墜落制止用器具等を安全に取り付けるための設備等を設ける必要があります。労働者が墜落制止用器具等を使用する際には、墜落制止用器具やその取付け設備等の異常の有無について、随時点検しなければなりません（労働安全衛生規則521条）。

また、強風、大雨、大雪など悪天候のため、当該作業の実施について危険が予想される場合には、当該作業に労働者を従事させてはいけません（労働安全衛生規則522条）。

● 伐木作業における危険を防止するための措置

事業者は、伐木の作業（伐木等機械による作業を除く）を行う場合には、立木を伐採する労働者に、伐採の際に退避する場所をあらかじめ選定し、伐採の際に危険を生ずるおそれのある枝、つる、石等を取り除くように指導しなければなりません（労働安全衛生規則477条）。伐採時には、一定の合図を定め、作業に関係がある労働者にあらかじめ周知しておくことが必要です（労働安全衛生規則479条）。

また、伐採する立木の胸高直径が20cm以上の場合には、直径の四分の一以上の深さの受け口を作り、適当な深さの追い口を作ることを定めています（労働安全衛生規則477条）。

伐採した立木が思いもよらない方向に倒れ、途中で近くの立木に引っかかってしまった場合（かかり木）には、速やかにそれを取り除かなければなりません。困難な場合には、作業に従事する労働者以外が立ち入らないように、縄張、標識の設置等の措置により明示することが必要です（労働安全衛生規則478条）。

● 作業構台の作業の安全を確保するための措置

事業者は、仮設の支柱や作業床等により構成され、材料や仮設機材の集積・建設機械等の設置・移動を目的とする高さが2m以上の設備で、建設工事に使用するもの（作業構台）の材料には、著しい損傷・変形・腐食のあるものを使用してはいけません（労働安全衛生規則575条の2）。

作業構台を組み立てる際には、組立図を作成し、その組立図に従って組み立てなければなりません。この組立図は、支柱・作業床・はり・大引き等の部材の配置や寸法が示されている必要があります（労働安全衛生規則575条の5）。

● 作業のための通路の安全を確保するための措置

事業者は、作業場に通ずる場所と作業場内の通路は、労働者が安全に業務を遂行するため、安全に使用できるような措置を設ける必要があります（労働安全衛生規則540条以下、下図参照）。

たとえば、主要な通路に「通路」であることを示す表示をすることが求められています。その他、通路の安全性を保つための採光・照明の方法、屋内に設ける通路の要件、常時使用しない避難用の出入口・通路・避難用器具の要件などを定めています。

作業のための通路の安全確保措置

通路の安全確保措置

作業場に通ずる場所または作業場内の通路確保
　主要な通路には「通路」を示す表示が必要

通路の採光・照明方法の検討
　坑道、常時通行のため使用しない地下室などで通行する労働者で、適当な照明具を持たせる場合は必要なし

屋内に設ける通路の要件
　①用途に応じた幅を有する
　②通路面は、つまずき・すべり・踏抜などの危険のない状態を保つ
　③通路面から高さ 1.8m 以内に障害物を置かない

常時使用しない避難用の出入口・通路・避難用器具への措置
　避難用である旨の表示をして容易に利用することができるような状態を保つ必要あり

● コンクリート造りの工作物の解体作業の安全を確保する措置

事業者は、コンクリート造の工作物（高さ5m以上のものに限る）の解体または破壊の作業を行う場合は、工作物の倒壊・物体の飛来・落下等による労働者の危険を防止するため、工作物の形状・き裂の有無・周囲の状況等を調査した上で作業計画を定め、作業計画に基づいて作業を行う必要があります（労働安全衛生規則517条の14）。

この作業計画には、①作業の方法と順序、②使用する機械等の種類と能力、③控えの設置、立入禁止区域の設定その他の外壁・柱・はりなどの倒壊や落下による労働者の危険を防止するための方法を示すことが必要です。

上記の解体・破壊の作業において講ずべき安全措置としては、以下のものがあります（労働安全衛生規則517条の15）。

① 作業区域内の関係労働者以外の労働者の立入りを禁止する

② 強風・大雨・大雪等の悪天候で作業の実施に危険が予想される場合は作業を中止する

③ 器具・工具等を上げ下げする際には、つり綱・つり袋などを労働者に使用させる

また、コンクリート造の工作物の解体等作業主任者の選任も必要です（労働安全衛生規則517条の17）。

● 橋梁・架設の作業の安全を確保するための措置

事業者は、橋梁の上部構造であって、コンクリート造のもの（高さが5m以上であるものまたは上部構造のうち橋梁の支間が30m以上である部分に限る）の架設・変更の作業を行う場合は、作業計画を定め、作業計画に従って作業を行う必要があります（労働安全衛生規則517条の20）。その上で、以下の安全確保措置を講じることが必要です（労働安全衛生規則517条の21）。

① 作業を行う区域内には、関係労働者以外の労働者の立入りを禁止すること

② 強風・大雨・大雪等の悪天候のため、作業の実施について危険が予想されるときは、作業を中止すること

③ 材料・器具・工具類等を上げ下げする際には、つり綱・つり袋等を労働者に使用させること

④ 部材・架設用設備の落下・倒壊により労働者に危険が及ぶ可能性がある場合には、控えの設置・部材・架設用設備の座屈・変形の防止のため

の補強材の取付け等の措置を講ずること

また、「コンクリート橋架設等作業主任者技能講習」の修了者の中から、コンクリート橋架設等作業主任者を選任しなければなりません（労働安全衛生規則517条の22）。

● 型わく支保工の作業の安全を確保するための措置

型わく支保工に関しては、労働安全衛生規則237条〜247条において、安全確保措置などの規定を設けています。

事業者は、型わく支保工の材料については、著しい損傷・変形・腐食があるものを使用してはいけません。型わく支保工に使用する支柱・はり・はりの支持物の主要な部分の鋼材については、日本工業規格に適合するものを使用する必要があります。

さらに、型わく支保工については、

型わくの形状、コンクリートの打設の方法等に応じた堅固な構造のものでなければ、使用してはいけません。

型わく支保工の組立てをする場合は、組立図を作成し、組立図に従って組み立てる必要があります。組立図は、支柱・はり・つなぎ・筋かい等の部材の配置・接合の方法・寸法が示されているものでなければなりません。その他、支柱の沈下や支柱の脚部の滑動などを防止するための措置を講じる義務を負います。そして、「型枠支保工の組立て等作業主任者技能講習」の修了者の中から、型枠支保工の組立て等作業主任者を選任しなければなりません（労働安全衛生規則246条）。

橋梁・架設の作業における安全確保のための作業計画

①作業の方法と順序の定め

②部材の落下・倒壊を防止するための方法の定め

③作業労働者の墜落による危険防止設備の設置方法

④使用する機械等の種類と能力

ずい道における危険防止措置

落盤・爆発・火災などについて防止措置をとる

● 落盤や地山崩壊を防止するためには

ずい道（トンネル）の建設工事作業は、ずい道作業特有の危険をはらんでいるため、その対策を中心にあらゆる安全確保のための措置が必須です。

ずい道の建設工事には、落盤や出入口付近の地山崩壊といった特有の危険があります。労働安全衛生規則384条～388条では、これらの危険防止措置について定めています。

事業者に対しては、落盤防止措置としてずい道支保工を設けなければならないことや、ロックボルトにより落石を防ぐ措置を講じなければならないことなどを定めています。

地山の崩壊等による危険の防止措置として、土止め支保工（土砂崩れなどを未然に防ぐための仮設構造物）を設けなければならないことや、防護網による落石防止措置を講じなければならないことも定めています。落石の危険がある場所には、関係労働者以外の労働者を立ち入らせないようにしなければなりません。

その他、運搬機械等の運行経路に関しての周知、誘導者の配置、保護帽の着用義務、照度の保持措置についても定められています。

● 爆発や火災などを予防するためには

ずい道内の建設工事には、閉塞性があり、換気が悪いという特殊性があるため、万が一の事故の際、被害を拡大させる場合があります。その代表例は、爆発や火災による事故です。ずい道内部は、爆発の衝撃や火炎、煙といった有害なものからの逃げ場がありません。これをふまえて、労働安全衛生規則379条～383条の5などに基づき、適切な安全確保措置をとる必要があります。

事業者は、ずい道の建設工事を行う場合、可燃性ガス発生のおそれがあるときは、定期的に可燃性ガスの濃度測定および記録を行わなければなりません。

可燃性ガスの発生が認められる場合には自動警報装置の設置も必要です。自動警報装置は、検知部周辺で作業を行っている労働者に対し、可燃性ガス濃度の異常な上昇を速やかに知らせることのできる構造でなければなりません。そして、作業開始前に必ず自動警報装置を点検し、異常があれば直ちに補修する必要があります。

その他、火災や爆発の事態に備え、警報装置が作動した場合にとるべき措置の策定および周知、火気を使用する場合における防火担当者の指名、消火

設備の設置および使用法・設置場所の周知などの対策も必要です。

ずい道内の視界を保持するために、換気を行い、水をまくなどの必要な措置を講じる必要もあります。

●粉じん対策に関するガイドラインが改正された

「ずい道等建設工事における粉じん対策に関するガイドライン」が改正され、令和3年4月1日から施行されました。

主な改正のポイントは次のとおりです。

① **ずい道等の堀削等作業主任者の職務の追加**

新たに粉じん濃度等の測定方法やその結果に応じた作業方法の決定、換気方法等の職務が追加されました。

② **粉じん発生源の措置強化**

設計の段階から、粉じんの発生が少ない工法や対策を講じることが追加されました。

③ **換気の強化**

より効果的な換気方法、換気設備の導入をすることが追加されました。

④ **粉じん目標濃度レベルの引き下げ**

これまでの粉じん濃度目標レベル3mg/㎥から2mg/㎥へ引き下げられました。

⑤ **呼吸用保護具の使用基準強化**

粉じんの濃度の測定結果に応じて、有効な呼吸用保護具を選択し、使用させることが追加されました。

⑥ **粉じん濃度などの測定結果の周知**

測定結果については、朝礼等で使用する掲示板や作業場の見やすい場所に掲示し周知することが追加されました。

落盤・地山崩壊の防止措置

落盤の危険	⇒	**落盤の防止措置** ①ずい道支保工の設置　②ロックボルトを施す措置
地山の崩壊の危険	⇒	**地山の崩壊の防止措置** ①土止め支保工の設置　②防護網を張る措置
落石の危険	⇒	**関係者以外の立入禁止**

その他の講ずべき措置 機械の運行経路周知・誘導者の配置・保護帽の着用・照度の保持措置など

危険物の取扱い

労働者を守るため、危険物質の取扱いについては規制がある

● 法律上どんな規制があるのか

製造や建築の場においては、さまざまな化学物資が用いられることが多くあります。その中には、健康に重大な被害を与える危険物も含まれています。これらの危険物に対して適切な措置を取らない場合、労働者が作業を続けることができなくなる可能性があり、最悪の場合は労働者の生命に関わるケースも存在します。

労働安全衛生法では、こういった危険物に対して製造や使用などを禁止する規定や、危険物が含まれていることの表示を義務付ける規定を設けています。

さらに、労働安全衛生施行規則では、危険物質の製造や取扱いには作業指揮者を定め、その作業指揮者の指揮の下に作業を行うことが規定されています。

作業指揮者は、危険物の製造や取扱いを行う設備等や場所、危険物を取り扱っている状況などを随時点検しなければなりません。点検の結果、異常が認められたときには直ちに必要な措置を講じ、講じた措置について記録しておくことも作業指揮者に求められています。その他の業務として、消防設備などの設置場所や使用方法を他の労働者へ周知することや、保護具の使用、作業手順の遵守など作業状況の監視、作業終了後の火元確認があります。

● 危険物の製造や取扱いについての措置

危険物の製造や取扱いについては、主に以下のような規制があります。

① 製造・輸入・譲渡・提供・使用のすべての禁止

労働者の健康に重大な被害を与える危険があるとして、最も厳しく規定されているのは、黄りんマッチ、ベンジジンおよびその塩、石綿などで、製造・輸入・譲渡・提供・使用のすべてが禁止されています（労働安全衛生法55条）。

この規定に違反した場合には、3年以下の懲役または300万円以下の罰金という重い刑罰を受けることがあります。

ただし、次のケースに該当する場合は、例外として製造・輸入・使用などがそれぞれ認められています。

ⓐ都道府県労働局長の許可をあらかじめ得た上で「試験研究のため」に製造・輸入・使用する場合

ⓑ厚生労働大臣が定める基準に従って製造・使用する場合

なお、ⓑの厚生労働大臣が定める基準とは「労働安全衛生規則第273条の3第1項および別表第7の3の項の

規定に基づき厚生労働大臣が定める基準」のことです。たとえば、黄りんは20kg、マグネシウム粉は100kgなど、物質ごとに危険性に応じて定められています。

② 許可を得ることで製造が可能

製造自体は認められているものの、厚生労働大臣の許可を得ることが必要とされている危険物質もあります。具体的には、ジクロルベンジジンやジクロルベンジジンを含有する製剤などで、他にどのような危険物質が該当するかは政令（労働安全衛生法施行令17条）によって規定されています。

これらの危険物質の製造許可を得るためには、設備や作業の手順などが厚生労働大臣の定める基準を満たしていることが必要です。

③ 表示の義務（57条）

上記の製造許可が必要な物質、爆発・発火・引火のおそれがある物質、健康を害するおそれがある物質（ベンゼンなど）を他人に譲渡または提供する場合は、物質の危険性を知らせるため、容器または包装に表示をすることが必要です。

表示すべき内容は、物質の名称、人体に及ぼす作用、貯蔵・取扱上の注意、注意喚起語などです。

なお、主として一般消費者の生活に利用されているものは表示義務の対象外とされます。たとえば、ⓐ医薬品医療機器等法（旧薬事法）における医薬品・医薬部外品・化粧品、ⓑ農薬取締法における農薬、ⓒ取扱い途中で固体以外に変化せず、細状や粒状とならな

危険物に対する規制

爆発性の物	みだりに、火気など点火源となるおそれのあるものに接近・加熱・摩擦・衝撃付与をしない
発火性の物	それぞれの種類に応じ、みだりに火気など点火源となるおそれのあるものに接近させない。酸化をうながす物や水に接触させない。加熱せず、衝撃を与えない
酸化性の物	みだりに、その分解がうながされるおそれのある物に接触・加熱・摩擦・衝撃付与をしない
引火性の物	みだりに、火気など点火源となるおそれのあるものに接近させたり、注いだりしない。蒸発させたり、加熱したりしない

い製品、ⓓ密封状態の製品などがあります。

④ **新しい化学物質を製造・輸入する際の届出（57条の4）**

既存のものでない新しい化学物質（新規化学物質）を製造または輸入する場合には、あらかじめその新規化学物質が労働者の健康に与える影響を調査すること（有害性の調査）が義務付けられています。労働者への影響を知ることで、事故が起こったときの適切な対策が可能になり、労働者の安全や健康を守ることにつながるからです。また、厚生労働大臣に新規化学物質の名称や有害性調査の結果などの届出を行う必要もあります。

⑤ **危険物質を取り扱う際の禁止事項**

製造業や建設業の現場では、業務の特性上、重大な事故を引き起こす危険性の高いものが多く取り扱われます。

このような対象物を取り扱う際には、事業者が労働者を守るための安全に対する措置を取ることが義務付けられています（労働安全衛生規則256条）。

たとえば、ニトログリコール、トリニトロベンゼン、過酢酸、アジ化ナトリウムなど、爆発するおそれがある物は、火気などを接近させたり、加熱したり、摩擦したり、衝撃を与えたりすることが禁止されています（爆発性の物の取扱い）。

また、発火するおそれがある物については、火気などを接近させたり、酸化を促進する物や水に触れさせたり、加熱したり、衝撃を与えることが禁止されています。具体例としては、カーバイドと呼ばれる炭化カルシウムやハイドロサルファイトと呼ばれる亜ニチオン酸ナトリウム、マグネシウム粉等が該当します（発火性の物の取扱い）。

塩素酸カリウム、過塩素酸ナトリウム、過酸化バリウム、硝酸アンモニウムといった酸化性の物については、その物質の分解が促されるようなものに接触させたり、加熱したり、衝撃を与えることが禁止されています（酸化性の物の取扱い）。

そして、ガソリンや灯油、軽油等の引火するおそれのある物に対しては、大規模な火事を引き起こす可能性があるため、火気などに接近させたり注いだりする行為や、蒸発させる行為、加熱する行為などが禁止されています（引火性の物の取扱い）。

これらの危険物を製造したり、取り扱う場合には、常に整理整頓し、可燃性の物や酸化性の物を置かないように周知徹底することが必要です。

●化学物質による事故や健康被害を防止、低減するための方法

化学物質を譲渡、提供した場合には、SDS（安全データシート）を相手に交付する必要があります。また、SDSが交付されない場合には、譲渡元へ交付を求めることが必要です。なお、SDS

とは、安全データシートと呼ばれ、化学物質の物理化学的性質、危険性・有害性、取扱方法、事故時の応急措置、運送上の注意、適用法令などを記載した文書です。自主的に作成する場合もありますが、特定の危険有害物質については法令により記載が義務付けられています。

また、譲渡、提供する場合には化学物質等の保存容器に絵表示などのラベルを貼り付けることとされています。事業者や労働者はラベルを見て危険有害性を確認することができます。

そして、事業者は危険有害性に応じてリスクアセスメント（80ページ）を行い、労働者はリスクアセスメントに沿って対応を実施することになります。一定の危険性、有害性のある化学物質についてはリスクアセスメントが事業者に義務付けられています。

ラベルを見て労働者が危険有害性を確認できるように、労働者に対して必要なラベル教育を実施しておくことが望まれます。

このように、「ラベル表示義務」「SDS交付義務」「リスクアセスメント実施義務」のある化学物質は、令和元年6月現在673物質となっています。

作業指揮者の職務内容

- **危険物の製造や取扱いを行う設備・附属設備の点検**
  異常が認められた場合→直ちに必要な措置を講じる

- **危険物の製造や取扱いを行う設備・附属設備がある場所の温度・湿度・遮光・換気状態の点検**
  異常が認められた場合→直ちに必要な措置を講じる

- **危険物の取扱い状況の点検**
  異常が認められた場合→直ちに必要な措置を講じる

- **労働者に対する消火設備の設置場所・使用方法の周知徹底**

- **作業状況の監視**
  異常が認められた場合→直ちに必要な措置を講じる

- **作業終了後の火元確認**

措置内容の記録

21 安全衛生教育①

事業者は十分な安全衛生教育を行う義務がある

なぜ安全衛生教育をするのか

作業現場（事業場）には、重大な事故につながる可能性をもつさまざまな危険が潜んでいます。たとえば、作業に必要な機器類が故障している場合や乱雑に散らかっている場合、換気の設備が不十分な場合など、「作業現場の環境に不備があること」がそのひとつです。一方、人体に有害な薬品を取り違えた場合や重機の操作を誤った場合など、「労働者のわずかな気の緩みやささいな手違い、知識のなさ」などが事故を引き起こす原因となるケースもあります。このような原因から作業現場で起こる事故を防ぎ、安全な労働環境を確保するためには、機器類に十分なメンテナンスを施し、作業場の環境を整えるといったハード面の対応に加え、作業員に対して注意喚起を行う、作業に関する訓練をする、必要な知識を提供するといったソフト面の対応が不可欠だといえるでしょう。このような状況をふまえ、労働安全衛生法では、事業者が、労働者に対し一定の安全衛生教育を行わなければならないことを規定しています。

どんな場合に必要なのか

労働安全衛生法が事業者に対し、安全衛生教育の実施を義務付けているタイミングには、さまざまな時期があり、主に次のような場合に行うことが義務付けられています。

① 労働者を雇い入れたとき（59条1項）
② 労働者の作業内容を変更したとき（59条2項）
③ 危険または有害な業務に就かせるとき（59条3項）
④ 政令で定める業種において新たに職長等の職務につくとき（60条1項）

この他、義務とはされていませんが、事業場での安全衛生の水準の向上を図るため、安全管理者等への能力向上教育や、危険有害業務に従事している労働者に対する安全衛生教育に努めることなどを求めています。

雇入れ時や作業内容を変更したときの教育

業務に関する知識のない労働者や、作業現場に不慣れな労働者がいると、事故発生の確率が高くなることから、事業者は、労働者の雇入時や作業内容変更時に、以下の安全衛生教育をする必要があります（労働安全衛生規則35条1項）。

① 機械等、原材料等の危険性・有害性および取扱い方法
② 安全装置、有害物抑制装置・保護

具の性能および取扱い方法

③　作業手順

④　作業開始時の点検

⑤　当該業務で発生のおそれがある疾病の原因・予防

⑥　整理、整頓および清潔の保持

⑦　事故時等における応急措置および退避

⑧　その他当該業務に関する安全・衛生のための必要事項

　林業、鉱業、建設業、製造業、電気業、自動車整備業などの安全管理者の選任を必要とする業種（労働安全衛生法施行令2条3号に掲げる業種）では、①〜⑧の全項目の教育が必要です。一方、それ以外の業種では、①〜④の教育を省略してもかまいません。

●危険または有害な業務に労働者を就かせるときの教育

　プレス機械、クレーン、エックス線装置など、取扱いに特別な知識や技術が必要で、ひとつ間違えば重大な事故につながりかねない危険または有害な業務に就かせる場合、事業者は労働者に対し、特別な教育を行わなければなりません。教育の内容については法令で定められています。特別教育については十分な知識、経験を有する者が講師となって行う必要があります。

　特別な教育が必要な業務は、労働安全衛生規則36条において指定されています。東日本大震災により生じた放射性物質の除染作業（土壌等の除染等の業務または廃棄物収集等業務）が含まれるなど、その時々に応じた改正が行われています。

　特別教育の内容は、個々の業務ごとに定められた規則などで規定されています。たとえばエックス線装置またはガンマ線照射装置を用いて行う透過写真の撮影の業務に労働者を就かせる場合、電離放射線障害防止規則52条の5に規定された以下の科目を特別教育として行わなければなりません。

①　透過写真の撮影の作業の方法（講

安全衛生教育の種類と概要

安全衛生教育	
雇入時の教育	機械の操作や作業手順などを教育
作業内容変更時の教育	雇入時の教育と同じ内容を教育
特別の教育	クレーン業務など危険な業務に従事する労働者への教育
職長の教育	労働者を取りまとめる者への教育
能力向上の教育	労働災害防止のための能力を向上させる教育

習時間1.5時間以上)

② エックス線装置またはガンマ線照
射装置の構造および取扱いの方法
（講習時間1.5時間以上）

③ 電離放射線の生体に与える影響
（講習時間30分以上）

④ 関係法令（講習時間1時間以上）

ただし、特別教育の科目について十
分な知識や技能を有している労働者に
ついては、当該科目の特別教育を省略
ができます。

◯就業制限と特別教育

一定の危険、有害な業務に労働者が
就く場合、特別教育が必要となります。
一方、そういった業務の中でもさらに
危険、有害な業務について、免許を保
持している者や技能講習を受講した者
でなければその業務に就くことができ
ないようになっています。このように
危険、有害の程度に応じて、就業の制
限をかけています（次ページ図）。

◯職長等を対象にした安全衛生教育

事業者は、事業場が建設業、製造業、
電気業などの「一定の業種」（下図参
照）に該当するときは、その事業場に
新たに職務に就くこととなった職長等
に対し、安全衛生教育（職長教育）を
行うことが義務付けられています。一
般的には職長・係長・班長の地位にあ
る者が「職長等」に該当します。

職長教育の内容は、作業方法の決定
の仕方、労働者の配置に関すること、
労働者に対する指導・監督の方法など
です。職長教育の教育時間数について
は、作業手順の定め方や労働者の適正
な配置の方法は2時間以上、指導およ
び教育の方法や作業中における監督お
よび指示の方法は2.5時間以上などと
細かく規定されています。

なお、職長教育の科目について十分
な知識や技能を有している労働者には、
当該科目の教育の省略ができます。

職長教育

職長等

【一定の業種（労働安全衛生法施行令19条）】
①建設業、②製造業（新聞業・出版業・製本業などを除く）、
③電気業、④ガス業、⑤自動車整備業、⑥機械修理業

職長教育
①作業方法の決定・労働者の配置、②労働者への指導・監督方法、
③危険性・有害性の調査および結果に対する措置、④異常時の措置
⑤その他労働災害防止にまつわる活動

対象業務で必要な免許、技能講習、特別教育等

対象業務		業務に就くことができる者			特別教育
		免許	技能講習	その他	
発破		○	×	・火薬取締法の火薬類取扱保安責任者免状 ・保安技術職員試験等に合格した者（鉱山保安法施行規則）	
ボイラー		○	△（比較的小さいもののみ）	×	
ボイラー又は第一種圧力容器の溶接		○	×	×	
ボイラー又は第一種圧力容器の整備		○	×	×	
小型ボイラーの取扱い					○
揚貨装置	制限荷重5t以上	○	×	×	
	制限荷重5t未満				○
クレーンの運転	つり上げ荷重5t以上	○	△（床上クレーンのみ）	×	
	つり上げ荷重5t未満				○
移動式クレーンの運転	つり上げ荷重1t以上	○	△（小型のみ）	×	
	つり上げ荷重1t未満				○
デリックの運転	つり上げ荷重5t以上	○	×	×	
	つり上げ荷重5t未満				○
玉掛けの業務	つり上げ荷重が1t未満の揚荷装置、クレーン、移動式クレーン、デリック	×	○	・職業訓練修了者 ・厚労大臣が定める者 ・制度改正前の職業訓練を修了した者等	
	つり上げ荷重が1t未満のクレーン、移動式クレーン、デリック				○
潜水業務		○	×	×	
再圧室を操作する業務					○
高圧室内作業に係る業務					○
可燃性ガス・酸素を用いて行う金属の溶接、溶断、又は加熱		○	○	厚労大臣が定める者 ・職業訓練指導員免許を受けた者 ・保安技術職員のうち溶接係員試験合格者 ・歯科医師免許を受けた者 ・歯科技工士免許を与えられた者	
アーク溶接機を用いて行う金属の溶接、溶断等					○
フォークリフトの運転	最大荷重1t以上	×	○	・フォークリフトの職業訓練を受けた者 ・厚労大臣が定める者 ・制度改正前のフォークリフトの職業訓練修了者　等	
	最大荷重1t未満				○
車両系建設機械（整地・運搬・積込用及び掘削用）の運転（ブル・ドーザー、モーター・グレーダー、トラクター・ショベル、パワーショベル等）	機体重量3t以上	×	○	・建設機械施工技術検定合格者（特定のもの） ・建設機械運転科の職業訓練修了者 ・その他厚労大臣が定める者	
	機体重量3t未満				○
車両系建設機械（基礎工事用）の運転（くい打機等）	機体重量3t以上	×	○	・建設機械施工技術検定合格者（特定のもの） ・厚労大臣が定める者（該当なし）	
	機体重量3t未満				○
不整地運搬車の運転	最大積載量1t以上	×	○	・建設機械施行技術検定合格者（特定のもの） ・厚労大臣が定める者 ・制度改正前の職業訓練を修了した者"	
	最大積載量1t未満				○
高所作業車の運転	10m以上	×	○	・厚労大臣が定める者（該当無し）	
	10m未満				○

安全衛生教育②

社会情勢に対応した教育の継続が必要である

● 能力向上教育とは

作業現場に設置されている機械や薬品類等は、日々進化しています。法令やガイドラインも毎年のように改正されるため、少し前には許された行為でも、社会状況の変化で今後は許されない行為になってしまう場合があります。つまり、入職当時に十分な教育を受けていても、数年たつとその知識は劣化したものとなってしまう可能性があります。

そのため、労働安全衛生法および「労働災害の防止のための業務に従事する者に対する能力向上教育に関する指針」では、「安全管理者、衛生管理者、安全衛生推進者、衛生推進者」および「その他労働災害の防止のための業務に従事する者」に対し、事業者が能力向上を図るための教育や講習等（能力向上教育）を行い、またはこれらを受ける機会を与えるよう努めるとしています。

能力向上教育は、原則として、就業時間内に1日程度で実施されます。能力向上教育の種類には、以下のものがあります。

① 初任時教育（初めて業務に従事する際に実施）

② 定期教育（業務の従事後、一定期間ごとに実施）

③ 随時教育（事業場において機械設備等に大幅な変更があった時に実施）

● 安全衛生教育をより徹底させる

能力向上教育では、安全管理者や衛生管理者など、主に管理者を対象とした教育を行うよう求めていましたが、さらに安全性を高めるためには、実際に現場で作業する労働者についても同様に能力の向上を図る必要があります。このため、労働安全衛生法60条の2では、事業者が、現に危険または有害な業務に就いている者に対して、その従事する業務に関する安全衛生教育を行うように努めるものとしています。

厚生労働省からの指針によると、教育の内容は「労働災害の動向、技術革新の進展等に対応した事項」に沿うものとされており、具体的には危険有害業務ごとにカリキュラムが示されています。

● 安全衛生教育は労働時間にあたるのか

旧労働省労働基準局長からの通達には、「安全衛生教育は、労働者がその業務に従事する場合の労働災害の防止をはかるため、事業者の責任において実施されなければならないものであ

り、安全衛生教育については所定労働時間内に行うのを原則とする」ことと、「安全衛生教育の実施に要する時間は労働時間と解されるので、当該教育が法定時間外に行われた場合には、当然割増賃金が支払われなければならないものである」ことが示されています。つまり、安全衛生教育にかかる時間や費用を負担するのは原則として事業者であるということです。

● 外国人労働者のための安全衛生教育

近年では、製造業、農業分野で技能実習生、特定技能などの在留資格を持った外国人労働者を雇用することが多くなってきました。外国人労働者は、日本語への習熟度合は低く、日本人と同様の安全衛生教育では不十分なケースがあります。そのため、外国人労働者を雇用した場合には、いくつかの点について気を付ける必要があります。特に、機械・原材料等の危険性、有害性が生じる場合には外国人労働者の確実な理解が求められます。

まず、作業手順について日本語以外にも母国語や視覚的にわかりやすい教材を使って説明することが必要です。また、指示・合図について必要な日本語、基本的な合図について習得させておくことが必要です。

次に、労働災害防止のための標識、掲示などについて図解等の工夫でわかりやすく直感的にわかるようにしておくことが必要となります。

なお、外国人労働者であっても、免許が必要な業務や技能講習を修了することが必要な業務については、無資格のまま従事させることは当然できませんので注意しましょう。

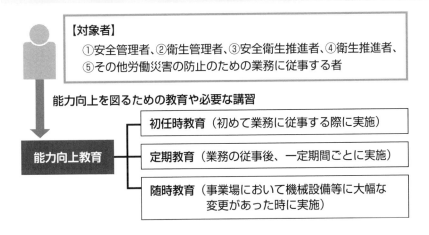

能力向上教育

【対象者】
①安全管理者、②衛生管理者、③安全衛生推進者、④衛生推進者、⑤その他労働災害の防止のための業務に従事する者

能力向上を図るための教育や必要な講習

能力向上教育

初任時教育（初めて業務に従事する際に実施）

定期教育（業務の従事後、一定期間ごとに実施）

随時教育（事業場において機械設備等に大幅な変更があった時に実施）

23 就業制限のある業務

重大な事故となる危険が高い業務に就くためには、免許等が必要である

就業制限のある業務とは

労働者が従事する業務の中には、クレーンやフォークリフトの運転業務、ボイラーを取り扱う業務など、重大な事故を引き起こす危険性の高いものがあります。労働安全衛生法61条・労働安全衛生法施行令20条では、これらの業務に就く労働者を制限する定めを設けています（就業制限）。このような就業制限を法律に明確化することで、一定のレベルに達していない労働者以外は危険、有害な業務に就くことができないため、労働災害防止を図っています。

どのような労働者が就業可能なのかは、以下のように分類されます。

① 都道府県労働局の免許を受けた者
② 登録教習機関（都道府県労働局長の登録を受けた者）が行う技能講習を修了した者
③ 厚生労働省令で定める一定の資格を持っている者

免許や技能講習が必要な業務

①の免許が必要な業務の代表的なものとして、クレーン運転業務があります。クレーンは動力で重い荷物をつり上げ、水平に移動させる機械です。一定のつり上げ荷重以上のクレーンに

よって引き起こされる事故は重大なものとなる危険性が高いため、免許を取得していない者はその業務に就くことができません。

その他、免許が必要な業務として次のような業務が挙げられます。発破の作業、ボイラー（小型ボイラーを除く）の取扱いの業務、可燃性ガスや酸素を用いて行う金属溶接、つり上げ荷重が1t以上の移動式クレーンの運転の業務などです（次ページ）。

免許取得の必要がないと認められる業務の場合は、②の技能講習を修了することで就業可能です。たとえば、つり上げ荷重5t以上の床上操作式クレーンの運転業務は「床上操作式クレーン運転技能講習」、1t以上5t未満の荷物をつり上げる移動式クレーンの運転業務は「小型移動式クレーン運転技能講習」を修了することで、それらの業務に就くことができます。

都道府県知事の認定を受けた場合

職業能力開発促進法に基づく都道府県知事の認定を受けた職業訓練（認定職業訓練）を修了した者が、就業制限について業務に就くことが認められる場合があります（労働安全衛生法61条の4）。また、労働基準法では年少労

働者について、危険・有害業務に就く
ことを禁止していますが、認定職業訓
練に必要な範囲であれば所定の手続を
行うことで就業制限が免除されます。

就業制限のある業務

就業制限のある業務の例

- 発破の場合におけるせん孔、装てん、結線、点火および不発の装薬、残薬の点検、処理の業務
- 制限荷重が5t以上の揚貨装置の運転の業務
- ボイラー（小型ボイラーを除く）の取扱いの業務
- つり上げ荷重が5t以上のクレーン（跨線テルハを除く）の運転の業務
- つり上げ荷重が1t以上の移動式クレーンの運転の業務 ※
- つり上げ荷重が5t以上のデリックの運転の業務
- 可燃性ガスや酸素を用いて行う金属の溶接、溶断、加熱の業務
- 最大積載量が1t以上の不整地運搬車の運転の業務 ※
- 作業床の高さが10m以上の高所作業車の運転の業務 ※

※ 道路上を走行させる業務は除きます。

免許や技能講習

クレーン運転業務	・クレーン・デリック運転士免許 ・移動式クレーン運転士免許 ・床上操作式クレーン運転技能講習修了　　　など
ボイラー取扱業務	・ボイラー技士免許（特級・1級・2級） ・ボイラー取扱技能講習修了　　　など
車両系建設機械の運転業務	・車両系建設機械（整地・運搬・積込み用および掘削用）運転技能講習修了 ・車両系建設機械（基礎工事用）運転技能講習修了

建設現場における特別教育①

放射線業務に対する規制もある

●安全衛生責任者への安全衛生教育

　建設工事の現場は、巨大な重機を使用した作業、高所での作業、火気の取扱いなどの危険な作業が多く、重大な事故が起こりやすい環境にあります。さらに、複数の事業者が同じ現場で作業にあたることも多く、安全面を十分に確保するためには現場監督など管理者の職務が非常に重要です。このため、厚生労働省労働基準局長より「建設業における安全衛生責任者に対する安全衛生教育の推進について」という通達が出されています。この通達によると、対象者となるのは建設業において、安全衛生責任者として選任されて間もない者、新たに選任された者、将来選任される予定の者などです。

　具体的な教育内容については、別に「職長・安全衛生責任者カリキュラム」が定められています。

●クレーン運転業務・移動式クレーン運転業務についての特別教育

　事業者は、つり上げ荷重が5t未満のクレーンまたはつり上げ荷重が5t以上の跨線テルハ（鉄道駅において台車を吊り上げて線路を越えて運搬するクレーンの一種のこと）の業務に労働者を就かせるときは、その労働者に対し、学科教育と実技教育で構成される特別教育（クレーンの運転の業務についての特別の教育）を行う必要があります（クレーン等安全規則21条）。

　これに対して、つり上げ荷重が5t以上のクレーン（跨線テルハを除く）の運転業務は、原則として「クレーン・デリック運転士免許」を取得した労働者に就かせることが必要です（クレーン等安全規則22条）。つまり、上記の特別教育によっては当該運転業務に就かせることができません。

　また、つり上げ荷重が1t未満の移動式クレーンの運転の業務に労働者を就かせるときは、その労働者に対し、学科教育と実技教育で構成される特別教育（移動式クレーンの運転の業務についての特別の教育）を行う必要があります（クレーン等安全規則67条）。

　これに対して、つり上げ荷重が1t以上の移動式クレーン（道路上を走行させる運転を除く）の運転業務は、原則として「移動式クレーン運転士免許」を取得した労働者に就かせることが必要です（クレーン等安全規則68条）。つまり、上記の特別教育によっては当該運転業務に就かせることができません。

　なお、事業者は、特別教育の科目の

全部または一部について十分な知識・技能を有している労働者については、当該科目に関する特別教育の省略ができる他（労働安全衛生規則37条）、特別教育の受講者・科目等の記録を作成し、3年間保存しなければなりません（労働安全衛生規則38条）。これらの点は、後述する特別教育についても同様です。

建設業における安全衛生教育の必要性

重大な事故の危険性
　巨大な重機の使用、高所での作業、火気の取扱いが多い
安全面の確保の必要性
　複数の事業者が同じ現場で作業にあたるケースが多い

建設業における安全衛生責任者に対する安全衛生教育の推進について

【教育の対象者】
　建設業での安全衛生責任者として、①選任されて間もない者、②新たに選任された者、③将来選任される予定の者
【教育の内容】
　「職長・安全衛生責任者教育カリキュラム」による

安全のための特別教育が必要な業務

業務内容	対象者
クレーン運転業務	・つり上げ荷重が5t未満のクレーン（跨線テルハを除く）の運転の業務 ・つり上げ荷重が5t以上の跨線テルハの運転の業務
移動式クレーン運転業務	つり上げ荷重が1t未満の移動式クレーンの運転の業務
デリックの運転業務	つり上げ荷重が5t未満のデリックの運転の業務
建設用リフトの運転業務	建設用リフトの運転の業務
玉掛けの業務	つり上げ荷重が1t未満のクレーン、移動式クレーン、デリックの玉掛けの業務

●デリックの運転業務についての特別教育

　事業者は、つり上げ荷重が５ t 未満のデリックの運転の業務に労働者を就かせるときは、その労働者に対して、安全のための特別教育（デリックの運転の業務についての特別の教育）を行う必要があります（クレーン等安全規則107 ～ 108条）。具体的には、以下の教育を行います。

〔学科教育〕

・デリックに関する知識を３時間
・原動機と電気に関する知識を３時間
・デリックの運転のために必要な力学に関する知識を２時間
・関係法令を１時間

〔実技教育〕

・デリックの運転を３時間
・デリックの運転のための合図を１時間

●建設用リフトの運転業務についての特別教育

　建設用リフトの運転の業務に労働者を就かせるときは、当該労働者に対して、安全のための特別教育（建設用リフトの運転の業務についての特別の教育）を行う必要があります（クレーン等安全規則183条）。具体的には、以下の教育を行います。

〔学科教育〕

・建設用リフトに関する知識を２時間
・建設用リフトの運転のために必要な電気に関する知識を２時間

・関係法令を１時間

〔実技教育〕

・建設用リフトの運転および点検を３時間
・建設用リフトの運転のための合図を１時間

●玉掛けの業務についての特別教育

　事業者は、つり上げ荷重が１t未満のクレーン、移動式クレーン、デリックの玉掛けの業務に労働者を就かせるときは、その労働者に対して、安全のための特別教育（玉掛けの業務についての特別の教育）を行う必要があります（クレーン等安全規則222条）。具体的には、以下の教育を行います。

〔学科教育〕

・クレーン・移動式クレーン・デリックに関する知識を１時間
・クレーン等の玉掛けに必要な力学に関する知識を１時間
・クレーン等の玉掛けの方法を２時間
・関係法令を１時間

〔実技教育〕

・クレーン等の玉掛けを３時間
・クレーン等の運転のための合図を１時間

　これに対して、つり上げ荷重が１t以上のクレーン、移動式クレーン、デリックの玉掛けの業務は、所定の資格が必要となります（クレーン等安全規則221条）。

小型ボイラーを取り扱う業務の特別教育

ボイラーは、その規模の違いにより「ボイラー」と「小型ボイラー」に区別されています。これらの区別は労働安全衛生法施行令に規定が置かれています。

まず、労働安全衛生法施行令1条3号が規定する「ボイラー」とは、蒸気ボイラーおよび温水ボイラーのうち、同条号において列挙されている各種ボイラーを除外したものを指します。これに対し、労働安全衛生法施行令1条4号が規定する「小型ボイラー」とは、たとえば「ゲージ圧力0.1メガパスカル以下で使用する蒸気ボイラーで、伝熱面積が1㎡以下のもの」など、同条号において列挙している各種ボイラー

を指します。

事業者は、小型ボイラーの取扱業務に労働者を従事させる場合には、その労働者に対して特別教育を行う必要があります。特別教育の内容は「小型ボイラー取扱業務特別教育規程」に規定されており、具体的には以下の教育を行います。

[学科教育]
・ボイラーの構造に関する知識を2時間
・ボイラーの附属品に関する知識を2時間
・燃料と燃焼に関する知識を2時間
・関係法令を1時間

[実技教育]
・小型ボイラーの運転と保守を3時間
・小型ボイラーの点検を1時間

小型ボイラーとは

小型ボイラーに該当するもの	ゲージ圧力0.1MPa以下で使用する蒸気ボイラーで、伝熱面積1㎡以下のもの
	ゲージ圧力0.1MPa以下で使用する蒸気ボイラーで、銅内径が300㎜以下・長さ600㎜以下のもの
	伝熱面積が3.5㎡以下の蒸気ボイラーで、開放内径25㎜以上の蒸気管を取り付けたもの
	伝熱面積が3.5㎡以下で使用する蒸気ボイラーで、ゲージ圧力0.05MPa以下・内径25㎜以上のU形立管を取り付けたもの
	ゲージ圧力0.1MPa以下の温水ボイラーで、伝熱面積8㎡以下のもの
	ゲージ圧力0.2MPa以下の温水ボイラーで、伝熱面積2㎡以下のもの
	ゲージ圧力1MPa以下で使用する貫流ボイラーで、伝熱面積10㎡以下のもの

25 建設現場における特別教育②

取扱対象や作業場所により詳細に規定されている

● 高気圧業務の特別教育

　高気圧業務には、高圧室内業務と潜水業務があります。労働者を高気圧業務に従事させる場合には、その労働者に対して特別教育（高圧室内業務についての特別教育）を行う必要があります。特別教育の内容については「高気圧業務特別教育規程」に規定されており、以下の教育を行います。

・圧気工法に関する知識を2時間
・送気設備の構造と取扱いに関する知識を4時間
・高気圧障害に関する知識を2時間
・空気圧縮機の運転に関する実技を2時間
・関係法令を2時間

● 放射線業務の特別教育

　事業者は、加工施設等（加工施設、再処理施設、使用施設等）の管理区域内において、核燃料物質等（核燃料物質、使用済燃料またはこれらによって汚染された物）の取扱業務に労働者を就かせる場合には、その労働者に対して特別教育（加工施設等において核燃料物質等を取り扱う業務についての特別の教育）を行う必要があります。

　特別教育の内容については「核燃料物質等取扱業務特別教育規程」に規定

されており、以下の教育を行います。

・核燃料物質等に関する知識を1時間
・加工施設等における作業の方法に関する知識を合計4時間30分
・加工施設等の設備の構造と取扱いの方法に関する知識を合計4時間30分
・電離放射線の生体に与える影響を30分
・関係法令を1時間
・加工施設等における作業の方法と施設の設備の取扱いを合計6時間

　さらに、原子炉施設の管理区域内において、核燃料物質等を取り扱う業務に労働者を就かせる場合には、その労働者に対して以下の特別教育（原子炉施設において核燃料物質等を取り扱う業務についての特別の教育）を行う必要があります。

・核燃料物質等に関する知識について30分
・原子炉施設における作業の方法に関する知識を1時間30分
・原子炉施設の設備の構造と取扱いの方法に関する知識を1時間30分
・電離放射線の生体に与える影響を30分
・関係法令を1時間
・原子炉施設における作業の方法と同施設についての設備の取扱いを2時間

●酸素欠乏危険作業の特別教育

酸素欠乏の空気を吸入することにより酸素欠乏症が発症することを防ぐため、作業方法の確立、作業環境の整備その他必要な措置を講ずるように努める必要があります。酸素欠乏症が生じる危険性のある作業には「第一種酸素欠乏危険作業」と「第二種酸素欠乏危険作業」があります。第二種酸素欠乏危険作業とは、酸素欠乏症に加えて硫化水素中毒になるおそれもある場所における作業です。一方、第一種酸素欠乏危険作業は、第二種酸素欠乏危険作業を除いた酸素欠乏危険作業です。

酸素欠乏危険作業に労働者を従事させる場合には、その労働者に対して特別教育（酸素欠乏危険作業の業務についての特別教育）を行う必要があります。特別教育の内容は「酸素欠乏危険作業特別教育規程」で規定されています。

・酸素欠乏の発生の原因について、第一種酸素欠乏危険作業の場合は30分、第二種酸素欠乏危険作業の場合は1時間

・酸素欠乏症の症状について、第一種酸素欠乏危険作業の場合は30分、第二種酸素欠乏危険作業の場合は1時間

・空気呼吸器等の使用の方法について、第一種酸素欠乏危険作業の場合・第二種酸素欠乏危険作業の場合はともに1時間

・事故の場合の退避と救急蘇生の方法について、第一種酸素欠乏危険作業の場合・第二種酸素欠乏危険作業の場合はともに1時間

・その他酸素欠乏症の防止に関し必要な事項について、第一種酸素欠乏危険作業の場合は1時間、第二種酸素欠乏危険作業の場合は1時間30分

特別教育が必要とされる業務

業務内容	対象者	教育内容
高圧室内業務	圧気工法により大気圧を超える気圧下における作業室またはシャフト内部での作業に関する業務	高気圧業務特別教育規程
放射線業務	・加工施設等において核燃料物質等を取り扱う業務 ・原子炉施設において核燃料物質等を取り扱う業務	核燃料物質等取扱業務特別教育規程
酸素欠乏危険作業	第一種酸素欠乏危険作業・第二種酸素欠乏危険作業にあたる酸素欠乏危険作業にあたる業務	酸素欠乏危険作業特別教育規程

26 建設現場における特別教育③

取扱対象や作業場所により詳細に規定されている

粉じん作業の特別教育

事業者は、常時粉じんに関わる作業に労働者を就かせるときは、その労働者に対して特別教育を行う必要があります（粉じん障害防止規則22条）。特別教育の内容は「粉じん作業特別教育規程」に規定されている以下の内容です。

・粉じんの発散防止と作業場の換気の方法（粉じんの発散防止対策の種類と概要、換気の種類と概要）を1時間

・作業場の管理（粉じんの発散防止対策に関する設備と換気のための設備の保守点検の方法、作業環境の点検の方法、清掃の方法）を1時間

・呼吸用保護具の使用の方法（呼吸用保護具の種類、性能、使用方法と管理）を30分

・粉じんに関する疾病と健康管理（粉じんの有害性、粉じんによる疾病の病理と症状、健康管理の方法）を1時間

・関係法令（労働安全衛生法、労働安全衛生法施行令、労働安全衛生規則、粉じん障害防止規則、じん肺法、じん肺法施行規則等）を1時間

石綿の取扱い業務の特別教育

事業者は、石綿等が使用されている建築物等（建築物・工作物・船舶）の解体等の作業や、石綿等の封じ込め・囲い込みの作業に労働者を就かせるときは、その労働者に対して特別教育を行う必要があります（石綿障害予防規則27条）。特別教育の内容は「石綿使用建築物等解体等業務特別教育規程」に規定されており、具体的な教育内容については、以下のようになります。

・石綿の有害性（石綿の性状、石綿による疾病の病理と症状、喫煙の影響）を30分

・石綿等の使用状況（石綿を含有する製品の種類と用途、事前調査の方法）を1時間

・石綿等の粉じんの発散を抑制するための措置（建築物等の解体等の作業の方法、湿潤化の方法、作業場所の隔離の方法、その他石綿等の粉じんの発散を抑制するための措置について必要な事項）を1時間

・保護具の使用方法（保護具の種類、性能、使用方法や管理）を1時間

・その他石綿等のばく露の防止に関し必要な事項（労働安全衛生法・労働安全衛生法施行令・労働安全衛生規則・石綿障害予防規則中の関係条項、石綿等による健康障害を防止するため当該業務について必要な事項）を1時間

●足場の組立て等作業の特別教育

事業者は、足場の組立て等作業に労働者を就かせるときは、その労働者に対して特別教育を行う必要があります。足場の組立ての他、解体や変更の作業も対象に含まれますが、地上や堅固な床上における補助作業については特別教育を実施する必要はありません。

特別教育の具体的な内容は以下のようになっています。実技は求められていません。

・足場及び作業の方法に関する知識を3時間

・工事設備、機械、器具、作業環境に関する知識を30分

・労働災害の防止に関する知識を1時間30分

・関係法令を1時間

ただし、平成27年7月1日に「足場からの墜落防止のための措置強化」の法改正により、特別教育が必須となった経緯から、法改正前に足場の組立て等の業務に従事していた者については、上記の合計6時間の特別教育が3時間に短縮されています。

粉じん作業における特別教育内容

粉じんの発散防止と作業場の換気の方法（1時間）
粉じんの発散防止対策の種類と概要、換気の種類と概要

作業場の管理（1時間）
粉じんの発散防止対策に関する設備と換気のための設備の
保守点検の方法、作業環境の点検の方法、清掃の方法

呼吸用保護具の使用の方法（30分）
呼吸用保護具の種類・性能・使用方法・管理

粉じんに関する疾病と健康管理（1時間）
粉じんの有害性、粉じんによる疾病の病理と症状、健康管理の方法

関係法令（1時間）
労働安全衛生法、労働安全衛生法施行令、労働安全衛生規則、
粉じん障害防止規則、じん肺法、じん肺法施行規則中の関係条項

27 安全衛生教育に関する指針

事業主は一定期間ごとに安全衛生教育を実施することが努力義務となっている

● どんなことを定めているのか

労働安全衛生法60条の２では、危険または有害な業務に従事している者に対して、その業務に関する安全衛生のための教育を行うことが事業主の努力義務として規定されています。

この条文を受けて設けられているのが、「危険又は有害な業務に現に就いている者に対する安全衛生教育に関する指針」です。この指針の対象となっている者は、就業制限の業務に従事する者、特別教育を必要とする業務に従事する者、それらに準ずる危険有害な業務に従事する者です。

就業制限の業務には、一定の免許や技能講習が必要です。また、特別教育についても一定の時間数の座学もしくは実習を受ける必要があります。しかし、一度受けただけでは、労働災害の動向や技術革新などの社会情勢の変化に対する知識などが不足する可能性があります。そのために、事業主は一定期間ごとに安全衛生教育（定期教育）を実施することが努力義務となっているのです。

また、定期教育の他に、機械設備が新たなものに変更された場合にも実施する必要があります（随時教育）。

● どんな内容の教育を行うのか

教育内容は、労働災害の動向、技術革新の進展などに対応した事項とされています。また、時間は１日程度のものとして、就業時間内に実施するものと定められています。教育は、事業主自ら行う他、安全衛生団体などに委託して実施することも可能です。

指針では、具体的に安全衛生教育カリキュラムとして規定されています。たとえば、フォークリフト運転業務では、次のようなカリキュラムが規定されています。

① 最新のフォークリフトの特徴（構造上の特徴、荷役運搬方法の特徴）を２時間

② フォークリフトの取扱いと保守（作業と安全、点検・整備）を２時間

③ 災害事例及び関係法令を２時間

この他にも、危険有害業務として、ボイラーの取扱業務、ボイラーの溶接業務、クレーン運転業務、車両系建設機械、有機溶剤を扱う業務、玉掛業務などの業務についても同様に安全衛生教育カリキュラムとして、教育内容、必要な時間が規定されています。

なお、随時教育では、さらに運転操作方法、点検整備などの実技があります。

第 4 章

メンタルヘルスと
安全衛生

メンタルヘルスと安全配慮義務

厚生労働省による指針が設けられている

● 事業者にはメンタルヘルスへの安全配慮義務がある

労働環境の変化などに伴い、メンタルヘルス（心の健康）に不調をきたす労働者の増加が問題視されています。

長時間労働や職場の人間関係、雇用形態の複雑化などが原因で、労働者がメンタルヘルス不調に陥り、身体的症状が現れることもあります。だるさや無気力の症状など、日常生活に支障をきたすだけでなく、職場でも業務上のミスの増加や勤務態度の悪化、さらには自殺の危険、労働者自身に加えて周囲の人にもマイナスの影響を及ぼすおそれがあります。

事業者（使用者）は、労働災害や過労死などを招かないように職場環境や労働条件などを整備し、労働者が精神疾患を発症しないようにメンタルヘルス対策を講じ、労働者の健康に配慮する義務（安全配慮義務）があると考えられています。

厚生労働省は「労働者の心の健康の保持増進のための指針」を策定し、労働者の健康を守るための措置として、メンタルヘルス対策の実施手順について定めています。

● 休職や復職をするための要件とは

労働者が精神疾患を発症した場合には、医師から十分な休養をとるように勧められる場合があります。休養の長さには個人差がありますが、症状などによっては、労働者を「休職」扱いとすることがあります。

休職とは、労働者側の事由により働くことができなくなった場合に、事業者が一定期間の労働義務を免除することをいいます。休職について法律上の定めは特に設けられていないため、休職に関する制度設計は各会社にゆだねられています。一般的には、就業規則に基づいて休職発令を行う形式をとるのが通常です。たとえば、「どんな理由で休職を認めるのか」「休職期間中の賃金をどの程度支払うのか」「社会保険の支払いは会社がするのか」「いつまで休職を認めるのか」といったことを取り決め、就業規則に休職に関する規定を置いています。

就業規則に規定を置かない場合は、個々の状況に応じて労働契約などで定めることもできます。しかし、個々に定めることで、労働者に有利・不利になることもあるため、就業規則に規定を置いて対応する方が望ましいといえるでしょう。

休職期間中は、療養に専念する期間である一方、休職者は復職が難しくなるのではないかなど多くの不安を抱えています。事業者は、定期的に状態を確認したり、職場の情報提供をするなどし、休職者の不安を少しでも取り除くようサポートを行うことも大切です。

また、休職から復帰する「復職」についても、各会社で要件を決めておくことが重要です。一般的には、病状の回復や休職期間の満了など、休職事由がなくなれば職場復帰をすることになります。しかし、精神疾患を理由とする休職などの場合、本人は大丈夫だと思っていても、復帰後にまた再発してしまうケースも多く見られます。これを防止するためにも、労働者本人の意思や会社側の要望だけでなく、通常通り仕事ができるまでに症状が回復したという医学的な判断が必要であり、「会社が指定した医師の診断を受ける必要がある」など、診断書を発行してもらうことについても就業規則に明記しておくことが望ましいでしょう。その他、復職までのステップについては、厚生労働省公表の「心の健康問題により休業した労働者の職場復帰支援の手引き」を参考にすることができます。

休職・復職をめぐってはトラブルになるケースも多く、事業者は可能な限り規程などで取扱いを明確にしておくことが大切です。

労働者の心の健康の保持増進のための指針

労働者の心の健康の保持増進のための指針

衛生委員会などにおける調査審議
事業者が労働者の意見を聴きつつ事業場の実態に即した取り組みができるように心がける。
（具体的な実施方法や規程の策定などについて十分に調査審議する）

心の健康づくり計画を策定
上記の調査審議を経て洗い出した現状や問題点をふまえ、基本的な計画を策定する

4つのメンタルヘルスケアの推進
メンタルヘルスケアに効果的とされる4つのケアを実施する
①セルフ(自己)ケア
②ライン(管理職)によるケア
③事業場内産業保健スタッフ等(産業医、保健師など)によるケア
④事業場外資源(事業場外の専門家など)によるケア

メンタルヘルス対策

心の健康への配慮が重要視されている

メンタルヘルス対策の必要性

労働者の「身体面の健康管理」と同様に、労働者の「心（精神）の健康を保つ」ためのケアも、今や会社にとって必須の事項となっています。

まずは、メンタルヘルス不調をきたす労働者を実際に出さないよう、未然に防ぐ対策をとっておくことが何よりも大切なことです。メンタルヘルスの重要性が取りざたされる中、近年では産業カウンセラーなど、労働者の心の問題に取り組む専門家や専門機関が増えています。産業カウンセラーは、心理学的手法を用いて、労働者が自らの力で問題を解決できるようサポートしていくことができる専門家です。メンタルヘルスの維持・改善からキャリア形成まで、カウンセリングを行いながら的確なアドバイスを行います。労働者の状況により、会社はこのような社外機関にアドバイスを求めることも効果的です。

また、メンタルヘルス・マネジメント検定試験（大阪商工会議所が実施）など、メンタルヘルス不調を未然に防ぎ、労働者が安心して働けるような知識や対処方法を得ることができる資格もあります。会社内でこのような資格の取得を促し、講習会を開催すること

も有効な手段のひとつです。

実際に自社の労働者がメンタルヘルス不調となった場合は、休職させて十分に休養を取らせることが第一の手段です。同時に、専門医師によるカウンセリングや適切な投薬などの治療に専念してもらいます。そして、回復後に業務復帰する際も注意が必要です。特にメンタルヘルス不調の場合は、再発の可能性が十分に考えられます。そのため、リハビリ期間を設けて段階的に職場復帰できるよう配慮することも必要です。

また、精神障害等の労災認定や、専門機関と提携して社員をケアする体制を整えるなど、会社内の安全衛生管理に関する規程を整備しておくことも重要です。

労働基準法や労働安全衛生法などの法律や指針などにも目を通し、会社としての責任を果たすことは当然のこととし、その上で、いざというときに法的責任を追及されないように体制を整備しておくことも重要になります。

メンタルヘルス対策をする上で参考となる指針等

労働者のメンタルヘルスを守るために、国はさまざまなガイドラインを設

定しています。たとえば、厚生労働省が作成した「労働者の心の健康の保持増進のための指針」や「心の健康問題により休業した労働者の職場復帰支援の手引き」などがあります。そのうち「心の健康問題により休業した労働者の職場復帰支援の手引き」は、心の健康問題（メンタルヘルス不調など）で休業していた労働者が円滑な職場復帰を図れるように、事業者が行うべき措置について定めています。

具体的には、労働者の休業開始時と休業中に行うべきケアの内容や、職場復帰をするための支援プランの作成方法、そして職場復帰後のフォローアップなど、労働者の状況に応じて段階的に事業者が行うべき措置について示しています。

●メンタルヘルス対策をする上で大切なこと

労働者が会社に適応し、生き生きと仕事ができる状態を保つことがメンタルヘルス対策の目的です。会社が労働者のためにメンタルヘルス対策の計画を実際に実行する場合、次のような点を念頭に置く必要があります。

① メンタルヘルスの特性

労働者が心の健康を害する要因には、さまざまなものがあります。同じ職場環境下であっても、本人の性格やプライベートの状況などによって、メンタルヘルス不調の発症の有無については個人差があります。

また、発症した場合の症状にも個人差があり、治癒までの過程も千差万別です。突然症状が現れたように見えるものの、実は長い時間をかけて負荷がかかり続けていたケースも見受けられ、この場合は特に原因が把握しにくい特性があります。

問題があっても周囲がなかなか気づくことができず、本人もある程度自覚はあるにもかかわらず、積極的に治

メンタルヘルスをめぐるさまざまな法律・指針

・労働基準法
・労働安全衛生法
・労働者災害補償保険法（労災保険）
・労働者の心の健康の保持増進のための指針
・心の健康問題により休業した労働者の
　職場復帰支援の手引き　　　　　　　など

企業は法令や指針の規定を遵守して雇用環境を整備しなければならない

会　社

労働者

療しないことも多いため、定期的なチェックが望ましいといえます。

② 労働者のプライバシー保護

メンタルヘルス対策は、労働者の心という最もプライベートな部分に踏み込む行為です。その情報が確実に保護されるという保証がなければ、労働者は相談や情報の提供を躊躇してしまいます。

労働者から得た情報を漏らさない、必要なこと以外には使用しない、使用にあたっては本人や医師などの同意を得るなど、プライバシー保護に関して細心の注意を払うことが重要です。

③ 人事労務管理部署との協力

企業におけるメンタルヘルスの問題は、労働者の労働時間や業務内容、配属・異動といった人事労務の部分が密接に関係する場合が多くあります。

相談窓口を設けることや、個人情報の保護に配慮するなどの対策を講じたとしても、人事労務部門との連携が不十分であれば、メンタルヘルス対策の効果が半減します。メンタルヘルス対策には、社内の部署同士が協力して取り組んでいけるような体制を整える必要があります。

● 過重労働による健康障害の防止のための措置

心の健康を損ねる大きな原因のひとつに「過重労働による蓄積疲労」があります。

時間外や休日に勤務し、休養を取らずにいると、心身の疲労を回復する時間が取りづらくなります。それが積み重なることによって、労働者の脳や心臓疾患の危険性が増すだけでなく、精神的なバランスも崩してしまいます。

このような事態を受けて、厚生労働省では「過重労働による健康障害防止のための総合対策」を策定し、事業者が講じるべき措置を示しています。三六協定の基本概要、産業医・衛生管理者の選任や健康診断の実施、長時間労働者への面談制度などについて、具体的な内容が記されていますので確認するとよいでしょう。

● メンタルヘルス対策と外部専門機関の活用

たとえば、社員の健康診断などの場合は、社外の医療機関にそのまま委託することで足ります。しかし、メンタルヘルス対策の場合は、人事労務の部分などが複雑に関連することもあり、丸投げをするわけにはいきません。

そのため、まずは社内に対応の窓口を作り、窓口が中心になって活動することも必要です。悩みを抱えている労働者にとって、身近に相談できる存在があることは大きな安心感へ繋がります。また、健康な状態であっても、いざという時に相談できる窓口があることで心にプラスの影響をもたらし、働きやすい職場づくりへ繋げることができま

す。社内窓口の設置はメンタル不調の早期発見や早期ケアだけでなく、不調の予防にも効果が期待できるでしょう。

ただし、社内窓口の設置には課題があることも事実で、前述したプライバシーが守られることに最大限配慮する必要があります。その中で、必要に応じて外部機関と連携し、会社では対応し切れない部分を補ってもらう、という体制を構築する方法が効果的です。連携をとる外部機関には、主に以下のようなものがあります。

① メンタルヘルス対策支援センター

独立行政法人の労働者健康安全機構（旧：労働者健康福祉機構）が厚生労働省の委託を受けて設置している機関です。全国47都道府県の「産業保健総合支援センター」に設置されており、事業者からの相談受付や、専門家による事業場への訪問支援、研修などを行っています。実際にメンタルヘルスに関して悩みを抱えている労働者の相談に乗ることはもちろん、メンタルヘルスケアに必ずしも明るくない事業者に対して、会社内で行うべき体制づくりに関するアドバイス等も行います。

② 民間医療機関

精神科や心療内科などの診療科を開設している病院や診療所です。別途労働者のメンタルヘルスサポートを行う窓口を設け、メンタルヘルス疾患を発症した労働者本人はもちろん、予防対策や家族のサポートなどを含めて行っているところもあります。

過重労働による健康障害防止のための総合対策

過重労働による健康障害を防止するため事業者が講ずべき措置

時間外・休日労働時間の削減
・三六協定の順守
・裁量労働制対象労働者および管理監督者への注意喚起
・各労働者の労働時間の把握

年次有給休暇の取得促進
・休暇を取得しやすいような環境整備
・計画的付与制度・時間単位付与制度の導入

労働時間等の設定の改善
・ワーク・ライフ・バランス等の指針に応じた改善策の導入

労働者の健康管理に関する措置の徹底
・産業医・衛生管理者・衛生推進者等の選任・管理
・長時間労働者に対する面接指導の実施

1次予防・2次予防・3次予防

段階に応じた対策が必要である

● 予防から再発防止まで

メンタルヘルス対策には、①メンタルヘルス不調そのものを未然に予防する対策、②メンタルヘルス不調を早期発見・早期措置をする対策、③回復後の再発を防止する対策という3つの段階があります。この3つの段階は、それぞれ1次予防、2次予防、3次予防と呼ばれています。

● 1次予防とは

労働者のメンタルヘルス不調を未然に防止する対策を1次予防といいます。1次予防は、社内でメンタルヘルス不調者を作らないことを目的とした対策のことで、具体的な方法としては、次のようなものが挙げられます。

① セルフチェックの定期実施

自己診断のチェックシートなどを利用したセルフチェックを定期的に行い、労働者自身が自分のストレス度を客観的に把握し、ストレス解消を心がけることができるようにします。

② アンケート調査や聴き取り調査の定期実施

アンケート調査や管理者・専門家等による聴き取り調査を定期的に実施し、課題の把握に努めます。

③ 気軽に相談できる環境づくり

会社側が行うべき対策としては、労働者が悩みを抱えずに、自身の不調などについて気兼ねなく相談できる環境を作っておくことが非常に重要です。

● 2次予防とは

メンタルヘルス不調を早期に発見し、早期に適切な措置を講じるための対策を2次予防といいます。2次予防の具体的な方法としては、次のようなものが挙げられます。

① メンタルヘルス専門の相談窓口の設置

メンタルヘルス不調は、それを発症しているのかどうかの判断が難しいという特性があります。

こうした場合の会社側の対応策として、「もしかしたら」と疑問を感じたときに、すぐ相談できるメンタルヘルス専門の窓口を設置し、症状の悪化前に確認や相談を行うことが求められます。

② 情報収集体制の構築

身体の不調の場合、医師は、問診・血液検査・CT・MRIなどの方法で情報を集め、診断を下すことになります。

しかし、メンタルヘルス不調の場合、医師は、労働者本人や管理者に加え、場合によっては、同僚や家族などから情報を集める必要が生じます。その際、

個人情報を保護することや、労働者本人の会社における評価や立場を悪くしないことなどを明確にすることで、安心して情報提供ができるようにすることが必要です。

③　メンタルヘルス対策の必要性の周知徹底

労働者がメンタルヘルス不調を発症し、治療などの措置が必要な状態になった場合、職場の同僚などへの報告が必要です。

一方、不用意に報告すると、本人を孤立させたり、混乱を招いたりすることにもなります。職場におけるメンタルヘルス対策の必要性や具体的な対応などを周知徹底し、お互いに無理のない職場環境を作ることが重要です。

●3次予防とは

3次予防とは、メンタルヘルス不調から回復して復職する労働者に対して、円滑な復職と再発防止対策をとることです。基本的には、メンタルヘルス不調者に対する措置となりますが、不調

者本人だけではなく、同僚や上司など、職場全体で再発や後続者を生まないような取り組みを行う必要があります。

3次予防の具体的な方法としては、次のような内容が挙げられます。

①　時短勤務・残業制限・交代勤務の制限

起床・就寝時間を毎日同じ時刻にして、十分な睡眠時間を確保して休息が確保できるよう、無理のない労働時間を組む必要があります。

②　仕事配分の調整、配置転換・転勤などの措置

メンタルヘルス不調者に負荷を与えないよう、与える仕事の配分も調整し、徐々に元の状態へ戻すことを心がけます。環境の変化による極度な緊張は心身に負担がかかるため、部署の異動や転勤の措置は控えるようにします。

③　産業医との連携体制の整備

再発を防止するための体制づくりに際し、産業医の協力を仰ぎます。

予防から再発防止までの対策

1次予防		2次予防		3次予防
労働者のメンタルヘルス不調を未然に防止する対策をとること	▶	メンタルヘルス不調を早期に発見し、早期に適切な措置を講じるための対策をとること	▶	メンタルヘルス不調から回復して復職する労働者に対して、円滑な復職と再発防止対策をとること

4 ハラスメント

ハラスメントは早期に解決することが重要である

● ハラスメントとメンタルヘルスとの関係

　ハラスメントは、職場内でのいじめや嫌がらせのことを指します。近年では、行政の相談窓口で多く寄せられる相談がハラスメントといわれています。

　ハラスメントは、上司や同僚などによる発言や態度、行動によって行われます。何気ない一言が、相手を傷つけているケースもありますし、意図して相手を困らせたり、場合によっては離職に追い込むためになされることもあるようです。このようなハラスメントの多い職場では、精神疾患や強いストレスを抱える、メンタルヘルス不調者が多くなります。

　メンタルヘルス不調によっては、仕事の生産性が悪くなったり、労働災害発生の原因にもなることがあります。ハラスメントは、直接的に労働者のメンタルヘルス不調の原因になるだけでなく、間接的にも会社の業績に影響を及ぼすことを理解する必要があるでしょう。

　ハラスメントには、パワハラ、セクハラ、マタハラなどがあります。

● パワハラの定義

　職場におけるパワハラ（パワー・ハラスメント）の定義について厚生労働省は、①優越的な関係を背景とした言動であって、②業務上必要かつ相当な範囲を超えたものにより、③労働者の就業環境が害されるものであり、①から③のすべてを満たすものとしています。暴行・傷害などの身体的な攻撃はもちろん、脅迫・暴言・無視などの精神的な攻撃も含む、幅広い概念です。

　パワハラを行った従業員は、その被害を受けた者に対して不法行為に基づく損害賠償責任を負う可能性があります。さらに、会社も使用者責任として、その従業員とともに同様の責任を負うこともありますので、会社としてパワハラ対策を十分に講じておく必要性があります。

　また、令和2年6月施行の労働施策総合推進法の改正により、事業主に対してパワハラ防止のための雇用管理上の措置が義務付けられました（中小企業は令和4年3月までは努力義務）。具体的には、パワハラ防止のための事業主方針の策定・周知・啓発、相談・苦情に対する体制の整備、相談があった場合の迅速かつ適切な対応や被害者へのケアおよび再発防止措置の実施などが求められることになります（次ページ図）。

●セクハラ、マタハラとは

　職場におけるセクハラ（セクシュアル・ハラスメント）とは、「職場」において行われる、「労働者」の意に反する「性的な言動」に対する労働者の対応により、その労働者が労働条件について不利益を受けたり、就業環境が害されたりすることをいいます。職場におけるセクハラには、①対価型（性的な言動に対する労働者の反応により、その労働者が解雇、降格などの不利益を被る場合）、②環境型（性的な言動により就業環境を不快にすることで、労働者が就業する上で見過ごすことができない程度の支障が生じる場合）に分類されます。

　対価型の具体例としては、職場において事業主が日頃から行っていた性的な言動に対し、抗議した労働者を解雇したり減給する場合が挙げられます。他方、環境型の具体例としては、同僚が故意に労働者の胸や腰に触れるなど、直接的な身体接触を伴う行為により、その労働者にとっての就業環境が悪化して就業意欲が低下している場合が挙げられます。さらに、直接的な身体接触がなくても、他の労働者が抗議しているにもかかわらず職場にわいせつなポスターを掲示する場合や、上司が部下の性的経験・外見・身体に関する事柄について発言し、その部下が苦痛に感じて業務が手につかない場合も、環境型セクハラにあたります。

　対価型・環境型を問わず、セクハラの状況は多様であり、その判断にあたっては個々の状況を考慮する必要があります。

　マタハラ（マタニティハラスメント）とは、職場において行われる、妊娠・出産した女性労働者や育児休業などを取得した「男女労働者」への上司・同僚の言動により、その労働者の就業環境が害されることです。

第4章　メンタルヘルスと安全衛生

パワハラ防止法とは

> **パワハラ防止法（労働施策総合推進法）**
>
> 　　　　大企業　　令和2年6月施行
> 　　　　中小企業　令和4年4月施行

↓

> **パワハラ防止措置が事業主の義務となった**

　義務①　事業主の方針等の明確化及びその周知・啓発
　義務②　相談に応じ、適切に対応するために必要な体制の整備
　義務③　職場におけるパワハラについて事後の迅速かつ適切な対応
　義務④　相談者・行為者等のプライバシー保護　など

5 精神疾患等の労災認定

心理的負荷が強ければ「労災」と判断される可能性もある

● 業務災害の認定基準

業務災害の認定基準については厚生労働省が発表している、「心理的負荷による精神障害の認定基準」という指針が参考になります。

メンタルヘルス疾患は心理的負荷が業務に起因する場合に労災認定されますが、同じ心理的負荷を与えられても、労働者個々のストレス耐性の差により、疾病を発病するかしないかが変わってきます。そのため、業務による心理的負荷が発病との因果関係にあるかどうかにつき、発病前の約6か月間に業務による強い心理的負荷がかかったかどうかにより判断されます。この場合は、労働者の個々の差、つまり労働者の主観に基づくのではなく、同じ業務に就く一般的な労働者がどのように感じるのかという観点から検討されます。

「心理的負荷による精神障害の認定基準」の中では、新たに労働者の心理に負担がかかる場面を類型化して示しています。また、場面を類型化するだけでなく、その中でも労働者にかかる心理的負荷の程度に応じて「弱」「中」「強」に分けて具体例を示しています。業務による強い心理的負荷が認められる場合には、業務中の疾病として、労災に該当する可能性も生じます。

たとえば、仕事上のノルマを達成できないことは、労働者にとって心理的に負担となる出来事です。この中でも、ノルマが会社から強く求められていたものでなかった場合には、労働者にかかる心理的な負荷の度合いは「弱」、ノルマが達成できなかったために昇進を遅らされるなどペナルティを課された場合には、労働者にかかる負荷は「中」、経営に影響するようなノルマを達成できず、そのために左遷された場合には、労働者にかかる負荷は「強」であるとされています。

そして、労働者にかかる心理的負荷の程度が「強」であると判断されれば、原則としてメンタルヘルスに関する疾患が業務災害であると認定されます。また、心理的負荷の程度が「中」や「弱」であっても、状況によっては業務災害と認定されます。

労働者にかかる負荷がどの程度のものかについては、さまざまな要素を総合的に考慮して判断することになります。労働者の心理に負荷がかかる出来事は必ずしも1つだけではなく、いくつかの出来事が重なって労働者の心理的負荷を強めることがあります。たとえば、一つひとつの事実を見れば、労働者には「中」程度の心理的負荷し

かかっていないと判断できるような場合でも、それが積み重なって労働者の心理的負担が増大しているような場合には、「強」程度の心理的負荷がかかっているものと判断されることになります。さらに長時間労働が認められる場合には、労働時間が長ければ長いほどメンタル不調になりやすいため、心理的負荷の程度も強度が増すことになります。

なお、令和2年6月からパワーハラスメント防止対策の法制化に伴って、業務による心理的負荷評価表に「パワーハラスメント」が追加されました。

●長時間労働を伴う場合

労働者にとって心理的負荷となる出来事について、「業務による心理的負荷評価表」という形で類型化され、まとめられています。それぞれの出来事について心理的負荷の程度が「強」「中」「弱」と分類されていますが、仕事の進め方に裁量権がない場合や、孤独で単調であったりする場合、周囲の協力体制のない場合、騒音、照明といった職場環境の悪さも心理的負荷を強める一因と考えられています。

特に恒常的に長時間労働が認められる場合は、心理的負荷は強いものとして評価されます。本来の心理的負荷が「弱」や「中」と評価されるような出来事であっても、その出来事の前後に1か月あたり100時間程度の残業をしている場合は、その長時間労働が心理的負荷に作用していると認められます。出来事の心理的負荷に長時間労働の影響を考慮して総合的に評価されると、「弱」や「中」と評価されるものも「強」という評価になるとされています。心理的負荷が「強」と判断される場合は、メンタル不調の業務起因性が認められ、労災認定が認められやすくなります。

心理的負荷の強度についての強・中・弱の区分

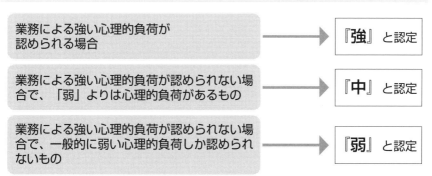

業務による強い心理的負荷が認められる場合	『強』と認定
業務による強い心理的負荷が認められない場合で、「弱」よりは心理的負荷があるもの	『中』と認定
業務による強い心理的負荷が認められない場合で、一般的に弱い心理的負荷しか認められないもの	『弱』と認定

6 過労自殺

3つの判断基準があり、基準を満たす場合、過労自殺として労災認定がなされる

● 過労自殺にも判断基準がある

近年の社会問題のひとつに自殺者の多さが挙げられます。労働者に限れば、毎年6000人〜7000人前後という高い水準が続いています。

労災保険では故意による災害を給付対象としておらず、「自殺」は適用対象外とされています。一方、「過労自殺」については業務起因性を認めて適用対象とする、とされています。そのため、「過労自殺」か「業務以外の原因による自殺」であるかを判別する必要があります。以前は、過労自殺は極めて例外的な場合以外には労災認定されませんでしたが、平成8年以降、会社の安全配慮義務違反を理由に損害賠償責任を認める判決が出され、過労自殺を労災認定する裁判例も出されました。

自殺の原因には業務によるものだけでなく、家庭環境、健康問題等の個人的な要因もあるため、業務と自殺の因果関係を認め、労災認定をするにあたり、新たな判断基準が必要になりました。そこで、厚生労働省ではその判断基準として「心理的負荷による精神障害の認定基準」を作成しています。

この判断基準では、労働者に発病する精神障害は、業務による心理的負荷、業務以外の心理的負荷、各々の労働者ごとの個人的要因の3つが関係して起こることを前提とした上で、次の①〜③のすべての要件を満たす精神障害を、労災認定の対象である業務上の疾病として扱うとしています。

① 対象疾病を発病していること

判断指針における「対象疾病に該当する精神障害」は、原則として国際疾病分類第10回修正版（ICD-10）第Ⅴ章「精神および行動の障害」に分類される精神障害とされています。

② 対象疾病の発病前おおむね6か月の間に、業務による強い心理的負荷が認められること（132ページ）

業務による心理的負荷の強度の判断にあたっては、精神障害発病前6か月程度の間に、対象疾病の発病に関与したと考えられる業務によるどのような出来事があり、また、その後の状況がどのようなものであったのかを具体的に把握し、それらによる心理的負荷の強度はどの程度であるかについて、認定基準の「業務による心理的負荷評価表」を指標として「強」「中」「弱」の3段階に区分します。

具体的には次のように判断し、総合評価が「強」と判断される場合には、②の認定要件を満たすものと判断されることになります。

・「特別な出来事」に該当する出来事
がある場合

発病前6か月程度の間に、「業務によ
る心理的負荷評価表」の「特別な出来
事」に該当する業務による出来事が認
められた場合には、心理的負荷の総合
評価が「強」と判断されます。「特別な
出来事」に該当する出来事がない場合
は、どの「具体的出来事」に近いかの
判断、事実関係が合致する強度、個々
の事案ごとの評価、といった方法によ
り心理的負荷の総合評価を行い、「強」
「中」または「弱」の評価をします。

・出来事が複数ある場合の全体評価

対象疾病の発病に関与する業務によ
る出来事が複数ある場合、それぞれの
出来事の関連性などを考慮して、心理
的負荷の程度を全体的に評価します。

・時間外労働時間数の評価

長時間労働については、たとえば、
発病日から起算した直前の1か月間に
おおむね160時間を超える時間外労働
を行った場合などは、当該極度の長時
間労働に従事したことのみで、心理的
負荷の総合評価が「強」とされます。

③ 業務以外の心理的負荷および個体
側要因により対象疾病を発病したと
は認められないこと

「業務以外の心理的負荷」が認めら
れるかどうかは、「業務以外の心理的
負荷評価表」を用いて検討していきま
す。評価の対象となる出来事としては、
次のようなものが挙げられています。

・自分の出来事

離婚または自分が重い病気をした場
合など

・自分以外の家族や親族の出来事

配偶者や子供、親または兄弟が死亡
した、配偶者や子供が重い病気やケガ
をした場合など

・金銭関係で多額の損失をした場合
・事件、事故、災害の体験

つまり、②の評価において、業務に
よる強い心理的負荷が認められたとし
ても、業務以外の心理的負荷や個体側
要因（既往歴やアルコール依存など）
が認められる場合には、どの要因が最
も強く精神障害の発症に影響したかを
検討した上で最終的な評価が出される
ということです。

自殺が業務上の災害として認められるための要件

従業員の自殺 ▷ 原因は業務による心理的負担 ▷ 業務上の精神障害の認定 ▷ 故意による死亡とはいえない ▷ 業務上の災害として認定

7 過労死の認定基準

過重業務や異常な出来事による過重負荷の度合いが認定の基準となる

● 過労死とは何か

　長時間労働、不規則勤務、過酷な職場環境、上司・同僚・顧客との人間関係の悪化などが肉体的・精神的に疲労（ストレス）を蓄積させ、死に至る病気を発症してしまうことがあります。これを過労死と呼んでいます。

　なお、死亡には至らないものの、長時間労働によって引き起こされた脳血管疾患や心臓疾患、精神障害も「過労死」とされます。さらに、過労（過重労働）によって病気を発症し、幸いに命は取りとめたものの、半身不随や言語障害など重度の障害を負った場合も含めて「過労死」と呼ぶこともあります。

　過労は労働者の健康に深刻な悪影響を及ぼし、過労死・過労自殺といった事態を招くおそれがあるため、使用者や管理職は労働者を管理する上で心身の健康への配慮を怠らないようにしなければなりません（安全配慮義務）。

● 過労自殺も過労死である

　過労によるストレスは、労働者の肉体に疲労を蓄積させ、変調をきたす原因となるだけでなく、精神にも大きな負担をかけることになります。このような場合に発症する可能性があるのが「うつ病」です。

　うつ病は「心のかぜ」などとも言われ、だれもが発症する可能性のある病気です。投薬治療などによって治る病気であり、必要以上に恐れることはありません。しかし、その症状のひとつとして、特に「自殺念慮」（自殺したいという願望を持ってしまうこと）がある点に注意を要します。過労が原因でうつ病を発症し、そのために自殺してしまうケースが多発しています。このような自殺は「過労自殺」「過労自死」などと呼ばれ、過労死の一種と認識されています。

● 過労死にも労災保険が適用される

　労働災害（労災）のうち「労働者の業務上の事由による負傷、疾病、障害又は死亡（傷病等）」のことを業務災害といい、業務と傷病等の間には一定の因果関係があることが前提です。過労死や過労自殺のように、一見すると業務災害とはいえないような事態でも、過重な業務への従事（過重負荷）が原因で起こったと認められれば、業務災害にあたります。過労死が労災であると認められると、事業者（会社）の補償能力とは関係なく、労働者の遺族は労災保険から遺族補償を受けることができます。

過労死した労働者の遺族が遺族補償手続きをする際には、労災であることを証明する必要があります。会社は、労働者が労災により死亡するに至った事実関係を認め、手続きに協力する必要があります。

○過労死の認定基準と対象疾病とは

労働者が過重な業務への従事（過重負荷）によって持病が急激に悪化し、脳・心臓疾患（脳血管疾患や虚血性心疾患等）を発症して死亡した場合は、過重負荷が死亡の有力な要因であると考えられるため、過労死として労災の対象となります。

ただし、業務上使用する有害物質を起因とする疾病や業務中の事故による負傷と異なり、過労死は業務と死亡の結果との因果関係の証明が難しく、労災認定されるとは限りません。

なぜなら、労働者の突然死の原因である脳・心臓疾患の発症が、持病の自然経過によるものか、それとも過重負荷による急激な病状の悪化によるものかを判断するのは、現代の医学水準をもってしても非常に難しいからです。過労死の労災認定については、厚生労働省公表の「脳血管疾患及び虚血性心疾患等（負傷に起因するものを除く）の認定基準」に従って判断します。

この認定基準では、脳・心臓疾患は長く生活をする中で自然に発症するということを前提としつつ、「業務による明らかな過重負担」が自然経過を超えて症状を著しく悪化させることがあることを認めています。なお、過労死の対象疾病として、以下の脳・心臓疾患を挙げています。

業務の過重性の評価項目

チェック項目とその内容

・**労働時間**
　時間の長さ・休日の有無

・**勤務体制（不規則かどうか）**
　スケジュール・業務内容の
　変更の頻度・程度

・**拘束時間**
　拘束時間数・実労働時間数の
　状況・労働密度（実作業と手
　待ち時間の割合）の実態

・**出張の実態**
　出張の内容・頻度・距離、
　宿泊の有無

・**交代制・深夜勤務の実態**
　シフトの変更の頻度・程度、休日の
　割合、深夜勤務の頻度

・**勤務先の環境**
　温度環境・騒音の有無・時差の有無

・**業務内容の特性（緊張を伴う業務かどうか）**
　ノルマの厳しさ・時間的制約の有無・
　人前での業務・他人の人生を左右する
　ような重要な業務など

① **脳血管疾患**

脳内出血（脳出血）、くも膜下出血、脳梗塞、高血圧性脳症

② **虚血性心疾患等**

心筋梗塞、狭心症、心停止（心臓性突然死を含む）、解離性大動脈瘤

●どんな要件があるのか

過労死の対象疾病は業務と関係なく、自然経過によって発症することもあります。認定基準では、業務において以下のような状況下に置かれることで、明らかな「過重負荷」（脳・心臓疾患の発症の基礎となる血管病変などをその自然経過を超えて著しく増悪させ得ることが客観的に認められる負荷）を受け、そのことによって脳・心臓疾患を発症したと認められる場合に、労災として取り扱うとしています。

① **異常な出来事**

発症直前から前日までの間に、次のような出来事に遭遇した場合をいいます。

ⓐ 「職場で起こった大きな事故を目撃した」など、業務に関連することで極度の緊張や興奮、恐怖、驚がくなど強度の精神的負荷を引き起こす突発的または予測困難な異常事態に遭遇した場合

ⓑ 「作業中に海中に転落した同僚を救助した」など、緊急に強度の身体的負荷を強いられる突発的または予測困難な異常事態に遭遇した場合

ⓒ 「炎天下の屋外作業にもかかわら

ず、水分補給を十分に行えない環境下で肉体労働をさせられた」など、急激で著しい作業環境の変化に遭遇した場合

② **短時間の過重業務**

発症前1週間程度の間に、特に過重な業務に就労することによって身体的・精神的負荷を生じさせたと客観的に認められる場合をいいます。ここでいう「特に過重な業務」とは、業務量・業務内容・作業環境などを考慮し、同じ業務に従事する同僚にとっても特に過重な身体的・精神的負荷が生じると認められる業務であることとされています。

③ **長期間の過重業務**

発症前6か月程度の間に、著しい疲労の蓄積をもたらす特に過重な業務に就労することによって身体的・精神的負荷を生じさせたと客観的に認められる場合をいいます。著しい疲労の蓄積をもたらす要因として特に重要視されているのが「労働時間」です。認定基準では、次のような形で労働時間と発症との関連性を指摘しています。

ⓐ 発症前1か月間から6か月にわたって、1か月当たりおおむね45時間を超えて時間外労働時間が長くなるほど、業務と発症との関連性が徐々に強まる

ⓑ 発症前1か月間におおむね100時間または発症前2か月から6か月間にわたって、1か月当たりおおむね

80時間を超える時間外労働が認められる場合は、業務と発症との関連性が強いと評価できる

なお、②③において過重業務か否かを判断する際には、労働時間の他、不規則勤務、拘束時間の長い勤務、出張の多い業務、交替制勤務、深夜勤務などの要因について十分に検討する必要があります。

残業は会社が残業命令を下し、労働者が残業をすることを前提としていますが、多くの企業では、労働者自らの判断で長時間の残業に従事することも少なくありません。この場合、会社側が労働者の残業に積極的に関与していたわけではないとしても、長時間残業の事実を知っていた、もしくは知り得た場合は、法的責任を問われることになります。

特に、労働者が1か月当たり100時間を超えるような残業をしていたり、2か月以上連続で1か月当たり80時間を超えるような残業をしていた場合には、会社は残業禁止命令を出し、産業医の診察を受けさせるなど、メンタルヘルス不調を防止するための措置を講じる必要があります。

近年は、過重労働を原因として労災認定される事案が増えており、事業者（使用者）が労働者の健康に配慮する義務に違反したとして、事業者の責任を認める判例が増えています。ただし、労働者が自らの健康管理を怠ったとして、労働者側の落ち度を一定範囲で認める判例もあります。

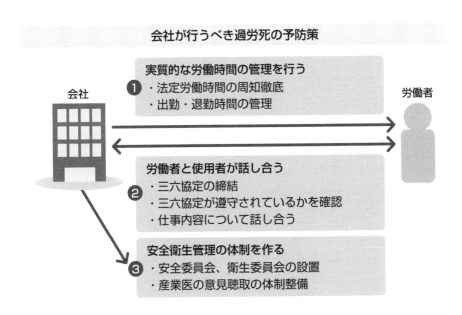

会社が行うべき過労死の予防策

会社

労働者

❶ 実質的な労働時間の管理を行う
・法定労働時間の周知徹底
・出勤・退勤時間の管理

❷ 労働者と使用者が話し合う
・三六協定の締結
・三六協定が遵守されているかを確認
・仕事内容について話し合う

❸ 安全衛生管理の体制を作る
・安全委員会、衛生委員会の設置
・産業医の意見聴取の体制整備

過労死と労災申請
申請する場合にはいくつかの段階を経る必要がある

●申請時に必要な書類は何か

労災の申請をする際には、申請書の作成に加え、死亡診断書や死体検案書などさまざまな証明書類が必要になります。申請書にはいくつかの種類があるため、該当するものを選択し作成します。

たとえば、遺族補償年金の請求時は「遺族補償年金支給請求書」を提出します。遺族補償年金とは、業務原因により亡くなった労働者の遺族に対し、遺族補償給付が支給される年金です。受給資格者は労働者が死亡した当時、その収入によって生計を維持していた配偶者・子・父母・孫・祖父母・兄弟姉妹などで、受給権者の優先順位も決められています。申請の際は、「遺族補償年金支給申請書」に加え、指定された添付書類を添えて所轄の労働基準監督署へ提出します。遺族補償年金には時効が設けられており、労働者がなくなった日の翌日から5年を経過すると請求権が消滅します。

葬祭料の支払請求時には「葬祭料請求書」を提出します。請求書を作成し、必要な添付書類を添えて所轄の労働基準監督署に提出します。これにも時効が設けられており、労働者が亡くなった日の翌日から2年を経過すると請求権が消滅します。

なお、申請書や証明書類に添付する書類には、申立書、意見書などがあります。

●会社に協力してもらう必要のある書類とは

原則として、申立書や死亡診断書などを作成する場合は会社の協力は不要ですが、遺族補償年金の請求書などの場合は「事業主証明」が必要となる欄があるため、会社側に労働者が死亡するに至った事実関係を証明するように要請する必要があります。事業主証明欄には、記載内容が事実であることを認めるために、会社名、事業場の所在地や事業主の氏名などを記載します。

しかし、中には労災が適用された場合の労災保険の保険料の高額化や企業イメージの低下を恐れる会社(事業主)が、事業主証明を拒む場合があることも事実です。また、会社が労働災害の事実を本当に確認できない場合などは、事業主証明を拒否することもあります。

しかし、事業主証明を拒否された場合でも、その拒否された事実を記載した文書を添えて申請書の提出が可能です。

このように事業主証明がなされてない場合は、会社に対する調査の一環と

して事情聴取が行われることになります。

　労災保険としての給付対象になるかどうかは、事業主証明によって決定されるわけではありません。所轄労働基準監督署長が調査を重ねて判断します。事業主証明を拒否する理由はさまざまだと思いますが、会社は労災申請を行う労働者または遺族に対しても、事業主証明を拒否する理由をはっきりと説明し、併せて労働基準監督署における事情聴取や、資料提出依頼などの調査の際には適切に応じることが大切です。

　なお、労働基準監督署の調査の結果、過労死が労災とは認められない場合もあります。この決定に対して不服がある場合には、労働局に置かれている労働災害補償保険審査官に対し、不服の申立てを行うことができます。その場合、改めて過労死が労災に該当するかの判断が行われます。また、そこでも労災と認められなかった場合は、厚生労働大臣下に置かれる労働保険審査会に対して「再審査請求」を行うことも可能とされています。

過労死の場合の申請の手順

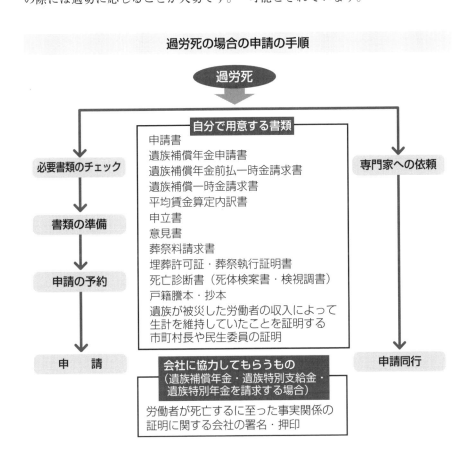

過労死

必要書類のチェック

書類の準備

申請の予約

申　請

自分で用意する書類
申請書
遺族補償年金申請書
遺族補償年金前払一時金請求書
遺族補償一時金請求書
平均賃金算定内訳書
申立書
意見書
葬祭料請求書
埋葬許可証・葬祭執行証明書
死亡診断書（死体検案書・検視調書）
戸籍謄本・抄本
遺族が被災した労働者の収入によって
生計を維持していたことを証明する
市町村長や民生委員の証明

会社に協力してもらうもの
（遺族補償年金・遺族特別支給金・
遺族特別年金を請求する場合）
労働者が死亡するに至った事実関係の
証明に関する会社の署名・押印

専門家への依頼

申請同行

9 健康診断

事業主には健康診断を行う義務がある

●健康診断の種類

　事業者（会社）は、労働者に対して健康診断を受けさせなければならないという労働安全衛生法上の義務があります。

　そして、健康診断の結果に基づき、医師の意見をふまえて、労働者の健康を維持するために必要がある場合には、就業場所の変更や深夜業の回数の減少など必要な措置を講じることになります。

　健康診断には、労働者に対して定期的に実施する一般健康診断と、有害な業務に従事する労働者に対して行う特殊健康診断があります。特殊健康診断には、有害業務に従事する者への健康診断、有害業務に従事していた者への健康診断、歯に悪影響を与える業務に従事する者に対する歯科医師による健康診断などがあります（74ページ）。

　一方、一般健康診断については、次のような種類があります。

① 雇入時の健康診断

　事業者は、常時使用する労働者（常用雇用者）を雇い入れるときは、定期健康診断の項目（145ページ図）のうち喀痰検査を除いた項目について、医師による健康診断を行わなければなりません。

　健康診断項目の省略はできませんが、労働者が3か月以内に医師による診断を受けており、その結果を証明する書面を提出すれば、その項目についての健康診断を省略することができます。

② 定期健康診断

　事業者は、常時使用する労働者（特定業務従事者を除く）に対して、1年以内ごとに1回、定期健康診断の項目（145ページ図）について、定期的に健康診断を行わなければなりません。

③ 特定業務従事者の健康診断

　事業者は、深夜業などの特定業務に従事する労働者に対しては、その業務への配置替えの際および6か月以内ごとに1回、定期的に定期健康診断と同じ項目の健康診断を行わなければなりません。

　ただし、胸部エックス線検査や血液検査、心電図については、1年以内ごとに1回、定期に行えば足ります。

④ 海外派遣労働者の健康診断

　事業者は、労働者を6か月以上海外に派遣するときは、事前の健康診断を行わなければなりません。また、6か月以上海外勤務した労働者を帰国させ、国内の業務に就かせるときも、事前の健康診断が必要です。

⑤ 給食労働者の検便

　事業者は、事業に附属する食堂・炊

事場における給食の業務に従事する労働者に対しては、雇入れ・配置替えの際に、検便を行わなければなりません。

●定期健康診断の実施と注意点

1年以内ごとに行う定期健康診断の項目は、常時使用する労働者（常用雇用者）を雇い入れるときの健康診断の項目に喀痰検査が加わったものです。雇入れ時の健康診断については、項目を省略することができません。ただし、定期健康診断の場合は、次の項目については、所定の基準に基づき、医師が必要でないと認めれば検査を省略できることになっています。

・身長（20歳以上の者）
・腹囲（40歳未満で35歳以外の者、BMI20未満の者など）
・胸部エックス線検査（40歳未満かつ20、25、30、35歳以外の者で規定の業務に就いていない者）

・喀痰検査（胸部エックス線検査で病変の発見されない者など）
・貧血検査、肝機能検査、血中脂質検査、血糖検査、心電図検査（40歳未満で35歳以外の者）

●海外派遣者の健康診断

労働者を6か月以上海外に派遣するときは、その派遣形態が駐在か出張かにかかわらずあらかじめ健康診断を行わなければなりません。また、6か月以上海外勤務した労働者を帰国させ、国内の業務に就かせるときも、事前の健康診断が必要です。実施すべき検査項目は、定期健康診断の各項目に加え、以下の項目のうち医師が必要と認めるものです。

・腹部画像検査（胃部エックス線検査、腹部超音波検査）
・血中の尿酸量の検査
・B型肝炎ウイルス抗体検査

一般健康診断の種類

一般健康診断		
	雇入時の健康診断	常用雇用者となる者に対して実施
	定期健康診断	常用雇用者に対して1年に1回実施
	特定業務従事者の健康診断	特定業務の常時雇用者に対して6か月に1回実施
	海外派遣労働者の健康診断	6か月以上海外に派遣する労働者の派遣前と帰国時に実施
	給食従業者の検便	給食業務に従事する労働者に対して実施

・ABO式およびRh式の血液型検査（派遣前に限る）

・糞便塗抹検査（帰国時に限る）

なお、一時帰国時の健康診断は不要です。また、健康診断を実施すべき日から6か月以内に雇入時健診や定期健診を行っている場合は、同一の検査項目を省略することが可能です。

●健康診断の時間や費用はどうなる

健康診断にかかる費用は、原則として事業者が負担します。これは、健康診断の実施が労働安全衛生法などによって定められた事業者の義務であるためです。

一方、健康診断に必要な時間については、健康診断の種類によって取扱いが異なります。まず、雇入れ時の健康診断や定期健康診断の場合、業務に関連するものとはいえず、事業者に賃金の支払義務はないとされています。つまり、健康診断の時間は就業時間扱いとはならないということです。しかし、労働者の多くが事業場を抜けて健康診断を受けることになると、業務が円滑に進みません。このため、労使で協議の上、就業時間中に健康診断を実施し、事業者が受診に要した時間の賃金を支払うことが望ましいというのが厚生労働省の見解です。

これに対し、特殊健康診断は、業務に関連して実施すべきものであるため、所定労働時間内に実施し、賃金を支払

うべきとされています。

●健康診断の結果通知

会社（事業者）は、労働者の健康を維持するという観点から、異常の所見の有無にかかわらず、健康診断の結果を労働者へ通知しなければなりません。労働者が、健康診断の結果に応じて健康維持のために必要なことを把握するためです。

●医師による面接指導が行われる場合とは

過重労働による健康障害を防止するため、すべての規模の事業場において、長時間労働者に対しての医師による面接指導の実施が義務付けられています。

面接指導の対象となるのは、週40時間を超える労働（法定労働時間を超える労働）が1か月当たり一定の時間を超えた次の者です。

① 月80時間超えの時間外、休日労働を行い、疲労蓄積があり、面接の申し出た者

② 月100時間超の時間外、休日労働を行った研究開発業務従事者

③ 月100時間超の時間外、休日労働を行った高度プロフェッショナル制度適用者

上記の要件に該当する場合、事業者は、原則として医師による面接指導を行わなければなりません。なお、事業主が自主的に定めた基準により面接指

導を行うことが努力義務（法律に定められていることを行うように努力する義務。努力義務に違反した場合でも、違法とはならない）とされています。面接指導が実施された後、会社は労働者の健康を守るために行うべき措置について、医師の意見を仰ぎます。そして、必要に応じて作業転換や労働時間の短縮措置などを実施しなければなりません。

●自発的健康診断とは

労働安全衛生法では、原則として午後10時から午前5時までの間における業務（深夜業）に従事する労働者が一定の要件を満たす場合、自ら受けた健康診断の結果を証明する書面を事業者に提出することができると規定しており、これを自発的健康診断といいます。

自発的健康診断結果の提出には期限が設けられており、健康診断の受診後の3か月以内です。

深夜業という特殊な労働環境にあって、自らの健康に不安を抱く労働者が自発的に健康診断を受け、事業者に結果を提出した場合、事業者は深夜業の回数削減や昼間勤務への転換など、必要な事後措置等を講じる義務を負います。なお、自発的健康診断を受診した場合は、特定業務従事者の健康診断（年2回）の1回分を受けたものとみなされます。

定期健康診断の項目

定期健康診断

- 既往症および業務歴の調査
- 自覚・他覚症状(医師の検査で判明する症状)の有無
- 身長、体重、腹囲、視力・聴力の検査
- 胸部エックス線検査・喀痰検査
- 血圧の測定
- 貧血検査(赤血球数、血色素量)
- 肝機能検査(GOT、GPT、γ-GTP)
- 血中脂質検査
- 血糖検査(空腹時血糖、随時血糖)
- 尿検査(尿中の糖および蛋白の有無の検査)
- 心電図検査

10 ストレスチェック
定期健康診断のメンタル版といえる制度

● どんな制度なのか

近年、仕事や職場に対する強い不安・悩み・ストレスを感じている労働者の割合が高くなりつつあることが問題視されています。

こうした状況を受けて、労働安全衛生法が改正され、「職場におけるストレスチェック（労働者の業務上の心理的負担の程度を把握するための検査)」が義務化されました。ストレスチェックの目的は、労働者自身が、自分にどの程度のストレスが蓄積しているのかを知ることにあります。自分自身が認識していないうちにストレスはたまり、状態が悪化してしまうとうつ病などの深刻なメンタルヘルス疾患に繋がってしまいます。そこで、ストレスが高い状態の労働者に対して、場合によっては医師の面接・助言を受けるきっかけを作るなどにより、メンタルヘルス疾患を未前に防止することがストレスチェックの最大の目的です。

また、会社が労働者のストレス要因を知り職場環境を改善することも重要な目的です。職場環境の改善とは、仕事量に合わせた作業スペースの確保、労働者の生活に合わせた勤務形態への改善などが考えられます。また、仕事の役割や責任が明確になっているか、職場での意思決定への参加機会があるかの他、作業のローテーションなども職場環境の改善に含まれます。このような環境改善によって、労働者のストレスを軽減し、メンタルヘルス不調を未然に防止することが大切です。

ストレスチェックは平成27年（2015年）12月から施行されている制度で、定期健康診断のメンタル版です。会社側が労働者のストレス状況を把握することと、労働者側が自身のストレス状況を見直すことができる効果があります。

具体的には、労働者にかかるストレスの状態を把握するため、アンケート形式の調査票に対する回答を求めます。調査票の内容は、仕事状況や職場の雰囲気、自身の状態や同僚・上司とのコミュニケーション具合など、さまざまな観点の質問が設けられています。ストレスチェックで使用する具体的な質問内容は、会社が自由に決定することができますが、厚生労働省のホームページから「標準的な調査票」を取得することも可能です。職場におけるストレスの状況は、職場環境に加え個人的な事情や健康など、さまざまな要因によって常に変化します。そのため、ストレスチェックは年に１回以上の定期的な実施が求められています。

● どんな会社でもストレスチェックが行われるのか

ストレスチェックの対象になるのは、労働者が常時50人以上いる事業場です。この要件に該当する場合は、年に1回以上のストレスチェックの実施が求められています。ストレスチェックを義務付けられた事業所のうち、ストレスチェックの受検率は78.1％となっています（令和2年3月現在）。対象となる労働者は、常時雇用される労働者で、一般健康診断の対象者と同じです。無期雇用の正社員に加え、1年以上の有期雇用者のうち労働時間が正社員の4分の3以上である者（パートタイム労働者やアルバイトなど）も対象です。派遣労働者の場合は、所属する派遣元で実施されるストレスチェックの対象になります。

なお、健康診断とは異なり、ストレスチェックを受けることは労働者の義務ではありません。つまり、労働者はストレスチェックを強制されず、拒否する権利が認められています。しかし、ストレスチェックはメンタルヘルスの不調者を防ぐための防止措置であるため、会社は拒否をする労働者に対して、ストレスチェックによる効果や重要性について説明した上で、受診を勧めることが可能です。

ただし、あくまでも「勧めることができる」だけであり、ストレスチェックを強制することは許されません。また、ストレスチェックを拒否した労働者に対して、会社側は減給や賞与のカット、懲戒処分などの不利益な取扱いを行ってはいけません。反対に、ストレスチェックによる問題発覚を恐れ、

ストレスチェックの対象労働者

事業所規模	雇用形態	実施義務
常時 50人以上	正社員	義務
	非正規雇用者（労働時間が正社員の3/4以上）	義務
	上記以外の非正規雇用者、1年未満の短期雇用者	義務なし
	派遣労働者	派遣元事業者の規模が50人以上なら義務
常時 50人未満	正社員	努力義務
	非正規雇用者（労働時間が正社員の3/4以上）	努力義務
	上記以外の非正規雇用者、1年未満の短期雇用者	義務なし
	派遣労働者	派遣元事業者の規模が50人未満なら努力義務

労働者に対してストレスチェックを受けないよう強制することもできません。

●ストレスチェック実施時の主な流れ

ストレスチェックとは、労働者のストレス状況の把握を目的とするメンタル版の定期健康診断です。ストレスチェック義務化に伴い、会社としては、これまで以上に体系的な労働者のストレス状況への対応が求められることになります。ストレスチェックについては、厚生労働省により、前述の調査票をはじめとしたさまざまな指針などが定められています。特に、労働者が安心してチェックを受けて、ストレス状態を適切に改善していくためには、ストレスという極めて個人的な情報について、適切に保護することが何よりも重要です。そのため、会社がストレスチェックに関する労働者の秘密を不正に入手することは許されず、ストレスチェック実施者等には法律により守秘義務が課され、違反した場合には刑罰が科されます。

その具体的な内容については、次のようなものです。

① 会社は医師、保健師その他の厚生労働省令で定める者（以下「医師」という）による心理的負担の程度を把握するための検査（ストレスチェック）を行わなければならない。

② 会社はストレスチェックを受けた労働者に対して、医師からのストレスチェックの結果を通知する。なお、医師は、労働者の同意なしでストレスチェックの結果を会社に提供してはならない。

③ 会社はストレスチェックを受けて医師の面接指導を希望する労働者に対して、面接指導を行わなければならない。この場合、会社は当該申し出を理由に労働者に不利益な取扱いをしてはならない。

④ 会社は面接指導の結果を記録しておかなければならない。

⑤ 会社は面接指導の結果に基づき、労働者の健康を保持するために必要な措置について、医師の意見を聴かなければならない。

⑥ 会社は医師の意見を勘案（考慮）し、必要があると認める場合は、就業場所の変更・作業の転換・労働時間の短縮・深夜業の回数の減少などの措置を講ずる他、医師の意見の衛生委員会等への報告その他の適切な措置を講じなければならない。

⑦ ストレスチェック、面接指導の従事者は、その実施に関して知った労働者の秘密を漏らしてはならない。

●届出や報告などは不要なのか

常時50人以上の労働者を使用する事業場において、ストレスチェックを1年に1回実施する必要があります。実施時期については指定されていないた

め、会社の都合で決定することができます。繁忙期や異動が多い時期は避ける傾向にあるようですが、一般的には、定期健康診断と同時に行われているようです。また、頻度についても年に1回と定められているだけで、複数回実施することも可能です。

ストレスチェックを実施した後は「心理的な負担の程度を把握するための検査結果等報告書」を労働基準監督署長へ提出しなければなりません。検査結果等報告書には、検査の実施者は面接指導の実施医師、検査や面接指導を受けた労働者の数などを記載します。ただし、ここで記載する面接指導を受けた労働者の人数には、ストレスチェック以外で行われた医師の面談の人数は含みません。

また、提出は事業場ごとに行う必要があるため、事業場が複数ある会社が、本社でまとめて提出するという形をとることは不可能です。

なお、雇用労働者が常時50人未満の会社の場合は、そもそもストレスチェックの実施が義務付けられていないため、報告書の提出義務はありません。

●実施しなくても罰則はないのか

ストレスチェックを実施しなかった場合の罰則規定は特に設けられていません。ただし、労働基準監督署長へ検査結果等報告書を提出しなかった場合は、罰則規定の対象になります。ストレスチェックを実施しなかった場合においても、労働基準監督署長へ報告書を提出しなければなりません。

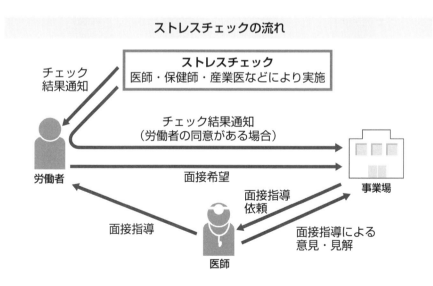

ストレスチェックの流れ

ストレスチェック
医師・保健師・産業医などにより実施

チェック結果通知

チェック結果通知
（労働者の同意がある場合）

面接希望

面接指導
依頼

労働者

面接指導

面接指導による
意見・見解

事業場

医師

11 職場環境づくりのための措置

職場環境推進計画の認定を受けるとよい

● 快適な職場づくりのためには何が必要か

　職場が疲労とストレスばかりを感じさせる場であると、労働者の健康を害すばかりか作業における生産性も低下します。そのため、快適な職場づくりは労使双方にとって重要です。

　労働安全衛生法71条の2では、快適な職場環境の形成を事業者に努力義務として課しています。快適な職場づくりには何が必要かを厚生労働省が示した「事業者が講ずべき快適な職場環境の形成のための措置に関する指針」（快適職場指針）では、快適な職場環境の形成についての目標に関する事項として、以下の4項目を掲げています。

① 作業環境の管理（空気環境、温熱条件、視環境、音環境、作業空間など）
② 作業方法の改善（機械設備の改善、助力措置の導入、緊張緩和のための機器の導入、作業しやすい配慮など）
③ 疲労回復支援施設（休憩室や相談室の確保、洗身施設の整備など）
④ 職場生活支援施設（食堂や給湯設備の確保など）

● 職場での喫煙対策

　禁煙・分煙が年々推奨されていく傾向にある昨今、職場環境における喫煙対策、特に受動喫煙対策が重要とされています。快適職場指針においても、喫煙場所の指定などの喫煙対策を講ずることが望ましいと明記されています。

　平成15年の健康増進法の施行により、公共施設等の受動喫煙防止対策が管理者の努力義務とされています。さらに、平成27年施行の労働安全衛生法改正により、事業者が労働者の受動喫煙を防止するため、事業者や事業場の実情に応じ適切な措置を講ずることが努力義務とされています。

　それに伴い、厚生労働省が「労働安全衛生法の一部を改正する法律に基づく職場の受動喫煙防止対策の実施について」という通達を発するなど、受動喫煙防止対策が強化されています。

　さらに、健康増進法の改正によって令和2年4月から多数の人が利用する施設では原則、屋内禁煙となりました。屋内禁煙には、喫煙専用室の設置も含まれます。具体的には、学校、病院、児童福祉施設、旅客運送事業船舶・鉄道、飲食店などが対象です。ただし、小規模な飲食店は経過措置として対象除外となっています。

● 情報機器作業における措置

　職場でのパソコンを使用した作業が

多くを占めるようになってきました。IT化が進み、職場でのこういった作業が増えることにより、特有の心身疲労を訴える労働者が急増しています。

このようなことから、令和元年に「情報機器作業における労働衛生管理のためのガイドラインについて」というパンフレットが厚生労働省によって策定され、労働環境を改善するために事業者（企業）がとるべき管理対策が示されました。

このガイドラインの対象となる作業には、パソコン、タブレット、スマートフォンによる、データ入力・検索・照合等、文章・画像等の作成・編集・修正等、プログラミング、監視などがあり、これをいくつかの作業区分に分類した上で、作業時間について制約等を設けることで、労働者の過度な疲労を防止することになっています。

たとえば、一連続作業時間が1時間を超えないようにし、次の作業までの間に10〜15分の作業休止時間を設け、かつ一連続作業時間内に1〜2回の小休止を設けることなどが求められています。作業環境管理として「照明及び採光」「グレアの防止」についても示されています。書類上およびキーボード上における照度は300ルクス以上、室内は明暗の差が著しく生じないようにして、まぶしさが生じないようにする必要があります。そして、グレア対策としては、ディスプレイ画面に反射防止型を採用するなどの対策をとる必要があります。

タブレットやスマートフォンについて、長時間の作業時には、キーボードなど外付け機器を使用するなど疲労を予防することが示されています。

健康診断についても、眼に関する調査と首、肩、手指に関する検査を、配置前とその後1年以内に定期的な実施をすることとしています。

快適な職場づくり

作業環境の管理
空気の清浄化、温度・湿度・臭気・騒音等の管理、作業時間の管理など

疲労回復支援施設
休憩室・相談室・運動施設・シャワー設備など

作業方法の改善
不良姿勢作業、緊張作業、高温作業、難解な機械操作などの改善

職場生活支援施設
更衣室・食堂・給湯設備・洗面施設など

高年齢者の安全と健康確保のためのガイドライン

事業者が求められる取り組みなどを記載している

なぜ制定されたのか

労働災害による休業4日以上の死傷者数のうち、60歳以上の労働者の占める割合は増加傾向にあります。また、令和3年4月から努力義務となった70歳までの就業確保措置によって高年齢労働者の数はますます増えてくると考えられます。

このようなことから、令和2年3月16日に「高年齢労働者の安全と健康確保のためのガイドライン（エイジフレンドリーガイドライン）」が公表されました。このガイドラインは、事業者に求められる取り組み（5項目）、労働者に求められる取り組み、国・関係団体などによる支援の活用に分けられます。高年齢労働者の労務管理に加えて、労働安全衛生関係や労働災害防止対策として必要性が高まる分野ですので、知っておく必要があるでしょう。

事業者が求められる取り組みとは

事業者は、高年齢労働者の就労状況や業務内容の実情を把握して、実施可能範囲で労働災害防止対策に取り組むように努めなければなりません。事業者が求められる取り組みには5項目があります。

① **安全衛生管理体制の確立等**

経営者自らが安全衛生方針を表明し、担当者や担当部署などを決定します。会社ごとに発生しやすい労働災害のリスクアセスメントも実施することは有効な対策です。

② **職場環境の改善**

リスクアセスメントの結果を基に、ハード面・ソフト面で職場環境の改善を行います。ハード面では照度の確保や段差の解消が挙げられます。ソフト面では作業手順・方法の工夫が考えられます。

③ **高年齢労働者の健康や体力状況の把握**

健康状態の把握は毎年の健康診断により把握します。体力状況については、企業独自のチェックリストの導入や厚生労働省が作成しているチェック票などを活用することができます。

④ **高年齢労働者の健康や体力状況に応じた対応**

高年齢労働者の健康や体力状況は個々の労働者によってさまざまであるといえます。そのため、個々の高年齢労働者の労働時間や作業内容に留意し、たとえば、労働時間の短縮や深夜業の回数の減少などを検討することも必要でしょう。

⑤ **安全衛生教育**

文字以外の写真や動画などを活用して安全衛生教育を実施することを推奨しています。特に、経験のない業務に従事する場合には十分な時間をかけて、より丁寧に実施する必要があります。

● 労働者に求められる取組

高齢になると身体機能の低下が見られます。そのため、事業主が実施する取組に協力するとともに、自身の健康づくりにも積極的に取り組むことが労働災害リスクを減らすことにつながります。ガイドラインでは、労働者に求められる事項として、次の事項を挙げています。
① 基礎的体力の維持（ストレッチや軽い運動）
② 食習慣・食行動の改善（栄養バランスの取れた食事等）
③ 体力水準の推移チェック
④ 健康診断の受診
⑤ 身体機能、健康状況の客観的把握

● 70歳までの雇用確保（努力義務）

令和3年4月から高年齢者雇用安定法が改正され、これまでの65歳までの雇用確保義務に加えて、70歳までの就業確保が努力義務とされました。

これまでは、65歳までの雇用確保として、次の事項が義務として課されています。
① 定年制の廃止
② 65歳までの定年引上げ
③ 65歳までの継続雇用制度（再雇用制度、勤務延長制度）の導入

これに加えて、70歳までの次のような就業確保措置が努力義務とされました。
① 定年制の廃止
② 70歳までの定年引上げ
③ 70歳までの継続雇用制度（再雇用制度、勤務延長制度）の導入
④ 70歳まで継続的に業務委託契約を締結する制度の導入
⑤ 70歳まで継続的に社会貢献事業に従事できる制度の導入

ガイドラインの概要

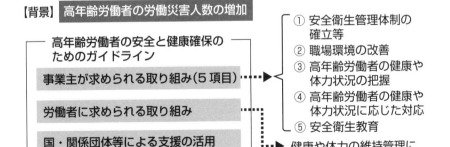

13 労働災害防止のための措置

事業者の労災防止活動における自主的努力を促す

● 安全衛生改善計画はなぜ必要なのか

　労働災害を未然に防ぐため、国はさまざまな法規制を制定しています。しかし、労災防止・労働環境の保全という目的達成のためには、事業者側の自主的な努力も欠かせません。

　そのため、都道府県労働局長は、安全対策の取り組みに課題があると認められ、改善措置が必要な事業所に対し、労災防止活動を促進するための「安全衛生改善計画」の作成を指示することができます。安全衛生改善計画とは、安全管理のための体制づくりや職場施設などの環境づくり、安全衛生教育制度づくりに関して具体的に立てる計画のことです。指定を受けた事業所は、原則として作成指示を受けた年度の4月1日から翌年の3月31日までの1年間、労働局等による個別指導を受けることとなります。

　安全衛生改善計画を作成する場合に重要となるのは、職場にどんな問題点があるかを把握することです。過去に発生した事故等の調査結果を参考にするのはもちろん、職場には事故が発生する以前の潜在要因も隠れていることが多くあります。安全パトロールで気づいた事項、機械設備のトラブル報告など、日頃の安全点検で把握した項目なども含め、広く情報収集を行い計画を立てることが大切です。

　また、安全衛生改善計画は、労働環境の安全衛生面の現状をふまえた現実的なものでなければなりません。重要なのは立てた計画を実行することであり、事業者は、作成時において労働者の意見を聴き入れ、計画が絵に描いた餅にならないように、労使一体となって作成する必要があります。計画書の内容については、労働局が行う集団指導の他、労働基準監督署に相談することも有効です。

　安全衛生改善計画の作成指示を受けた事業者は、速やかに計画を作成し、これを所轄労働基準監督署長経由で都道府県労働局長へと提出することで手続きが完了します。安全衛生改善計画は、職場をより安全な状態へ改善していくための具体的内容を示したものであり、労働者の理解と協力が不可欠です。そのため、作成時には計画内容について労働者の過半数で組織する労働組合（ない場合は労働者の過半数を代表する者）の意見を記載した書面の添付が必要です。また、安全衛生改善計画作成の実効力を上げるため、安全衛生改善計画を作成した事業者と労働者

は、安全衛生改善計画を守らなければならないとされています。

● 職場の安全衛生診断をしてもらうこともある

安全衛生改善計画の内容は、高度な専門的知識を伴うことがあります。作成を行う事業者（企業）内部に専門家がいない場合、計画作成に支障をきたし、制度目的を達成できなくなることがあります。そこで、安全衛生改善計画作成の指示を行う都道府県労働局長は、事業者に対して、計画に必要な高度専門知識を持った労働安全コンサルタントや労働衛生コンサルタントのコンサルティングを受けることを勧奨できます。

● コンサルタント制度とは

技術の進歩・発展・高度化に伴い、労働現場には安全衛生の保全面からも高度な専門的知識が必要とされるようになってきました。そこで、国家試験を設けることで安全衛生の専門家を養成し、労働現場に専門知識が供給されることを目的としたコンサルタント制度を設けています。コンサルタントには「労働安全コンサルタント」と「労働衛生コンサルタント」の２種類があります。労働安全衛生法では、文字通り「安全」と「衛生」の保全に資する専門知識を提供するコンサルタントの試験制度が定められています。

労働安全・衛生コンサルタントは、職場の労働災害、職業性疾病を未然に防止するために、防止対策などを指導することができる専門家です。労働環境の状態を確認し、改善のための計画策定を行ったり、安全衛生に関する規則や点検基準の設定、また、必要に応じて責任者へ指導を行うなど、安全衛生に関する専門的な知識を要します。

コンサルタントになるためには、国家試験に合格しなければなりません。また、受験資格として理科系統の基礎学力と安全衛生に関する実務経験の証明となる要件を満たしている必要があります。

安全衛生改善計画の内容と作成手続き

安全衛生改善計画の作成を指示 →

← 安全衛生改善計画の作成・提出

都道府県の
労働局長

事業者

安全衛生改善計画の作成の際には、労働組合や労働者の過半数を代表する者の意見を聴かなければならない

● 労災が発生したら何をすればよいのか

労災事故（事故による労働災害）が起こった場合は、まず被害を受けた労働者の傷病の状態を確認し、病院へ搬送するなどの対応をとります。事故の状況によっては警察や消防に通報し、労働者の家族への連絡も迅速に行います。その後は、労働者への救済措置や事故原因の究明、再発防止策の検討も必要です。また、労災が発生した際は、労働基準監督署への報告が義務付けられています。正確な情報を伝えるためにも、事故を目撃した人へのヒアリングや、可能であれば事故が起こった現場の写真なども残しておくとよいでしょう。

労働者が業務中等に負傷し、または中毒や疾病にかかったことにより、死亡もしくは休業した場合は、所轄労働基準監督署長に「労働者死傷病報告」を提出する必要があります。これは、労働安全衛生法に規定されている報告書類であり、事故発生後遅滞なく提出することが義務付けられています。どのような労働災害が発生しているのかを監督官庁側で把握して、事故の発生原因の分析を行い、その統計を取ることで、労働災害の再発防止の指導などに役立てています。

「労働者死傷病報告」は、労災保険を使うか使わないかにかかわらず提出する必要があります。そのため、労災保険を請求するための書類を労働基準監督署に提出済みでも、これとは別に提出しなければなりません。仮に労災保険の請求をしない場合でも、労災事故などによって死亡または休業した場合、「労働者死傷病報告」は提出しなければなりません。報告書の様式は2種類あり、労働者の休業日数によりどちらの書類を使用するかが異なります。

ただし、通勤途中の死傷の場合には「労働者死傷病報告」の提出は不要です。

また、事業場等で発生したのが火災や爆発、建設物の倒壊、遠心機械の破裂事故、ボイラーの破裂などの事故である場合には、「事故報告書」を所轄労働基準監督署長に提出しなければなりません。

● 労災隠しとは

故意に「労働者死傷病報告」を提出しない場合や、虚偽の内容を記載した「労働者死傷病報告」を提出することを、一般に「労災隠し」といいます。

前述したように、労災事故が発生した場合、所轄労働基準監督署長に「労

働者死傷病報告」を提出しなければなりませんが、さまざまな要因により労災隠しを行うケースが問題視されています。

その理由のひとつとして、報告することで労災保険料率が上がってしまう可能性が挙げられます。これはメリット制といい、労働災害の発生率の違いにより労災保険料が増減する制度です。また、労働災害が発生したことで会社イメージを損ね、対外的な評判にも悪影響を与えることも予想されます。さらには、労働災害が複数回発生することにより労働基準監督署の監査が入る可能性なども挙げられます。

このようなマイナス要因を避けるために、事業者が「治療にかかった費用は会社で負担すれば済むはずだ」「事故が起こったのは本人の不注意だから、労災事故ではない」などと言い出すこ

とがあり、実際に起きてしまった労災事故を届け出ない事例があるようです。

● どんなペナルティがあるのか

労災隠しは犯罪行為であり刑法上の責任を負います。労働安全衛生法では、労災隠しをした者や、その者が所属する事業者は、労働安全衛生法違反として50万円以下の罰金に処すると規定されています。

また、労働基準監督署から労働安全衛生法違反として検察庁に送検され、さらには起訴される可能性があります。他にも、メリット制が適用されていれば、保険料を遡って再計算し労災保険料の徴収が行われる可能性もあります。事業者は、社会的信頼を失わないためにも、労働災害が発生した際は適切な対処を行うことが大切です。

火災・爆発事故発生時の報告

所轄
労働基準監督署長

労災事故　→　遅滞なく

提出

事故報告書
・事業場内の火災または爆発
・ボイラーの破裂、煙道ガスの爆発
・クレーンのワイヤロープまたはつりチェーンの切断
・移動式クレーンの転倒、倒壊またはジブの折損
・エレベーターの昇降路等の倒壊または搬器の墜落
・建設用リフトの昇降路等の倒壊または搬器の墜落
・簡易リフト搬器の墜落
・ゴンドラの逸走、転倒、落下またはアームの折損

届出や審査が必要な仕事①

事前届出と審査の二段構え

● 計画の事前届出が義務付けられる仕事とは

労働安全衛生法88条は、安全面で問題のある労働環境の発生を計画の段階から事前に食い止めるため、一定の危険有害を伴う計画について事前届出を義務付けています。届出先は原則として所轄労働基準監督署長ですが、例外もあります。

下記の①〜③を見ると「事業計画」とまでいかない「設置等の計画」についても届出を要する場合があります。危険有害を伴うものは「計画」の段階から行政側が監視することで、労働災害の防止や安全衛生の保全を図ろうとしています。

届出を受けた労働基準監督署長または厚生労働大臣は、計画内容が労働安全衛生法上問題ないかどうかをチェックし、その結果に応じて必要な措置や対応をとります。場合によっては、事業者に対して計画の変更命令または工事・仕事の差止命令などを行うことがあります。

① 大規模な建設業の届出

以下のいずれかに該当する大規模な建設業の仕事の計画は、仕事開始日の30日前までに、厚生労働大臣に届け出なければなりません。

・高さが300m以上の塔の建設の仕事

・基礎地盤から堤頂までの高さ150m以上のダムの建設の仕事

・最大支間500m（つり橋にあっては1000m）以上の橋梁の建設の仕事

・長さが3000m以上のずい道等の建設の仕事

・長さが1000m以上3000m未満のずい道等の建設の仕事で、深さが50m以上のたて坑（通路として使用されるものに限る）の掘削を伴うもの

・ゲージ圧力が0.3メガパスカル以上の圧気工法による作業を行う仕事

② 一定の機械等に関する届出

一定の危険・有害機械等の設置等（設置、移転、主要構造部分の変更）の計画の届出先は所轄労働基準監督署長で、設置等の工事開始日の30日前に届け出る義務があります。

この届出義務は業種や規模にかかわらず、一定の危険・有害機械等の設置等の計画をする際に発生します。なお、労働基準監督署長が認定した事業者は届出義務が免除されます。

③ 建設業等の届出

建設業（前述した大規模な建設業の届出の対象となるものを除く）および土石採取業における以下の仕事については、作業開始の14日前に所轄労働基

準監督署長への届出が必要です。

・高さ31mを超える建設物または工作物（橋梁を除く）の建設・改造・解体・破壊の仕事
・最大支間50m以上の橋梁の建設等の仕事
・最大支間30m以上50m未満の橋梁の上部構造の建設等の仕事（一定の場所で行われるものに限る）
・ずい道等の建設等の仕事（一定のものを除く）
・掘削の高さまたは深さが10m以上である地山の掘削の作業を行う仕事
（一定のものを除く）
・圧気工法による作業を行う仕事
・石綿等が吹き付けられている耐火建築物または準耐火建築物における石綿等の除去の作業を行う仕事
・一定の廃棄物焼却炉、集じん機等の設備の解体等の仕事
・掘削の高さまたは深さが10m以上の土石の採取のための掘削の作業を行う仕事
・坑内掘りによる土石の採取のための掘削の作業を行う仕事

労働基準監督署長への届出が必要な作業

作業内容	具体的作業	期限
危険・有害機械等の設置等	①特定機械等（82ページ）の設置等	仕事開始日の30日前
	②一定の動力プレスの設置等	
	③一定のアセチレン溶接装置・ガス集合溶接装置の設置等	
	④一定の化学設備・乾燥設備・粉じん作業設備の設置等	
建設業・土石採取業における作業	①高さ31m超の建設物・工作物の建設等（建設・改造・解体・破壊）	仕事開始日の14日前
	②最大支間50m以上の橋梁の建設等	
	③最大支間30m以上50m未満の橋梁の上部構造の建設等	
	④ずい道等の建設等（一定のものを除く）	
	⑤掘削の高さまたは深さが10m以上である地山の掘削作業	
	⑥圧気工法による作業	
	⑦耐火建築物・準耐火建築物に吹き付けられた石綿等の除去	
	⑧一定の廃棄物焼却炉、集じん機等の設備の解体等	
	⑨掘削の高さ・深さ10m以上の土石採取のための掘削作業	
	⑩坑内掘りによる土石採取のための掘削作業	

16 届出や審査が必要な仕事②

「事前届出」で安全衛生の確保がクリアできない場合の審査制度もある

● 厚生労働大臣の審査が必要

作業や生産活動の現場での生産方法・工法は日々変化しています。前述した「事前届出」でチェックされる法令の基準をクリアしても、安全衛生の確保ができず、事前届出の目的が達成されないケースもあります。そこで、厚生労働大臣は、事前届出のあった計画のうち、高度の技術的検討を必要とするものについて審査を行うことができます（労働安全衛生法89条）。

「高度な技術的検討を必要とする計画」とは、新規に開発された工法や生産方式を採用する計画などを指します。この規定により、事前届出の欠陥点をカバーできるようになっています。

審査は学識経験者の意見を聴いた上で、安全性確保の目的を達成するため

に行われ、届出人（事業者）に勧告・要請の形で是正を求める際は、届出人の意見も聴かなければなりません。事前届出によるチェックが法令の基準に照らして機械的に行われるのに対して、上記の審査は厚生労働大臣の裁量的側面が強いため、審査結果の適切性や柔軟性が保たれるように意見聴取などが定められています。

この他、都道府県労働局長が審査を行うことのできる工事計画もあります。該当する工事計画の例として、「高さが100m以上の建築物の建設の仕事」「堤高が100m以上のダムの建設の仕事」「最大支間300m以上の橋梁の建設の仕事」のうち一定のものがあります。審査方法などは厚生労働大臣による審査と同様です。

厚生労働大臣への届出が必要な作業

作業内容	具体的作業	期限	届出先
特に大規模な建設業	①高さが300m以上の塔の建設	工事開始の30日前	厚生労働大臣
	②基礎地盤から堤頂までの高さ150m以上のダムの建設		
	③最大支間500m（つり橋1000m）以上の橋梁の建設		
	④長さが3000m以上のずい道等の建設		
	⑤長さが1000m以上3000m未満のずい道等の建設における通路使用のための深さ50m以上のたて坑掘削		
	⑥ゲージ圧力が0.3メガパスカル以上の圧気工法による作業		

160

17 出向と労災の適用

在籍出向では、出向先事業の労災保険が適用される

● 在籍出向と転籍がある

出向とは、会社の命令を受けて他社へ出向くことで、2つのタイプがあります。1つは、労働者が雇用先企業に身分（籍）を残したまま、一定期間他の企業で勤務するもので「在籍出向」といいます。この場合、出向者は出向元の企業と労働契約を結んでいますが、さらに出向先でも労働契約を結ぶため、二重の労働契約関係にある状態となります。

一方、雇用先企業から他の企業に完全に籍を移して勤務することを「移籍出向」または「転籍」といいます。転籍出向者は、これまでの企業との労働契約を解除し、出向先と労働契約を結びます。在籍していた企業との雇用関係はなくなるため、転籍先の労災保険が適用されます。

在籍出向の場合の労災保険については、たとえ出向元から賃金が支払われていた場合でも、出向先事業の保険関係によります。在籍出向者は、出向元と出向先の双方との間に労働契約関係が成立していますが、実際に出向者を指揮監督しているのは出向先となります。したがって、出向労働者が業務災害で被災した場合、出向先の労災保険が適用されることになります。

出向や派遣、海外出張・海外派遣と労災の適用についてまとめると下図のようになります。

どこで労災適用になるか

出 向	出向元に籍を残す場合（在籍出向）と、出向先に籍を移す場合（転籍）がある	出向先の労災保険が適用
派 遣	派遣元に籍を置きながら派遣先の指示・命令で働く	派遣元の労災保険が適用
海外出張	労働提供の場は海外だが、身分は国内の事業場に属し、その使用者の指揮に従って勤務する場合	国内の労災保険が適用
海外派遣	身分が海外の事業場に属し、海外の使用者の指揮に従って勤務する場合	国内の労災保険が適用 ※「海外派遣労働者の特別加入」が必要

18 派遣労働者の安全衛生

派遣先・派遣元双方が責任者を選任する

● 労働者派遣とはどのような労働形態なのか

正社員として働く場合は、労働者と雇用主である会社の間で直接雇用契約を結びます。その上で、正社員である労働者が労働力を提供し、雇用主が労働力に対する対価である賃金を支払います。

一方、「労働者派遣」の場合は、正社員などの直接雇用と比べると少し複雑な雇用関係となります。労働者である派遣社員を雇用している派遣元企業と、派遣社員が実際に派遣されて働く現場となる派遣先企業の三者が関わる形となるためです。

労働者派遣は、労働者が雇用される企業と指揮命令を行う企業が異なることが特徴です。具体的には、派遣社員は派遣元企業と雇用契約を交わした上で、派遣先企業で労働力を提供します。派遣社員に対して業務に関連した指揮や命令を出すのは派遣先企業ですが、派遣社員に対する賃金は派遣元企業が支払います。

なお、実際に労働者派遣が行われることになった場合、派遣元企業と派遣先企業の間で、派遣元企業が派遣先企業に対して労働者を派遣することを約した「労働者派遣契約」を結びます。

● 事業者にはどのようなことが求められるのか

事業者は、事業場（職場）の規模に応じた安全衛生管理体制を整備しなければなりません。派遣社員にとっての事業者は、その派遣社員を雇用する「派遣元企業」を指すのが基本です。しかし、実際に派遣社員が働いている事業場での安全面や衛生面について細かい配慮ができるのは、派遣社員を受け入れた上で就労させている「派遣先企業」だといえます。

そこで、労働者派遣法では、派遣先企業を「事業者」とみなし、派遣社員を「労働者」とみなすことで、派遣元企業に加えて派遣先企業にも労働安全衛生管理上の責任を負わせています。

そして、安全衛生管理責任について、派遣元企業だけでなく派遣先企業が責任を負担する事項や、派遣先企業のみが責任を負担する事項などの詳細についても、労働者派遣法において細かく明示しています。

たとえば、事業者には、労働者の雇入れ時や、労働者の作業内容を変更させた場合などに、安全衛生教育を行うことが義務化されています。派遣社員についても同じで、雇入れ時や事業場の変更時には派遣元企業に、作業内容

の変更時は派遣元・派遣先企業双方に、危険な業務に就かせる場合には派遣先企業に、それぞれ安全衛生教育を行うことが義務付けられています。このように、派遣社員の安全衛生を確保するためには、派遣元企業・派遣先企業が連携していくことが最も重要だといえます。

なお、労働者派遣において労働事故が発生した場合は、派遣元企業・派遣先企業のそれぞれが「労働者死傷病報告」を提出する義務があります。

●責任の内容や派遣元・派遣先での相違点は

派遣社員の安全衛生については、派遣元企業・派遣先企業の双方が責任を負います。一般に安全衛生管理体制を構築する際は、常時使用する労働者数に応じて設置すべきスタッフの種類や人数が決定されます。労働者数のカウント方法について、労働者派遣の場合は、派遣元企業・派遣先企業の双方で、労働者数に派遣社員の数をカウントしなければなりません。

ただし、派遣先企業と派遣元企業とでは、負担すべき安全衛生管理体制の責任の種類が若干異なります。

たとえば、雇入れ時の安全衛生教育は派遣元企業が行います。一般的に、派遣労働者は、従事する業務に対する経験が他の派遣先の労働者に比べると短いため、労働災害が発生する確率がやや高い傾向にあります。そのため、安全衛生教育を行うときは派遣先企業の協力も必要です。具体的には、派遣元企業が雇入れ時の安全衛生教育を適切に行えるように、派遣社員が従事する業務についての情報を積極的に提供する必要があります。たとえば、①教育カリキュラムの作成に必要な情報の提供、②派遣先で使用している安全衛生教育用テキストの提供、③派遣先で安全衛生教育を行う際の講師の紹介や派遣、④教育用施設や必要な機材の貸与などが挙げられます。また、派遣元

労働者派遣のしくみ

派遣元事業主 ←労働者派遣契約→ 派遣先
派遣元事業主 ←派遣料支払 派遣先
賃金支払　業務指示
雇用契約　業務の遂行
派遣労働者

企業から安全衛生教育の委託を受けた場合には、その申し出にできる限り応じるように努める必要があります。

雇入れ時や一般健康診断（年1回）なども派遣元企業が行います。一方、派遣先企業は、一定の有害業務に常時従事する派遣労働者に対する特殊健康診断を行います。

さらに、機械等の定期自主検査、危険・健康障害防止措置、作業環境測定、化学物質の有害性の調査など、実際の業務に即した事項は、派遣社員を就労させる派遣先企業が行います。

● 派遣元責任者・派遣先責任者とは

労働者派遣法では、派遣元事業主・派遣先事業主に対し、派遣元責任者・派遣先責任者を選任するよう義務付けています。

派遣元責任者とは、派遣社員への助言や指導、苦情処理などの業務にあたる者です。派遣元責任者講習を受講して3年以内であることや、雇用管理の経験者であることなどの要件を満たした者の中から選任されます。

派遣先責任者とは、法令の内容について派遣社員を指揮する関係者に周知させる業務や、苦情処理などの業務にあたる者です。労働関係法令に関する知識があることや、人事・労務管理に関する知識や経験を有することなど、職務を遂行できる能力を持っている者の中から選任されます。

派遣元責任者・派遣先責任者には、ともに派遣社員から寄せられる苦情処理の業務があります。実際に派遣社員から苦情や相談を受けた場合は、派遣元責任者・派遣先責任者が連携して対応にあたる必要があります。

● 派遣元責任者・派遣先責任者による連絡調整

派遣先責任者や派遣元責任者が実際に連絡や調整を行う事項には、前述の苦情処理の対応の他、定期健康診断や特殊健康診断などの実施時期や内容、診断の結果、異常所見があった場合の就業場所変更の対応などがあります。

この他、雇入れ時や作業内容変更時の安全衛生教育、特別教育などの実施時期や内容、実施責任者についても同様です。

● 契約書にはどんな事項を明記する必要があるのか

派遣先企業が派遣社員の使用を希望した場合、派遣元企業と派遣先企業の間では「労働者派遣契約」が締結されます。

労働者派遣法では、契約の際に定めるべき内容として従事する業務の内容や就業場所、派遣期間などを規定している他、安全衛生に関する事項についても定めるように求めています。安全衛生に関する事項としては、主に以下のものがあります。

・危険または健康障害を防止するための措置に関する事項
・健康診断の実施等健康管理に関する事項
・換気、採光、照明等作業環境管理に関する事項
・安全衛生教育に関する事項
・免許の取得、技能講習の修了の有無等就業制限に関する事項
・安全衛生管理体制に関する事項
・その他安全衛生を確保するために必要な事項

● 労災事故が発生した場合の対処法

労働者派遣法では、派遣社員が被った業務災害の補償責任は派遣元企業にあるとしています。これは、派遣社員と雇用契約を結んでいるのは派遣元企業であるためです。派遣先企業の業務で労災事故にあって死亡した場合や負傷した場合には、派遣元企業の労災保険が適用されます。

ただし、労働安全衛生法に基づく「労働者死傷病報告」は、派遣先企業・派遣元企業の双方に提出義務があります。被災した派遣社員の補償責任は派遣元企業にあるものの、実際の被災状況を把握しているのは派遣先企業であるためです。

具体的な手順としては、労災事故が発生した際の状況を把握している派遣先企業が「労働者死傷病報告」を作成し、所轄労働基準監督署長に提出し、その写しを派遣元企業に送付します。派遣元企業は、その写しの内容をふまえて「労働者死傷病報告」を作成し、所轄労働基準監督署長に提出します。

派遣社員の健康診断

〈派遣元および派遣先は派遣労働者（派遣社員）のために安全な職場と病気にならない環境を作るように常時配慮する義務がある〉

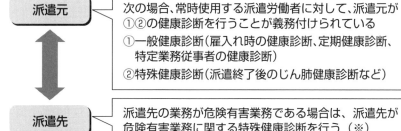

派遣元 → 次の場合、常時使用する派遣労働者に対して、派遣元が①②の健康診断を行うことが義務付けられている
①一般健康診断（雇入れ時の健康診断、定期健康診断、特定業務従事者の健康診断）
②特殊健康診断（派遣終了後のじん肺健康診断など）

派遣先 → 派遣先の業務が危険有害業務である場合は、派遣先が危険有害業務に関する特殊健康診断を行う（※）

（※）派遣先での健康診断結果は、書面で派遣元に通知される

19 寄宿舎での事故・トラブル

業務災害であるため労働者死傷病報告をする

● 事業に関する寄宿舎の種類や判断基準

寄宿舎は、労働基準法では「事業附属寄宿舎」とされています。事業附属寄宿舎とは、「常態として相当人数の労働者が宿泊し、共同生活の実態を備えるもの」で、かつ、「事業経営の必要上その一部として設けられているような事業との関連をもつ」ものです。たとえば、山間部での長期工事に伴い設ける臨時の宿舎などが該当し、それぞれが独立した生活を営む社宅などは寄宿舎とはいいません。事業関連の有無や労務管理上の共同生活の要請有無、場所等から寄宿舎かどうかが総合的に判断されます。

● 寄宿舎の設置や規則の届出を行う

使用者は、次のいずれかの条件に該当する工事に伴い寄宿舎を設置する場合は、寄宿舎設置届を周囲の状況および四隣との関係を示す図面、建築物の各階の平面図、断面図を添えて、所轄の労働基準監督署長に提出しなければなりません。
① 常時10人以上の労働者を就業させる事業
② 厚生労働省令で定める危険な事業または衛生上有害な事業

また、寄宿舎設置届とは別に寄宿舎規則の届出や管轄の消防署への「防火対象物使用開始届」の提出が必要です。

寄宿舎規則には盛り込まなければならない項目が規定されています。具体的には、起床や就寝、外出および外泊に関する事項、行事や食事に関する事項、安全衛生に関する事項、建設物および設備管理に関する事項が該当します。

また、労働基準法では「使用者は、事業の付属寄宿舎に寄宿する労働者の私生活の自由を侵してはならない」「使用者は、寮長、室長その他寄宿舎生活の自治に必要な役員の選任に干渉してはならない」と規定されており、使用者は労働者の私生活の自由を確保する必要があります。外泊を許可制にしたり、行事への参加を強制する、面会の自由を制限するなどの行為は禁止されています。

● 寄宿舎の管理者の職務

使用者は、前項の寄宿舎規則において事業主および寄宿舎の管理について権限を有する者を明らかにした上で、寄宿舎の出入口等見やすい箇所にこれらの者の氏名または名称を掲示しなければなりません。寄宿舎の管理について権限を有する者は、1か月以内ごと

に1回、寄宿舎を巡視し、巡視の結果、寄宿舎の建物、施設または設備に関し、この省令で定める基準に照らして修繕や改善すべき箇所があれば、速やかに使用者に連絡しなければなりません。

また、使用者は寄宿舎の設備維持、安全衛生も守る必要があります。労働基準法では「使用者は、事業の附属寄宿舎について、換気、採光、照明、保温、防湿、清潔、避難、定員の収容、就寝に必要な措置その他労働者の健康、風紀及び生命の保持に必要な措置を講じなければならない」と定められています。

◉寄宿舎で火事や事故、ケガが発生した場合の労災

寄宿舎で火事や事故、ケガが発生した場合は「業務起因性」があれば労災保険の給付対象となります。業務起因性とは、負傷や疾病が業務に起因して生じたものであることをいい、業務と相当程度の因果関係がある場合に認定されます。そのため、労働契約の条件として事業主の指定する寄宿舎を利用することがある程度義務付けられていれば、労働災害として認められます。労災認定の際に、これらの条件が求められた場合は、特段の事情が判明しない限り、業務上の理由で災害を被ったものと考えられます。

また、この場合の「特段の事情」とは、労働者間の私的・恣意的行為によって発生したケガや事故などです。その他、設備の不良で事故が起きた際も業務上の災害となります。

なお、労働災害による労働者の死亡・休業時と同じく、寄宿舎での災害発生時も、事業主は所轄労働基準監督署長に遅滞なく「労働者死傷病報告」を提出しなければなりません。

労働基準法の寄宿舎の要件

	使用者のすべきこと	
寄宿舎生活の自治	寄宿する労働者の私生活の自由を侵してはならない 役員の選任に干渉してはならない	
寄宿舎生活の秩序	起床、就寝、外出及び外泊に関する事項 行事に関する事項 食事に関する事項 安全および衛生に関する事項 建設物および設備の管理に関する事項	寄宿舎規則の届出
寄宿舎の設備および安全衛生	換気、採光、照明、保温、防湿、清潔、避難、定員の収容、就寝に必要な措置 労働者の健康、風紀および生命の保持に必要な措置	

167

20 労働安全衛生法違反の罰則

刑事責任が科せられる場合もある

● どんな罰則があるのか

労働安全衛生法は、労働災害を防止し、職場における労働者の安全と健康を守るため、また、快適な職場環境の形成促進を目的として制定されました。労働安全衛生法を守ることは事業者の責務であり、これに違反した場合は違反内容に応じてさまざまな罰則が科される可能性があります。

労働安全衛生法第12章には罰則規定があり、違反の内容に応じて以下の刑事罰が示されています。特に③～⑥の刑事罰については、対象となる行為が多岐にわたることに注意が必要です（本書では一部を抜粋しています）。

① 7年以下の懲役

特定業務（製造時等検査、性能検査、個別検定、型式検定の業務）を行っている特定機関（登録製造時等検査機関、登録性能検査機関、登録個別検定機関、登録型式検定機関）の役員や職員が、職務に関して賄賂の収受、要求、約束をし、これにより不正の行為をし、または相当の行為をしなかったとき

② 5年以下の懲役

・特定業務に従事する特定機関の役員や職員が、職務に関して賄賂の収受、要求、約束をしたとき
・特定機関の役員または職員になろうとする者や、過去に役員または職員であった者が、一定の要件の下で、賄賂の収受、要求、約束をしたとき

③ 3年以下の懲役または300万円以下の罰金

黄りんマッチ、ベンジジン、ベンジンを含有する製剤など、労働者に重度の健康障害を生ずる物を許可なく製造、輸入、譲渡、提供、使用したとき。ただし、試験研究目的があり、政令で定める要件に該当する場合は例外。

④ 1年以下の懲役または100万円以下の罰金

・ボイラー、クレーン、エレベーター、建設用リフト、ゴンドラなどの特定機械等を製造する際にあらかじめ許可を受けていないとき
・小型ボイラーなどの機械を製造、輸入する際に個別検定・型式検定を受けていないとき
・ジクロルベンジジン等、労働者に重度の健康障害を生ずるおそれのある物を製造許可を受けずに製造したとき
・指定試験機関の役員や職員などで、試験事務に関して知った秘密を漏洩したとき
・コンサルタント業務において（コンサルタントでなくなった後も同様）、業務で知った秘密を漏らしたり盗用

したとき

⑤　6か月以下の懲役または50万円以下の罰金

・労働災害を防止するための管理を必要とする作業で、定められた技能講習を受けた作業主任者を選任しなかったとき

・危険防止や健康障害防止等に必要な措置を講じなかったとき

・動力駆動の機械などで、動力伝導部分や調速部分などに防護のための指定措置が施されていないものを譲渡、貸与した、または譲渡や貸与の目的で展示したとき

・危険または有害業務に労働者を従事させる際、当該業務に関する安全または衛生のための特別教育を行わなかったとき

・規定違反に基づき労働基準監督署長が発令した作業停止や建設物などの使用停止命令などに従わなかったとき

・労働者に危険や健康障害を生ずるおそれのあるものを譲渡、提供する際に、必要な事項を表示しなかったとき

・事業場の違反行為を労働基準監督署等に申告した労働者に対して解雇などの不利益取扱いをしたとき

⑥　50万円以下の罰金

・安全管理者、衛生管理者、産業医などを選任しなかったとき

・製造業などで、その労働者や関係請負人の労働者の作業が、同じ場所で行われることにより生ずる労働災害を防止するための措置を講じなかったとき

・労働者に対し健康診断を行わなかったり、検診結果の記録や医師からの意見聴取を行わなかったとき

・労働基準監督署長等から求められた報告をせず、または出頭を命ぜられたのに出頭をしなかったとき

違反した場合の罰則

罰則		
	3年以下の懲役か300万円以下の罰金	重度の健康障害が生じる化学物質の製造等
	1年以下の懲役か100万円以下の罰金	・ボイラーやクレーンの製造許可を受けていない場合 ・許可を受けずに化学物質を製造した場合　　など
	6か月以下の懲役か50万円以下の罰金	・特別教育を実施しなかった場合 ・健康障害を防止する措置を講じなかった場合　　など
	50万円以下の罰金	・安全管理者などを選任しなかった場合 ・健康診断を実施しなかった場合　　など

Column

建設業における快適な職場環境の形成

　労働安全衛生法では事業者に対して、下図の4点について計画的かつ継続的に講ずるよう努力義務を課しています。

　建設業は危険を伴う作業・場面が多々ある仕事です。その作業には実に多種多様な形態・態様が存在します。それぞれの作業場面に適した快適な作業環境形成のため、厚生労働省は「建設業における快適職場形成の推進について」という通達で対策例を示しています。たとえば、「冬季屋外作業、夏季屋外作業、トンネル及び地下作業、降雨・強風・日射等の悪天候時の作業、屋外での日射・高温・寒冷室等の作業」における対策の例として、「大きなテントの使用による全天候型作業場の確保、冷暖房設備の設置、作業の遠隔化、降雨・日射対策の遮蔽シートの設置、日射・強風対策のための壁の設置」などを挙げています。

　このような通達を参考にして、快適な職場形成に資する措置・対策をとることには、安全衛生の保全だけでなく、職場活性化、作業能率・生産性の向上といったさまざまなメリットがあります。

■ 建設業における快適な職場環境 ……………………………………………

建設業における快適な職場環境	①作業環境を快適な状態に維持管理するための措置
	②労働者の従事する作業方法を改善するための措置
	③作業に従事することによる労働者の疲労を回復するための施設・設備の設置または整備等
	④その他快適な職場環境を形成するための措置

第5章

労災保険・健康保険の
しくみ

社会保険と労働保険の全体像

社会保険は加入が義務付けられた保険である

公的保険制度の概要

労働安全衛生法では、労働者の安全と衛生の確保を目的に、ケガや病気の予防措置を事業主に義務付けています。しかし、どんなに気を付けていても労働者がケガや病気になってしまうことをゼロにすることはできません。そのため、社会保険や労働保険のしくみについて、最低限の知識を備えておく必要があります。

公的保険は労働保険と社会保険に分けることができます。労働保険は労災保険と雇用保険の2つの制度からなります。広い意味で社会保険というと労働保険のことも含めるのですが、労働保険と区別して社会保険というときは健康保険、厚生年金保険、国民年金、国民健康保険、介護保険などのことを社会保険といいます。公的保険制度の概要は以下のとおりです。

① 労働者災害補償保険（労災保険）

労働者が仕事中や通勤途中に発生した事故などによって負傷したり、病気にかかった場合に治療費などの必要な給付を受けることができます。また、障害などの後遺症が残った場合や死亡した場合などについても保険給付があります。

② 雇用保険

労働者（被保険者）が失業した場合や本人の加齢（年をとること）、家族の育児・介護などのために勤め続けることが困難になった場合に手当を支給する制度です。また、再就職を円滑に進めていくための支援も行われます。

③ 健康保険

被保険者とその家族が病気やケガをした場合（仕事中と通勤途中を除く）に必要な医療費の補助を行う制度です。出産した場合や死亡した場合にも一定

公的保険のしくみ

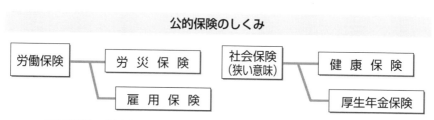

雇用保険・労災保険なども含めて広い意味で「社会保険」という言葉を使うこともある

の給付を行います。

④　厚生年金保険

　被保険者が高齢になり働けなくなったとき、体に障害が残ったとき、死亡したとき（遺族の所得保障）などに年金や一時金の支給を行います。

○公的保険は国や公法人によって運営される

　生命保険や損害保険などの私的保険は企業などによって運営されていますが、公的保険は国（政府）または公法人（地方公共団体・全国健康保険協会・健康保険組合・国民健康保険組合）によって管理・運営されています。公的保険で給付が行われる場合の財源は、国が負担するものの他、会社などの事業所やそこで働く労働者から徴収する保険料によってまかなわれています。

　国などのように保険を運営する主体を保険者といいます。また、保険に加入する者（労働者）のことを被保険者といいます。

　公的保険（労働保険と社会保険）の制度は、国または公法人が保険者ですが、実際の窓口はそれぞれの保険ごとに違います。ここでいう窓口とは、それぞれの保険制度への加入手続を行ったり、所定の書類の提出を行ったり、保険給付を行う場合の手続をする場所のことです。

　労災保険と雇用保険では、実務的に書類を提出したり、必要な手続を行ったりする窓口になるのは、国の出先機関である労働基準監督署（労基署）や公共職業安定所（ハローワーク）です。

　健康保険の窓口になるのは全国健康保険協会（協会けんぽ）の都道府県支部や各企業の健康保険組合です。

　厚生年金保険の窓口は、年金事務所となっています。

労働保険と社会保険の管轄と窓口

	保険の種類	保険者	管　轄	窓　口
労働保険	労災保険	国（政府）	都道府県労働局	労働基準監督署
	雇用保険		都道府県労働局	公共職業安定所（ハローワーク）
社会保険	健康保険	全国健康保険協会	全国健康保険協会	協会の都道府県支部 年金事務所内の協会けんぽ窓口
		健康保険組合	健康保険組合	健康保険組合
	厚生年金保険	国（政府）	日本年金機構	年金事務所

労災保険の適用範囲

就労形態に関係なく適用される

● すべての労働者に適用される

労災保険は労働者保護のための保険です。原則として事業所ごとに適用されます。適用される労働者について、正社員やパート、日雇労働者などの雇用形態は関係ありません。不法就労の外国人でも、労働災害があった場合は労災保険の適用を受けることができます。

ただ、代表取締役などの会社の代表者は、労働者ではなく使用者であるため、労災保険は適用されません。工場長や部長などの兼務役員については、会社の代表権をもたないので労災保険が適用されます。労働者に該当するかどうかは、使用従属関係があるか、会社から労働の対価として賃金（給料や報酬など）の支払いを受けているかの2つによって決まります。派遣労働者の労災保険については、派遣元の事業主の保険関係で適用することになります。

● 個人事業主などは特別加入できる

本来労災保険が適用されない会社の代表者や個人事業主などであっても、現実の就労実態から考えて一定の要件に該当する場合には、例外的に特別に労災保険から補償を受けることができます。この制度を特別加入といいます。特別加入することができる者は、次の①～③の3種類に分けられています。

① 第1種特別加入者

中小企業の事業主（代表者）とその家族従事者、その会社の役員が第1種特別加入者となります。

ただ、中小企業（事業）の範囲を特定するために常時使用する労働者の数

特別加入者の種類

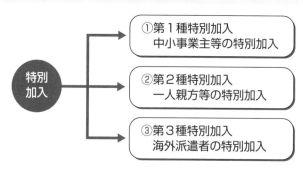

に制限があり、業種によって下図のように異なっています。

第1種特別加入者として特別加入するためには、ⓐその者の事業所が労災保険に加入しており、労働保険事務組合に労働保険事務を委託していること、ⓑ家族従事者も含めて加入すること、が必要です。

② **第2種特別加入者**

第2種特別加入者はさらに、ⓐ一人親方等と、ⓑ特定作業従事者の2種類に分かれています。

ⓐ 一人親方等

個人タクシーや左官などの事業で労働者を使用しないで行うことを常態としている者のことです。

ⓑ 特定作業従事者

特定作業従事者とは、災害発生率の高い作業（特定作業）に従事している者を指します。たとえば、動力により駆動する機械を用いた農作業、高さが2m以上ある箇所で行われる農作業、特に危険度が高いとされる作業に従事する家内労働者が該当します。

第2種特別加入者の特別加入のための要件は、ⓐとⓑ共通で、所属団体が特別加入の承認を受けていることと家族従事者も含めて加入することのいずれも満たすことです。

③ **第3種特別加入者**

海外に派遣される労働者（一時的な海外出張者を除く）については、日本国内の労災保険の効力が及びません。ただ、一定の条件を満たした場合に限り、労災保険に特別加入することができます。

海外派遣者が第3種特別加入者に該当するための要件は、派遣元の国内の事業について労災の保険関係が成立していることと、派遣元の国内の事業が有期事業でないことのいずれも満たすことです。

なお、令和3年4月から特別加入の対象者が拡大されています。具体的には、芸能従事者、アニメーション制作従事者、柔道整復師、雇用でない就業確保措置（高年齢者雇用安定法）を適用される65〜70歳の者です。

第一種特別加入をするための要件

業　　　種	労働者数
金融業・保険業・不動産業・小売業	50人以下
卸売業・サービス業	100人以下
その他の事業	300人以下

3 業務災害・通勤災害
業務遂行性と業務起因性によって判断する

● 業務災害とは

労働者の仕事（業務）中に起きた事故によるケガ、病気、障害、死亡のことを業務災害といいます。業務上の災害といえるかどうかは、労働者が事業主の支配下にある場合（＝業務遂行性）、と業務（仕事）が原因で災害が発生した場合（＝業務起因性）、という2つの基準で判断されます。業務上の災害といえるかどうかの判断は労働基準監督署が行います。

① 労働時間中の災害

仕事に従事している時や、作業の準備・後片付け中の災害は、原則として業務災害として認められます。

なお、用便や給水などによって業務が一時的に中断している間についても事業主の支配下にあることから、業務に付随する行為を行っているものとして取り扱い、労働時間中の災害に含めることになっています。

② 昼休みや休憩中の災害

事業所での休憩時間や昼休みなどの業務に従事していない時間について、休憩時間などに業務とは関係なく行った行為は、個人的な行為としてみなされますから、その行為によって負傷などをした場合であっても業務災害とはなりません。

ただ、その災害が事業場の施設の欠陥によるものであれば、事業用施設の管理下にあるものとして、業務災害となります。

③ 出張中の災害

出張中は事業主のもとから離れていますが、事業主の命令を受けて仕事をしているわけですから、事業主の支配下にあります。そこで出張中の災害については、ほとんどの場合、業務中に発生したものとして、業務災害となります。

ただ、業務時間中に発生した災害であっても、その災害と業務との間に関連性が認められない場合は、業務遂行性も業務起因性も認められず、業務災害とはなりません。たとえば、就業時間中に脳卒中などが発症し転倒して負傷したケースなどが考えられます。脳卒中が業務に起因していると認定されなければ、たとえ就業時間中の負傷であっても、業務災害にはなりません。

● 通勤災害とは

通勤災害とは、通勤途中に発生した災害のことです。たとえば、労働者が通勤途中の駅の階段で転び、ケガをした場合などです。労災保険法7条では、通勤について、「労働者が就業に関し、

住居と就業の場所との間などを合理的な経路および方法により往復することをいい、業務の性質を有するものを除くものとする」と定めています。

つまり、通勤とは、仕事に従事するために労働者が住居と仕事場（会社や工場などの実際に勤務する場所）との間を合理的な経路と方法で往復することなのです。

また、複数の事業場で就労している者の事業所間の移動および単身赴任者の赴任先住居と帰省先住居間の移動についても通勤に含まれます。

● 「寄り道」には適用されない

たとえば、帰宅途中にパチンコ店に立ち寄り、小1時間ほどパチンコをした場合、パチンコ店に入った時点から後については、通勤として認められません。これに対して、帰宅途中、選挙のため投票所に立ち寄る場合などは、日常生活上必要な行為とみなされますから、投票を終えて通常の経路に戻った時点からは通勤となります。

このように通勤途中で通勤とは無関係な目的のため通常の通勤経路からいったん外れることを逸脱といいます。

また、通勤途中で通勤とは無関係の行為を行うことを中断といいます。逸脱・中断の間とその後は、日常生活上必要な行為である場合を除き、通勤には含みません。

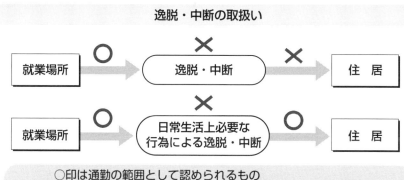

逸脱・中断の取扱い

○印は通勤の範囲として認められるもの
×印は通勤の範囲として認められないもの

逸脱・中断になる例
・パチンコ店に入る
・映画を見るため映画館に入る
・居酒屋で酒を飲む
・雀荘でマージャンをする

逸脱・中断にならない例
・選挙のため投票しに行く
・病院に診察を受けに行く
・食堂・クリーニング店に立ち寄る
・髪をカットするために理容室に立ち寄る

労災保険の補償内容

必要に応じた8つの給付がある

○ 労災保険の給付内容は

　業務上または通勤途中の事故や病気などの保険事故に対応して、8つの保険給付があります。業務災害の場合の給付の名称に「補償」という言葉がつくことを除けば、通勤災害の場合の給付と内容は基本的に同じです。

① 療養（補償）給付

　業務上または通勤途中の負傷・疾病によって療養を必要とする場合に給付されます。治療を行うという現物給付の「療養の給付」と、現金給付の「療養の費用の支給」の2種類がありますが、「療養の給付」が原則です。「療養の給付」では、労災指定病院で治療を受ければ、原則として傷病が治癒するまで必要な療養を受けることができます。

　「療養の費用の支給」は、労災指定病院以外で療養を受けた場合に、そのかかった費用を支給するというものです。治療費だけでなく、入院の費用、看護料、移送費など、通常療養のために必要なものは全額支給されます。

② 休業（補償）給付

　業務上または通勤途中の負傷・疾病による療養のために休業し、賃金を受けない日の第4日目以降から支給されます。

　休業1日について給付基礎日額の60％が休業（補償）給付として支給さ

れます（この他、社会復帰促進等事業から給付基礎日額の20％が特別支給金として支給）。給付基礎日額とは、原則として、災害発生日以前3か月間に被災した労働者に支払われた賃金総額を、その期間の総日数で割って算出されます。

③ 傷病（補償）年金

　療養開始後1年6か月を経過しても治癒せず、傷病等級（第1級～第3級）に該当するとき、給付基礎日額の313日～245日分の年金が支給されます。

④ 障害（補償）給付

　傷病が治癒したときで、一定の障害が残った場合に障害等級に応じて支給されます。第1級～第7級の場合は給付基礎日額の313日～131日分の障害（補償）年金、第8級～第14級の場合は給付基礎日額の503日～56日分の障害（補償）一時金が支給されます。

⑤ 遺族（補償）給付

　業務上または通勤途中の死亡に対して支給され、遺族（補償）年金と遺族（補償）一時金の2つがあります。年金は、労働者の死亡当時その収入によって生計を維持していた一定の範囲の遺族に支給されます。

　一時金は、その年金受給権者がいない場合に一定の範囲の遺族に対して給

付基礎日額の1000日分が支給されます。

⑥ 葬祭料（葬祭給付）

葬祭を行った者に対し支給されます。「31万5000円＋給付基礎日額の30日分」と「給付基礎日額の60日分」のいずれか高い方が支給額です。

⑦ 介護（補償）給付

一定の障害により傷病（補償）年金または障害（補償）年金を受給し、かつ、現に介護を受けている場合に月を単位として支給されます。

⑧ 二次健康診断等給付

一言で言うと、過労死予防のための給付です。労働安全衛生法に基づく定期健康診断等のうち、直近の一次健康診断で、脳・心臓疾患に関連する一定の項目について異常の所見が認められる場合に、労働者の請求に基づき、二次健康診断と特定保健指導を行います。

●社会復帰促進等事業

労災保険では、各種の保険給付の他に被災労働者の社会復帰の促進、被災労働者やその遺族の援護、適正な労働条件の確保などのサービスも行っています。これが社会復帰促進等事業です。社会復帰促進等事業は大きく社会復帰促進事業、被災労働者等援護事業、安全衛生・労働条件確保事業の３つの事業に分かれています。

労災保険の給付内容

目的	労働基準法の災害補償では十分な補償が行われない場合に国（政府）が管掌する労災保険に加入してもらい使用者の共同負担によって補償がより確実に行われるようにする	
対象	業務災害と通勤災害	
業務災害（通勤災害）給付の種類	療養補償給付（療養給付）	病院に入院・通院した場合の費用
	休業補償給付（休業給付）	療養のために仕事をする事ができず給料をもらえない場合の補償
	障害補償給付（障害給付）	傷病の治癒後に障害が残った場合に障害の程度に応じて補償
	遺族補償給付（遺族給付）	労災で死亡した場合に遺族に対して支払われるもの
	葬祭料（葬祭給付）	葬儀を行う人に対して支払われるもの
	傷病補償年金（傷病年金）	治療が長引き１年６か月経っても治らなかった場合に年金の形式で支給
	介護補償給付（介護給付）	介護を要する被災労働者に対して支払われるもの
	二次健康診断等給付	二次健康診断や特定保健指導を受ける労働者に支払われるもの

5 療養（補償）給付

ケガや病気をしたときの給付である

● 療養（補償）給付には現物給付と現金給付がある

労働者が仕事中や通勤途中にケガをしたときや、仕事が原因で病気にかかって病院などで診療を受けたときは、療養（補償）給付が支給されます。療養（補償）給付は、治療費、入院料、移送費など通常療養のために必要なものが含まれます。また、給付される期間は、傷病などが治癒するまで行われます。なお、治癒するとは一般的に傷病が治ったこと（元の状態に戻ること）を表すことではなく、適切な医療を行っても医療効果が期待できなくなった状態をいいます。

療養（補償）給付には、①療養の給付、②療養の費用の支給、の2種類の方式で行うことが認められています。なお、療養の給付と療養の費用の支給の対象となる療養の範囲や給付される期間はどちらも同じです。

① 療養の給付

労災病院や指定病院などの診察を無料で受けることができます。つまり、治療の「現物給付」になります。なお、本書では、労災病院と指定病院などをまとめて、「指定医療機関」といいます。

② 療養の費用の支給

業務災害や通勤災害で負傷などをし

た場合の治療は、指定医療機関で受けるのが原則です。

しかし、負傷の程度によっては一刻を争うような場合もあり、指定医療機関になっていない近くの病院などにかけ込むことがあります。指定医療機関以外の医療機関では、労災保険の療養の給付による現物給付（治療行為）を受けることができないため、被災労働者が治療費を実費で立替払いをすることになります。

この場合、被災労働者が立て替えて支払った治療費は、後日、労災保険から「療養の費用」として現金で支給を受けることができます。つまり、療養の費用は、療養の給付に替わる「現金給付」ということです。

● 請求の手続きはどうするのか

請求の手続きについても、①療養の給付、②療養の費用の支給とで異なるため注意が必要です。

①療養の給付の場合、指定医療機関の窓口で「療養（補償）給付たる療養の給付請求書」を提出し、指定医療機関が労働基準監督署に提出します。こうすることで必要な治療などを無料で受けることができます。

②療養の費用の支給については、被

災労働者が直接、労働基準監督署に「療養（補償）給付たる療養の費用請求書」を提出します。薬局から薬剤の支給を受けた場合など請求書の様式が若干異なるため注意が必要です。

どちらの給付請求書を提出するにしても災害の原因や発生状況を記載し、事業主が証明する必要があります。

また、通勤災害の場合も請求書の様式が異なり、災害時の通勤経路、方法、所要時間等を記載する欄が設けられています。自動車通勤の場合、自動車保険などから治療費が給付される場合はそちらが原則、優先されます。

◯指定医療機関は変更（転院）することができる

業務災害や通勤災害によって負傷したために労災保険の指定医療機関で治療を受けた場合、1回の治療では足らず、その後も治療のために何回か通院する必要があるケースや、症状によっては入院しなければならないケースがあります。

通院または入院することとなった指定医療機関が自宅から近ければ問題はないものの、出張先で負傷して治療を受けた場合などのように指定医療機関が自宅から離れているときは、近くの指定医療機関に転院することができます。また、現在治療を受けている指定医療機関では施設が不十分なため、効果的な治療ができない場合などにも指定医療機関を変えることができます。

指定医療機関を変更する場合は、変更後の指定医療機関を経由して所轄の労働基準監督署長に所定の届出を提出する必要があります。この届出を「療養（補償）給付たる療養の給付を受ける指定病院等（変更）届」といいます。この届出を提出することで変更後の指定医療機関で引き続き労災保険による療養（補償）給付の現物給付（治療など）を受けることができます。

なお、指定医療機関になっていない医療機関に転院する場合は、被災労働者の方で治療費の全額をいったん立て替えて、後日、療養の費用の支給を受けます。

労災から受けられる治療のための給付

療養（補償）給付 {
①療養の給付 … 現物給付
→「治療行為」という現物をもらう

②療養の費用の支給 … 現金給付
→ 後日かかった費用が支払われる
}

6 休業（補償）給付

会社などを休んだ場合の収入の補償である

● 休業（補償）給付は所得補償として支給される

労働者が業務中や通勤途中の災害で働くことができず、収入が得られない場合には、労災保険から休業（補償）給付の支給を受けることができます。

具体的な支給要件には、①業務上の事由や通勤による負傷・疾病による療養のため、②労働することができず、③賃金を受けていない、という要件をすべて満たす必要があり、休業4日目から支給が開始されます。そのため、休業中について有給休暇を取得した、あるいは会社が賃金の全額を支給した、などの場合には支給を受けることができません。

休業（補償）給付は、療養中の労働者の生活保障（所得補償）を目的として支給される給付です。給付基礎日額の6割が支給されます。また、休業（補償）給付に加えて給付基礎日額の2割の特別支給金が支給されるため、合計としては給付基礎日額の8割の金額が被災労働者に支給されます。

休業（補償）給付 ＝ 給付基礎日額の60％ × 休業日数

休業特別支給金 ＝ 給付基礎日額の20％ × 休業日数

● 1日のうち一部分だけ働く場合

被災労働者の負傷の程度によっては、1日の所定労働時間のうち一部分だけ働き、その分について賃金の支給を受けることができる場合があります。そのような場合、休業（補償）給付の支給額が減額支給されます。

1日のうち一部分だけ働いて賃金の支払いを受けた場合の支給額は、1日当たり「（給付基礎日額−労働に対して支払われる賃金額）×60％」という式によって算出します。

たとえば、給付基礎日額が1日1万円の労働者が被災した場合の休業（補償）給付を計算します。この労働者が午前中のみ働いて5,000円の賃金を受けることができた場合、労災保険は1日当たり3,000円（＝（10,000円−5,000円）×60％）が支給されます。

● 3日間の待期期間がある

休業（補償）給付は、療養のため労働することができずに賃金を受けられない日の4日目から支給されます。療養のため労働することができなかった最初の3日間を待期期間（待機ではなく待期）といい、休業（補償）給付の支給がありません。待期期間は連続している必要はなく、通算して3日間あれば

よいことになっています。待期期間の3日間については、業務災害の場合、事業主に休業補償の義務があります。つまり、3日間について賃金の支払義務が生じます。一方、通勤災害については、事業主に災害の責任があるわけではないために待期期間の3日間について賃金を支払う必要はありません。

待期期間の3日間を数えるにあたり、労働者が所定労働時間内に被災し、かつ被災日当日に療養を受けた場合は、被災日当日を1日目としてカウントします。しかし、所定労働時間外の残業時間中などに被災した場合は、たとえ被災日当日に療養を受けたとしても被災日の翌日を1日目とします。

なお、休業（補償）給付の受給中に退職した場合は、要件を充たす限り支給が続きます。ただ、療養の開始後1年6か月が経った時点でその傷病が治っていない場合には、傷病（補償）

年金に切り替えられる場合があります。

また、事業所では業務災害によって労働者が死亡し、または休業したときは、「労働者死傷病報告」という書類を所轄労働基準監督署に提出しなければなりません。

○給付基礎日額は労働者の1日当たりの稼得能力

労災保険の休業（補償）給付を算出する場合に計算の基礎とした労働者の賃金の平均額を給付基礎日額といいます。給付基礎日額は労働者の一生活日（休日なども含めた暦日のこと）当たりの稼得能力を金額で表したものです。

給付基礎日額は通常、次の①の原則の計算方法によって算出された労働基準法の平均賃金に相当する額をいいます。ただ、原則の計算方法で給付基礎日額を計算することが不適切な場合は、①以外の②～⑤のいずれかの方法に

休業（補償）給付のしくみ

休業（補償）給付 ➡ 療養のため休業して賃金の支払いを受けないときの給付

支給要件
① 業務上・通勤途中の傷病により療養していること
② 療養のため労働ができないこと
③ 労働ができないため賃金を受けられないこと
④ 3日間の待期期間を満たしていること

支給額　給付基礎日額の
　休業（補償）給付　60％
　休業特別支給金　　20％

休業4日目以降、労務不能で賃金を受けられない期間の日数分が支給される

よって計算することになります。

① 原則の計算方法

　事故が発生した日以前３か月間にその労働者に実際に支払われた賃金の総額を、その期間の暦日数で割った金額です。ただ、賃金締切日があるときは、事故が発生した直前の賃金締切日からさかのぼった３か月間の賃金総額になります。

② 最低保障平均賃金

　労働者の賃金が日給、時間給、出来高給の場合は、平均賃金算定期間内に支払われた賃金総額を、その期間中に実際に労働した日数で割った額の60％の額と①の原則の計算方法で計算した額のいずれか高い方の額となります。

③ 原則の計算方法と最低保障平均賃金の混合した平均賃金

　賃金の一部が月給制で、その他に時給制で支給されている賃金がある場合などに用いる計算方法です。月給制の賃金は①の原則の計算方法で計算し、時給制などの賃金は②の最低保障平均賃金で計算します。そして、両方の額を合算して①の原則の計算方法で計算した額と比較して高い方の額を給付基礎日額とします。

④ 算定期間中に私傷病による休業期間がある場合

　私傷病によって休業した期間の「日数」とその休業期間中に支払われた「賃金額」を控除して算定した額と、①の原則の計算方法で計算した額を比較していずれか高い方の額を給付基礎日額とします。

⑤ 給付基礎日額の最低保障額

　算定された給付基礎日額が3,970円（令和２年８月１日から令和３年７月31日までの間に支給事由が生じたもの）に満たない場合は、3,970円が給付基礎日額になります。

● 通勤災害の場合、一部負担金を支払う

　労災保険は、労働災害の発生については会社に責任があるため、保険で被災労働者を保障するとしています。しかし、通勤災害は業務に付随するものである一方で、会社が通勤災害を未然に防ぐことは難しく、責任があるとは言えない場合が多くあります。そのため、通勤災害については療養給付を受ける場合には、初回の休業給付から一部負担金（200円）が減額されます。

● 請求の手続き

　休業（補償）給付を請求するには、「休業（補償）給付支給請求書」を所轄労働基準監督署に提出します。なお、休業特別支給金は、休業（補償）給付と様式が同じであり、休業（補償）給付を請求すると同時に行います。

　その後、労災認定されると、本人の銀行口座へ直接振込がなされます。

　休業（補償）給付の請求書についても、災害の原因や発生状況、賃金の支

払状況について事業主が証明を行います。なお、労災の認定は事業主ではなく、労働基準監督署が行います。そのため、事業主が労災の発生を認めず証明が得られない場合には、労働者自身で提出することも可能で、事業主が証明を拒否する理由書を作成し添付します。

休業（補償）給付は、1か月ごとに請求をすることが一般的ですが、3か月ごとに請求することも可能です。た

だし、療養のため労働することができないため賃金を受けない日の翌日から2年を経過すると時効により請求ができなくなるため注意が必要です。

また、1年6か月経過しても傷病が治癒していない場合には、労基署の職権により傷病（補償）年金が支給されます。これは、休業（補償）給付を毎回申請する労働者と、それを審査する国の負担を軽減するねらいもあります。

給付基礎日額の算出例

【原則式】…賃金締切日が20日の場合

	暦日数31日		暦日数30日		暦日数31日		事故日7/3	
3/20		4/20		5/20		6/20		7/20

3月分賃金 25万円	4月分賃金 28万円	5月分賃金 33万円	6月分賃金 31万円	7月分賃金 29万円

事故が発生した直前の賃金締切日からさかのぼって3か月間の賃金で計算する

①　給付基礎日額 $= \dfrac{4月賃金総額 + 5月賃金総額 + 6月賃金総額}{3か月の暦日数}$

$= \dfrac{28万円 + 33万円 + 31万円}{31日 + 30日 + 31日} = 10,000円$

※3,970円に満たない場合は3,970円とする

【最低保障平均賃金】…労働者が日給、時給、出来高払給の場合

②　給付基礎日額 $= \dfrac{4月賃金総額 + 5月賃金総額 + 6月賃金総額}{上記3か月で実際に労働した日数} \times 60\%$

①と②の高い方を給付基礎日額とする

月給制の賃金と時給制の賃金が混在する場合

賃金	基本給(時給)	1,000円/時	②で計算
	時間外手当	1,250円/時	
	皆勤手当	5,000円/月	①で計算
	通勤手当	4,100円/月	

この①、②の合計とすべて①で計算した場合の額を比較し、高い方を採用する

傷病（補償）年金

ケガや病気が長引いたときの補償である

◉労基署長の職権で支給決定される

傷病（補償）年金は、労災保険の他の給付と異なり、労働者からの請求により支給がなされる給付ではありません。傷病（補償）年金は一定の要件に該当する場合に所轄労働基準監督署長の職権で支給決定する給付（年金）です。

傷病（補償）年金は、仕事中（または通勤途中）の傷病（ケガまたは病気）によって、労働者が療養を開始後1年6か月経過した日、またはその日以後に、次のいずれにも該当する場合に支給されます。

① その傷病が治っていないこと

② 傷病の障害の程度が傷病等級の1級〜3級に該当すること

療養開始後1年6か月を経過しても障害の程度が傷病等級に該当しない場合は、傷病（補償）年金は支給されずに、休業（補償）給付（182ページ）が支給されることになります。

傷病（補償）年金が支給されることになった場合、同時に特別支給金も支給されることになります。支給される特別支給金は、傷病特別支給金と傷病特別年金です。

傷病特別支給金は該当する傷病等級に応じて定額（114万円、107万円、100万円のいずれかの額）の一時金が支給されるものです。傷病特別年金は該当する傷病等級に応じて年金を支給するものです。なお、図中の算定基礎

傷病（補償）年金のしくみ

業務上の傷病が1年6か月経過後も治っておらず、傷病による障害の程度が一定の障害等級に該当しているときに支給

労働者が請求するのではなく 労働基準監督署長の決定により支給

年金給付が支給される

傷病等級	傷病（補償）年金	傷病特別支給金	傷病特別年金
第1級	給付基礎日額の313日分	114万円	算定基礎日額の313日分
第2級	給付基礎日額の277日分	107万円	算定基礎日額の277日分
第3級	給付基礎日額の245日分	100万円	算定基礎日額の245日分

日額は、過去 1 年間に支給された賞与等の総額を365日で割って算出されたものです。傷病（補償）年金の支給決定は実務上、療養開始後 1 年 6 か月を経過した日から 1 か月以内に被災労働者が「傷病の状態等に関する届」という書類を所轄労働基準監督署（長）に提出することによって行います。

傷病（補償）年金のための傷病等級表

傷病等級	給付の内容	障 害 の 状 態
第1級	当該障害の状態が継続している期間1年につき給付基礎日額の313日分	(1) 神経系統の機能又は精神に著しい障害を有し、常に介護を要するもの (2) 胸腹部臓器の機能に著しい障害を有し、常に介護を要するもの (3) 両眼が失明しているもの (4) そしゃく及び言語の機能を廃しているもの (5) 両上肢をひじ関節以上で失ったもの (6) 両上肢の用を全廃しているもの (7) 両下肢をひざ関節以上で失ったもの (8) 両下肢の用を全廃しているもの (9) 前各号に定めるものと同程度以上の障害の状態にあるもの
第2級	同　277日分	(1) 神経系統の機能又は精神に著しい障害を有し、随時介護を要するもの (2) 胸腹部臓器の機能に著しい障害を有し、随時介護を要するもの (3) 両眼の視力が 0.02 以下になっているもの (4) 両上肢を腕関節以上で失ったもの (5) 両下肢を足関節以上で失ったもの (6) 前各号に定めるものと同程度以上の障害の状態にあるもの
第3級	同　245日分	(1) 神経系統の機能又は精神に著しい障害を有し、常に労務に服することができないもの (2) 胸腹部臓器の機能に著しい障害を有し、常に労務に服することができないもの (3) 一眼が失明し、他眼の視力が 0.06 以下になっているもの (4) そしゃく又は言語の機能を廃しているもの (5) 両手の手指の全部を失ったもの (6) 第 1 号及び第 2 号に定めるものの他、常に労務に服することができないものその他前各号に定めるものと同程度以上の障害の状態にあるもの

8 障害（補償）給付

障害が残ったときの補償がある

● 障害（補償）給付は後遺症に対して支給される

労働者が業務上（または通勤途中）負傷し、または病気にかかった場合、そのケガまたは病気が治った（治癒）としても障害が残ってしまうこともあります。そのような場合にその障害の程度に応じて支給される労災保険の給付が障害（補償）給付です。ここでいう「治ったとき」とは、完治や全快ということではなく、傷病の症状が安定して、これ以上治療を行っても症状が良くも悪くもならない状態になったことを意味します。

● 障害（補償）給付は14種類に区分される

障害の程度によって1～14等級の障害等級に分かれます。第1級から第7級に該当した場合には障害（補償）年金が支給されます。第8級から第14級に該当した場合には障害（補償）一時金が支給されます。

第1級～第7級の場合は給付基礎日額の313日～131日分の障害（補償）年金、第8級～第14級の場合は給付基礎日額の503日～56日分の障害（補償）一時金が支給されます。給付基礎日額は、休業（補償）給付と同様に、労働

基準法の平均賃金に相当する額をいいます。ただし、賃金水準の変動や年齢階層別の最低・最高限度額などが適用され生活保障がなされています。

年金が支給される者には障害特別支給金と障害特別年金が支給され、障害（補償）一時金が支給される者には障害特別支給金と障害特別一時金がそれぞれ支給されます。

障害特別年金や障害特別一時金には算定基礎日額が使用されます。算定基礎日額は、労災が発生した日以前1年間に会社から支払われた賞与などを365日で割った額になります。

● 前払一時金の制度もある

治癒直後においては、一時的に資金を必要とすることも多く、被災労働者や家族の要求に応えるために、障害（補償）年金受給権者の請求に基づいて、一定額までまとめて前払いする障害（補償）年金前払一時金の制度が設けられています。前払一時金の金額は、障害等級によって異なりますが、最大で給付基礎日額の1,340日分を受け取ることができます。この制度の対象者は、障害等級1～7級該当の年金受給者で、障害等級8～14級については、障害（補償）一時金として受け取って

いるため対象外となります。

また、障害（補償）年金を受けていた労働者が受給開始直後に死亡した場合、障害（補償）年金前払一時金の支給額まで受け取っていないという不公平なケースもあり得ます。そこでその遺族に対して、障害（補償）年金前払一時金の最高額とすでに支給された年金額もしくは一時金の差額を支給する制度もあります。これを障害（補償）年金差額一時金といいます。

● どのように請求するのか

障害（補償）給付を請求するときは、「障害（補償）給付支給請求書」を所轄労働基準監督署に提出します。特に障害の程度を審査するために重要な診断書を医師などに記載してもらい添付する必要があります。

特別支給金についても、障害（補償）給付と同時に請求し、様式も同一のものを使用します。

障害（補償）給付の支給額

障害等級	障害（補償）年金		障害特別支給金	障害特別年金	
第1級	年金	給付基礎日額の313日分	342万円	年金	算定基礎日額の313日分
第2級		〃　　277日分	320万円		〃　　277日分
第3級		〃　　245日分	一時金 300万円		〃　　245日分
第4級		〃　　213日分	264万円		〃　　213日分
第5級		〃　　184日分	225万円		〃　　184日分
第6級		〃　　156日分	192万円		〃　　156日分
第7級		〃　　131日分	159万円		〃　　131日分

障害等級1〜7級に認定

障害等級	障害（補償）一時金		障害特別支給金	障害特別一時金	
第8級	一時金	給付基礎日額の503日分	65万円	一時金	算定基礎日額の503日分
第9級		〃　　391日分	50万円		〃　　391日分
第10級		〃　　302日分	一時金 39万円		〃　　302日分
第11級		〃　　223日分	29万円		〃　　223日分
第12級		〃　　156日分	20万円		〃　　156日分
第13級		〃　　101日分	14万円		〃　　101日分
第14級		〃　　56日分	8万円		〃　　56日分

障害等級8〜14級に認定

障害（補償）給付

9 遺族（補償）給付

本人が亡くなったときの遺族への補償である

● 遺族（補償）給付は遺族の生活保障を目的とする

労働者が仕事中（業務上）または通勤途中に死亡した場合に、残された遺族の生活保障を目的として支給されるのが労災保険の遺族（補償）給付です。

遺族（補償）年金の受給資格者がいる場合には、その者に遺族（補償）年金が支給されます。遺族（補償）年金の受給資格者がいない場合や、遺族（補償）年金の受給資格者はいるがその権利が消滅し、他に年金を受け取る遺族がいない場合には、一定の遺族に遺族（補償）一時金が支給されます。

● 受給権者だけが給付を受けられる

遺族（補償）年金を受ける権利のある遺族を「受給資格者」といいます。

受給資格者になることができる遺族は、労働者の死亡当時にその労働者の収入によって生計を維持していた配偶者、子、父母、孫、祖父母、兄弟姉妹です。この場合の配偶者には事実上婚姻関係（内縁関係）と同様の事情にある者を含みます。妻以外の遺族については、18歳未満であることや一定の障害状態にあることなどの要件があります。18歳未満とは、18歳になってから最初の3月31日までの者を指します。

これらの受給資格者のうち、最も先順位の者（遺族）だけが受給権者となって、実際に遺族（補償）年金を受給することになります。

なお、労働者が労災事故で死亡した場合、受給権者（遺族）は給付基礎日額の最高1,000日分まで（200日単位）の希望する額の一時金を前払いで請求することができます。これを遺族（補償）年金前払一時金といいます。

● 受給権者が2人以上のときは等分して支給される

労災で亡くなった労働者の遺族に対しては、遺族（補償）年金が支給されますが、遺族（補償）年金は遺族の数に応じて支給額が変わります。受給権者が2人以上あるときは、遺族（補償）年金の支給額を等分した額がそれぞれの受給権者に支給されます。さらに、特別支給金として遺族特別支給金（一時金）と遺族特別年金が支給されます。

ただ、遺族は誰でもよいわけではありません。続柄や年齢などの制限があり、受給権の順位も決まっていて、最先順位の遺族だけに支給されます。最先順位の遺族が死亡や婚姻などにより受給権者でなくなったときは、次順位

の遺族が受給することになります。これを転給といいます。

●受給資格者の順位

遺族（補償）年金の受給資格者は、「被災労働者の死亡当時その収入によって生計を維持していたもの」です。これは必ずしも健康保険の扶養になっていたということではなく、主として被災労働者の収入によって生計を維持していた、あるいは生計の一部を維持していた場合も含まれています。

また、受給権者となる順位は、次の通りとなっています。

① 妻または60歳以上か一定障害の夫
② 18歳未満あるいは一定の障害の子
③ 60歳以上か一定障害の父母
④ 18歳未満あるいは一定の障害の孫
⑤ 60歳以上か一定障害の祖父母
⑥ 18歳未満、60歳以上あるいは一定

障害の兄弟姉妹
⑦ 55歳以上60歳未満の夫
⑧ 55歳以上60歳未満の父母
⑨ 55歳以上60歳未満の祖父母
⑩ 55歳以上60歳未満の兄弟姉妹

なお、一定の障害とは障害等級5級以上の身体障害のことをいいます。

●どのように請求するのか

遺族（補償）給付を請求するときは、「遺族（補償）年金支給請求書」を所轄労働基準監督署に提出します。請求者は受給資格の順位が最も高い者が請求することになります。同順位の受給権者がいる場合には、そのうち1人を年金の請求、受領についての代表者として「選任届」を提出します。

また、死亡診断書や続柄・生計を同じくすることを証明する書類を添付します。

遺族（補償）給付

生計維持の人数	遺族（補償）年金		遺族特別支給金※2	遺族特別年金※2	
1人	年金	給付基礎日額の153日分	一時金 300万円	年金	算定基礎日額の153日分
		給付基礎日額の175日分※1			算定基礎日額の175日分
2人		給付基礎日額の201日分			算定基礎日額の201日分
3人		給付基礎日額の223日分			算定基礎日額の223日分
4人以上		給付基礎日額の245日分			算定基礎日額の245日分

※1 55歳以上の妻、または一定障害の妻の場合の支給日数です。
※2 遺族特別支給金、遺族特別年金というのは遺族（補償）年金に加えて行われる給付です。
　　遺族特別年金の支給額の単位となる算定基礎日額は、原則として1年間に支払われたボーナスの総額を基にして決定します。

第5章　労災保険・健康保険のしくみ

10 介護（補償）給付
介護を受けている場合に支給される給付

●介護（補償）給付を受けられる場合とは

業務災害や通勤災害で、一定の障害が残ってしまった場合、障害（補償）年金や傷病（補償）年金が支給されます。しかし、障害の程度によっては介護が必要になる場合があり、障害（補償）年金などでは不十分で、介護費用の負担が増大するおそれがあります。また、近年では核家族化などにより家族間での介護ではなく民間の介護事業所から介護サービスを受けることも増え、さらに費用負担が大きくなる可能性があります。

そこで、介護に要した費用を労災保険の中から給付できるようにしました。

具体的に、介護（補償）給付の対象者は、障害（補償）年金または傷病（補償）年金の1級と2級の受給権者で常時または随時介護を受けている必要があります。ただし、2級の受給権者は、精神神経・胸腹部臓器に障害をもつ受給権者に限られます。介護を行う者は、民間の有料の介護サービスだけに限定されず、親族、友人などによって介護を受けている場合も含まれます。

また、受給権者が①障害者支援施設（生活介護を受けている場合）、②特別養護老人ホーム、③原子爆弾被爆者特別養護ホーム、④病院または診療所に入所している間は、十分な介護サービスが受けられているものと考えられるため、支給対象にはなりません。

●介護（補償）給付には上限と下限がある

給付は月を単位として支給されます。支給額は、受給対象者が常時介護を受けているか随時介護を受けているかによって異なります。親族などによる介護の有無によっても異なります。

① 受給対象者が常時介護を必要とする場合

民間の介護サービスを利用した場合には171,650円を上限として実際の支出に応じた介護費用が支給されます。親族などが介護を行った場合には、現実に支出した費用が73,090円未満の場合には、費用が発生していなくても一律73,090円が支給されます。73,090円を上回って費用を支出した場合は、171,650円を上限として、その額が支給されます。

② 受給対象者が随時介護を必要とする場合

民間の介護サービスを利用した場合には85,780円を上限として実際の支出

に応じた介護費用が支給されます。親族などが介護を行った場合には、現実に支出した費用が36,500円未満の場合には、費用が発生していなくても一律36,500円が支給されます。36,500円を上回って費用を支出した場合は、85,780円を上限として、その額が支給されます。

なお、月の途中から介護を受けた場合には、民間の介護サービスを利用した場合と利用しない場合とでは異なる取扱いをします。

民間の介護サービスを利用した場合には月途中であったとしても、上記の上限額の範囲内で介護費用が支給されるのに対して、民間の介護サービスを利用しなかった場合には、1円も支給されません。

●どのように請求するのか

介護（補償）給付を請求するときは、「介護（補償）給付支給請求書」を所轄労働基準監督署に提出します。親族または友人・知人により介護を受けた場合には、請求書に介護の事実に関する申立てを記載し、合わせて介護を行った期間についても記載をします。

民間の介護サービスを利用した場合には、費用を支出した額と介護を受けた日数を証明する書類を添付して請求します。また、1回目の請求には医師の診断書が必要となりますが、2回目以降は省略することができます。

請求の頻度も1か月ごとや数か月をまとめて請求することもできますが、介護を受けた月の翌月1日から2年を経過すると時効により請求権が消滅するため注意が必要です。

介護補償給付

介護（補償）給付

常時介護必要
① 民間の介護サービスを利用する場合
　…実費（上限 171,650 円）
② 親族などが介護を行う場合で支出した額が 73,090 円未満
　…一律 73,090 円
③ 親族などが介護を行う場合で支出した額が 73,090 円以上
　…支出した額（上限 171,650 円）

随時介護必要
① 民間の介護サービスを利用する場合
　…実費（上限 85,780 円）
② 親族などが介護を行う場合で支出した額が 36,500 円未満
　…一律 36,500 円
③ 親族などが介護を行う場合で支出した額が 36,500 円以上
　…支出した額（上限 85,780 円）

11 葬祭料（葬祭給付）

一定額の葬祭費用が支給される

● 葬祭料は遺族や葬儀を行った者に支給される

葬祭料（葬祭給付）は、労働者が業務上または通勤途中に死亡した場合に、死亡した労働者の遺族に対して支給されます。業務上の災害などで死亡した場合の給付を「葬祭料」、通勤途中の災害などで死亡した場合の給付を「葬祭給付」といいます。

葬祭料（葬祭給付）の支給対象者は、実際に葬祭を行う者で、原則として死亡した労働者の遺族です。

ただし、遺族が葬儀を行わないことが明らかな場合には、実際に葬儀を行った友人、知人、近隣の人などに支払われます。

葬祭料（葬祭給付）は、次の①と②の2つを比較していずれか高い方の金額が支給されます。

① 315,000円＋給付基礎日額の30日分
② 給付基礎日額の60日分

● 葬祭料はどのように請求するのか

葬祭料（葬祭給付）を実際に請求する場合は、死亡した労働者が勤めていた事業所の所轄労働基準監督署に「葬祭料請求書」または「葬祭給付請求書」を提出します。死亡した労働者の住所地の所轄労働基準監督署ではない

ので注意が必要です。

葬祭料（葬祭給付）を請求する場合の添付書類には、死亡診断書や死体検案書などがあり、労働者の死亡の事実と死亡年月日を確認するための書類となります。なお、葬祭料（葬祭給付）は、あくまでも労働者の死亡に対して支給される給付であるため、葬祭を執り行った際にかかった費用の額を証明する書類の提出などは必要ありません。

● 遺族補償年金との関係は

葬祭料（葬祭給付）の支給要件は、「労働者が業務上または通勤途中に死亡した場合」です。そのため、たとえ傷病（保障）年金を受給している労働者が死亡した場合でも、その死亡理由が「私的な疾病」などによる場合は、葬祭料（葬祭給付）は支給されません。

また、葬祭料（葬祭給付）の請求は、遺族（補償）給付と同じ時期に行う必要はありません。ただし、遺族（補償）給付の請求書をすでに提出している場合は、労働者の死亡に関する証明書類を提出していることになるため、改めて提出する必要はありません。

なお、葬祭料（葬祭給付）の請求者が、必ずしも遺族補償年金の受給権利を持つ者である必要はありません。

12 二次健康診断等給付

一言で言うと過労死を予防するための給付

● 二次健康診断等給付は労災予防のためにある

近年、会社などの定期健康診断によって身体に何らかの異常が発見されるなど、健康に問題を抱える労働者が増えています。また、業務によるストレスや過重労働により、脳血管疾患や心臓疾患などを発症し、死亡または障害状態になったとして労災認定される件数も増えてきています。

そこで、労災保険では、あらかじめ医師による検査を受けることができる給付を設けました。これが「二次健康診断等給付」です。

二次健康診断等給付は、社会問題にもなった過労死の最大の原因とされる生活習慣病（従来の成人病）の発症を予防することを目的として、平成13年に始まった制度です。

会社などでの定期健康診断（一次健康診断）の結果、①肥満、②血圧、③血糖、④血中脂質の4つの項目すべてに異常の所見（医師のコメント）が認められた場合に、二次健康診断や特定保健指導を受けることができます。

● 二次健康診断等給付の診断

二次健康診断等給付では、指定医療機関になっている病院・診療所で健康診断や指導などを無料で受けることができます（現物給付）。

二次健康診断とは、脳血管や心臓の状態を把握するために必要な医師による検査（空腹時血中脂質検査、頸部超音波検査など）のことです。一方、二次健康診断等給付で行われる指導とは、前述の医師による検査の結果に基づいて行われる指導です。これを特定保健指導といい、医師または保健師が面接によって行います。特定保健指導では、二次健康診断の結果に基づき、脳血管疾患および心臓疾患の発生の予防を図るために医師または保健師による面接により、栄養指導、運動指導、生活指導が行われます。

なお、会社の定期健康診断などの前にすでに脳・心臓疾患の病状があった労働者については、二次健康診断等給付の対象とはなりません。

● 二次健康診断等給付の請求手続き

二次健康診断等給付の請求は、労働者本人が労災指定病院に対して行いますが、給付請求書には事業主の証明が必要になります。二次健康診断等給付を受けようとする医療機関（病院など）を経由して所轄都道府県労働局に、二次健康診断等給付請求書を提出します。

社会保険とは
健康保険や厚生年金保険のことである

● 健康保険と厚生年金保険の手続きは一緒に行われる

　社会保険の実務では、通常、労働者災害補償保険と雇用保険を労働保険と呼び、健康保険、厚生年金保険、介護保険などのことを社会保険と呼びます。健康保険と厚生年金保険は、給付の目的や内容が異なりますが、適用事業所など多くの部分で共通点があることから、健康保険と厚生年金保険の手続きを一緒に行うケースが多くあります。健康保険と厚生年金保険は一般的に同時にセットで加入しますので、健康保険の適用事業所と厚生年金保険の適用事業所は原則として同じです。

　なお、健康保険と厚生年金保険は、会社員などが加入対象者です。一方で、自営業者、健康保険の扶養とならない専業主婦などは、市町村が運営する国民健康保険や国が運営する国民年金に加入することになります。そして、75歳以上の後期高齢者は、都道府県単位の後期高齢者医療制度に加入することになります。労働安全衛生法を扱う本書では、主に会社員が加入する健康保険や厚生年金保険について記載します。

　社会保険の適用事業所は、ⓐ強制適用事業所と、ⓑ任意適用事業所の2つに分類することができます。

① 強制適用事業所

　強制的に社会保険が適用される事業所を強制適用事業所といいます。会社などの法人の場合は、事業の種類に関係なく1人でも従業員がいれば、社会保険に加入しなければなりません。

　法人の代表者は法人に使用されている者と考えるため、従業員には、一般の社員に限らず、法人の代表者（社長）やその家族従事者、役員（取締役）なども含みます。

　一方、個人事業主の事業所の場合は、強制的にすべての事業者が社会保険に加入しなければならないわけではありません。個人の事業所の場合、一定の業種（工業や金融業などの16業種）の事業所で、5人以上の従業員（個人の場合、事業主本人は加入できないため、5人の中には含みません）がいるときに社会保険の適用事業所となります。

② 任意適用事業所

　強制適用事業所に該当しない事業所であっても社会保険に加入することができます。強制適用事業所でない事業の事業主が社会保険への加入を希望する場合は、被保険者となることができる従業員の2分の1以上の同意を得て、年金事務所に加入申請を行う必要があります。そして、厚生労働大臣の認可

を受けることによって適用事業所となります。このようにして社会保険に加入することになった事業所を任意適用事業所といいます。

また、任意適用事業所の場合は、被保険者の4分の3以上の同意がある場合は、事業主の申請に基づき、厚生労働大臣の認可を受け、任意適用を取り消すことができます。この場合、従業員の全員が被保険者資格を喪失します。

○ 健康保険の被保険者になる人とならない人

適用事業所に常勤で使用される労働者は、原則としてすべて被保険者となります。役職や地位には関係ありません。

代表者や役員も法人に使用されるものとして被保険者になります。会社についてはどのような会社であっても社会保険の強制適用事業所となるため、社長1人だけの会社であっても健康保険に加入しなければなりません。一方、

個人事業者の場合の事業主は被保険者にはなれません（適用除外）ので注意が必要です。

また、パートタイマーやアルバイトなどの労働者は、必ずしも被保険者となるわけではありません。アルバイトやパートタイマーは、その就業実態を総合的に考慮して判断されますが、正規の社員（労働者）の勤務時間と勤務日数の両方がおおむね4分の3以上勤務する場合に被保険者となります。

たとえば、正社員の所定労働時間が1週40時間の会社で、勤務日数は1か月20日と正社員とほぼ同様に働いていたとしても、1週の勤務時間が20時間（8時間の4分の3未満）のパートタイマーは社会保険未加入者となります。これに対して、1か月の勤務日数が16日、勤務時間が1週30時間（8時間の4分の3）であれば、勤務日数・勤務時間ともに正社員の4分の3以上となるので、社会保険の加入者となります。

健康保険の被保険者となる者

	従業員の種別	左の者が被保険者となる場合
①	②〜⑤以外の正社員	常に被保険者となる
②	アルバイト・パートタイマー	正社員の勤務時間と日数のおおむね4分の3以上勤務する者
③	日雇労働者	1か月を超えて引き続き使用される者
④	季節労働者	4か月を超えて引き続き使用される者
⑤	臨時的事業に雇用される者	6か月を超えて引き続き使用される者

健康保険

労働者が業務外でケガ・病気・死亡・出産した場合に給付を行う

● 健康保険の給付

　健康保険は、被保険者と被扶養者がケガ・病気をした場合や死亡、分娩時に必要な保険給付を行うことが目的で、具体的な納付内容は次ページ図のとおりです。療養の給付や療養費は、ケガ、病気などの治療費のことです。治療費のうち、3割（年齢によって2割〜3割）を自己負担します。これらの自己負担額が高額となり、一定金額以上になると差額の払い戻しを受ける制度が高額療養費です。また、病気やケガのために仕事に就けないような場合には生活費として傷病手当金、産休中の生活費として出産手当金が支給されます。

　なお、業務上の災害や通勤災害には労災保険が適用されるため、健康保険の適用は業務外の事故（災害）で負傷した場合に限られます。健康保険よりも労災保険の補償の方が充実しており、業務上・通勤中の災害については労災保険を適用するのが原則です。

● 現物支給で、自己負担部分がある

　業務外の病気、ケガなどについて、病院や診療所などで診察を受けたり、手術を受けたり、入院したときに受けることができる給付が療養の給付です。また、保険薬局で薬を調剤してもらっ

たときも給付を受けています。療養の給付は治療（行為）という現物により支給されます。しかし、治療費用のすべてが支給されるわけではなく、被保険者は診療を受けるごとに一部負担金を支払うことになります。一部負担金は、かかった医療費のうち、一定割合を負担します（定率負担）。一部負担金の割合は、次のようになっています。

・義務教育就学前の者　　　2割
・義務教育就学後70歳未満の者　3割
・70歳〜74歳
　2割（現役並みの所得がある者は3割）

　なお、「現役並みの所得がある者」とは、会社員で協会けんぽや組合健保に加入している場合は標準報酬月額が28万円以上の者です。ただし、年収が、単身世帯は383万円未満、2人以上世帯は520万円未満であれば、申請により非該当（現役並みの所得にあたらない）とすることができます。

　ケガをしたり、病気になったりすると、健康保険被保険者証をもって病院などの医療機関に行きます。そして、その病院などの窓口に、持参した保険証を提示して、必要な治療を受け、薬をもらいます。このときかかった病院などの医療機関が保険医療機関です。

● 療養費とは

　健康保険では、病気やケガなどの保険事故に対して、療養という形で現物給付するのが原則です。しかし、保険者が療養の給付が困難であると認めたときや、被保険者が保険医療機関・保険薬局以外の医療機関・薬局で診療や薬剤を受けたことにつきやむを得ないと認められたときは、療養費として現金給付が行われます。

● 高額療養費は高度医療の自己負担額を抑える

　病院や診療所で医療サービスを受けた場合、少ない負担でより良い医療を受けられる反面、長期入院や手術を受けた際の自己負担額が高額になること

もあります。そういった状況では適切な治療を継続して受けることが困難になる被保険者も出てくることが懸念されます。そのため、自己負担額が一定の基準額を超えた場合に被保険者に給付されるのが高額療養費です。

　高額療養費は、被保険者や被扶養者が同じ月に同じ病院などで支払った自己負担額が、高額療養費算定基準額（自己負担限度額）を超えた場合、その超えた部分の額が高額療養費として支給されます。高額療養費算定基準額は、一般の者、上位所得者、低所得者によって、計算方法が異なっています。上位所得者ほど自己負担額が高くなります。

健康保険の給付内容

種　　類	内　　容
療養の給付	病院や診療所などで受診する、診察・手術・入院などの現物給付
療養費	療養の給付が困難な場合などに支給される現金給付
家族療養費	家族などの被扶養者が病気やケガをした場合に被保険者に支給される診察や治療代などの給付
入院時食事療養費	入院時に提供される食事に要した費用の給付
入院時生活療養費	入院する65歳以上の者の生活療養に要した費用の給付
保険外併用療養費	先進医療や特別の療養を受けた場合に支給される給付
訪問看護療養費	在宅で継続して療養を受ける状態にある者に対する給付
高額療養費	自己負担額が一定の基準額を超えた場合の給付
移送費	病気やケガで移動が困難な患者を移動させた場合の費用給付
傷病手当金	業務外の病気やケガで働くことができなくなった場合の生活費
埋葬料	被保険者が業務外の事由で死亡した場合に支払われる給付
出産育児一時金	被保険者およびその被扶養者が出産をしたときに支給される一時金
出産手当金	産休の際、会社から給料が出ないときに支給される給付

15 傷病手当金

3日間の待期期間が必要である

● 傷病手当金とは

労働者（被保険者）が業務外の病気やケガで働くことができなくなり、その間の賃金を得ることができないときに、健康保険から傷病手当金が支払われます。

傷病手当金の支給を受けるには、連続して3日間仕事を休んだことが要件となりますが、この3日間はいつから数える（起算する）のかを確認しておきます。

3日間の初日（起算日）は、原則として病気やケガで働けなくなった日になります。たとえば、就業時間中に業務とは関係のない事由で病気やケガをして働けなくなったときは、その日が起算日となります。また、就業時間後に業務とは関係のない事由で病気やケ

ガをして働けなくなったときは、その翌日が起算日となります。

休業して4日目が傷病手当金の支給対象となる初日です。それより前の3日間については傷病手当金の支給がないため、「待期の3日間」と呼ばれています。待期の3日間には、会社などの公休日や有給休暇も含みます。また、この3日間は必ず連続している必要があります。

● 1年6か月まで支給される

傷病手当金の支給額は、1日につき標準報酬日額の3分の2相当額です。ただ、会社などから賃金の一部が支払われたときは、傷病手当金と支払われた賃金との差額が支払われます。

標準報酬日額とは、標準報酬月額の

傷病手当金の待機期間

	3/1	3/2	3/3	3/4	3/5	3/6	3/7	3/8	3/9	3/10
①	出	休	出	休	休	出	出	休	休	出

	4/5	4/6	4/7	4/8	4/9	4/10	4/11	4/12	4/13	4/14
②	出	休	出	休	休	休	休	休	休	休

休業した日が連続3日間なければ待期期間が完成しない
①では、連続した休業が2日しかないため、待期期間は完成しない
②では、4月8日、4月9日、4月10日と連続した休業が3日間あるので
4月10日に待期が完成、4月11日から支給される

30分の1の額です。傷病手当金の支給期間は1年6か月です。これは、支給を開始した日からの暦日数で数えます。たとえば、4月11日分から傷病手当金をもらっている場合であれば、翌年の10月10日までの1年6か月間が最長の支給期間ということになります。1年6か月間のうち、実際に傷病手当金が支給されるのは労務不能による休業が終わるまでの期間です。

なお、令和3年5月19日現在、国会で審議されている健康保険法の改正では、傷病手当金の支給期間の通算化が行われる予定です。これによって出勤に伴い傷病手当金が不支給となる期間、その分を1年6か月より延長して支給を受けることが可能となります。施行日は令和4年1月1日の予定です。

また、被保険者期間が1年以上あり、会社を退職した日に傷病手当金を受けている、または受けられる状態であるときは、退職後も受給期間が満了するまで傷病手当金を受けることができます。

● 労災の休業補償給付等との調整

傷病手当金は、業務外の傷病により支給されるもので、労災保険の休業補償給付は業務上の傷病により支給されるものです。傷病の原因は別物ですが、どちらも生活保障の役割で支給されます。したがって同時に支給要件に該当しても両方を同時に受給することはできません。両方の支給要件に該当するときは、休業補償給付が支給され、傷病手当金は支給されません。

また、同一の傷病により傷病手当金と障害厚生年金の両方の支給要件に該当するときは、障害厚生年金が支給され、傷病手当金は支給されません。ただし、障害厚生年金の額が少なく、障害厚生年金の年額を360で除した額が、1日当たりの傷病手当金の額に満たない場合は、その差額分の傷病手当金が支給されます。

傷病手当金の支給期間

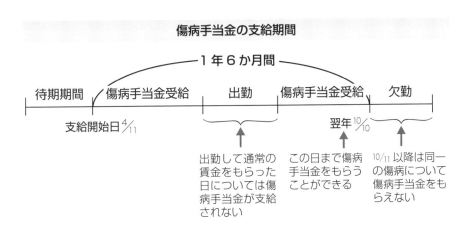

━ 1年6か月間 ━

| 待期期間 | 傷病手当金受給 | 出勤 | 傷病手当金受給 | 欠勤 |

支給開始日 4/11

翌年 10/10

出勤して通常の賃金をもらった日については傷病手当金が支給されない

この日まで傷病手当金をもらうことができる

10/11以降は同一の傷病について傷病手当金をもらえない

◉副業・兼業と労災保険

労災保険は、正社員・パート・アルバイトなどにかかわらず雇用されているすべての労働者が加入できます。そして、業務中や通勤時に被った負傷、疾病、障害、死亡に対して必要な給付を受けることができます。ただし、本業と副業・兼業のように複数の事業場で働く労働者については次のような問題があり、副業・兼業促進の妨げとなっていました。そこで、労災保険の改正が令和2年9月に行われ、見直しが行われています。

① 複数事業労働者が業務中に被災した場合の給付額

これまで、複数事業労働者がA社で10万円、B社で7万円の賃金(平均賃金)を支給されていたケースで、B社で業務災害にあった場合、給付額はB社(災害発生事業場)で得ていた7万円を基に給付基礎日額が計算されていました。

法改正後は、A社とB社の賃金の合計額17万円を基に給付基礎日額が算定されることになります。なお、日給や時給の場合には、給付基礎日額の原則の計算方法の他に、最低保障平均賃金(184ページ)がありますが、各事業場の合算前の計算では、最低保障平均賃金を適用せずに計算し、合算することになります。

② 複数事業労働者が通勤中に被災した場合の給付額

複数事業労働者が通勤中に被災した場合でも、①と同様、両方の使用者から支払われる賃金の合計を基に保険給付額が算定されます。

③ 複数業務要因による災害

脳・心臓疾患や精神障害などの疾病は、複数の事業で働く労働者がいずれかの事業場の要因で発症したかがわかりにくい労働災害です。これまで、精神障害や脳・心臓疾患の労災認定においては労働時間の通算は行わず、労災認定の基準時間となる160時間や100時間という時間外労働もそれぞれの就業場所ごとで判断することになっていました。つまり、A社とB社で通算して160時間や100時間を超えていたとしても、それぞれの会社で超えていない場合には労災認定がされない可能性がありました。

法改正後は、A社とB社の時間外労働やストレスなどの業務負荷を総合的に評価して労災認定を行います。このように労災認定された災害を「複数業務要因災害」といいます。

保険料はどのように算定するのか

労災保険料は、保険給付の実績額に基づいて算定されます。たとえば、労災発生が多い事業場は保険料が高く、労災発生が少ない事業場は保険料が低くなります（メリット制）。

法改正によって、非災害発生事業場の分も合算した賃金額をベースに労災給付がなされますが、非災害発生事業場にとっては努力しても防ぎようのない労災であるため、非災害発生事業場の次年度以降の保険料には反映させないものとしています。

どんな保険給付が設けられるのか

新たに賃金額の合算と業務負荷の総合評価が導入されたことにより、保険給付にも以下の給付が創設されました。

・複数事業労働者休業給付
・複数事業労働者療養給付
・複数事業労働者障害給付
・複数事業労働者遺族給付
・複数事業労働者葬祭給付
・複数事業労働者傷病年金
・複数事業労働者介護給付

どのように申請するのか

複数業務要因災害に関する保険給付が創設されたため、「業務災害用」の様式が、「業務災害用・複数業務要因災害用」の様式に変更されました。業務災害と複数業務要因災害に関する保険給付は同時に行います。複数事業労働者にあたらない場合は、従来通り、業務災害として労災認定されます。

様式の具体的な変更点は、「その他就業先の有無」を記載する欄が新たに設けられたことです。また、脳・心臓疾患や精神障害などの疾病は、どちらの事業場が原因か判断がつきにくいため、主に負荷があったと感じる事業場の事業主から証明をもらい提出します。

様式は、厚生労働省のホームページからダウンロードできます。

https://www.mhlw.go.jp/bunya/roudoukijun/rousaihoken06/03.html

給付額の算定の基となる賃金の考え方

改正前の制度

A社の平均賃金 10万円
B社の平均賃金 7万円 → 災害発生

↓

B社の平均賃金を基に給付額が算定される

改正後の制度

A社の平均賃金 10万円
B社の平均賃金 7万円 → 災害発生

↓

A社とB社の平均賃金の合計額を基に給付額が算定される

17 被災した場合の労災認定
仕事中に被災した場合に、労災と認定されるケースもある

●仕事中に地震によりケガをした

　仕事中に自然災害が発生し、それが原因でケガをした場合には、労災と認定されないことが一般的です。労災は、業務に起因するケガについて保障を行うものですが、災害によるケガは、業務に起因するものとは言えないからです。

　ただ、東日本大震災において、厚生労働省は、仕事中に地震や津波に遭ってケガをした場合には、通常、地震によって建物が倒壊したり、津波にのみ込まれるという危険な環境下で仕事をしていたと認められるため、業務災害として労災保険給付を受けることができるとの見解を示しています。また、震災により行方不明となった場合ついても、死亡が判明した場合、あるいは、

行方不明となった時から1年後に死亡とみなされた場合（民法31条）に、労災保険の遺族補償給付（遺族補償年金または遺族補償一時金）の請求ができるとしています。

　通勤災害についても、地震や津波により自宅が倒壊や流失したために避難所で生活をしている人は、避難所が「住居」と扱われるため、「住居」から会社へ向かう際の災害は通勤災害として認められます。

　今後起きる災害について、東日本大震災と同様の取扱いがなされるとは限りませんが、仕事中に被災してケガをした場合に、労災と認定されるケースがあります。まずは労働基準監督署に相談しましょう。

遺族補償年金と遺族補償一時金

遺族補償給付

労働者の死亡当時一定の要件を満たす遺族がいる場合 → 遺族補償年金の支給

遺族補償年金を受け取ることができる遺族がいない場合 → 遺族補償一時金の支給

第6章

安全衛生に関する
書式サンプル集

安全衛生管理規程

就業規則に記載する必要がある

なぜ安全衛生管理規程を作成する必要があるのか

　労働安全衛生法や労働安全衛生規則では、事業場で働く労働者の安全を確保するための措置として事業者が守るべき事項について詳細に規定しています。

　昨今では、業務の内容が多様化したことで商品の生産工程が複雑になるケースがあります。もし、職場内で何らかの事故が発生した場合、複雑な生産工程をとっていると、事故の原因を突き止めることが困難になると予想されます。

　また、新しい設備を導入する場合や、新たな化学物質の出現も、こうした危険要因を把握することが困難となる原因になっています。

　こうした状況の中で、事業者が積極的に安全衛生管理に関わるための手段のひとつとなるのが「安全衛生管理規程」（212ページ）の作成です。安全衛生管理規程を作成し、これを労働者に徹底的に周知させ順守してもらうことで、労働災害を未然に防止することができます。

　安全衛生管理規程を作成する場合、まずは事業場の安全管理体制を万全な状態に構築する必要があります。場合によっては、安全衛生委員会などの機関を定め、意見を聴くことも必要な手段となります。作業環境の維持、管理、整備はもちろんのこと、健康診断も重要な事項です。

　そして、安全衛生管理規程には、もう一つ事業者にとって大きなメリットがあります。避けたいところではあるものの、万が一労働災害が発生した場合でも、安全衛生管理規程を作成していることで、日頃から事業者が労働者の安全衛生管理に配慮していたことを証明することができます。

　なお、会社の就業規則に記載する事項については、就業規則を作成する際は必ず記載することが必要な「絶対的必要記載事項」、その制度を設けようとする場合は就業規則に必ず記載をすることが必要な「相対的必要記載事項」、就業規則に記載するかどうかを自由に決定できる「任意的記載事項」の３種類に分類することができます。ここで説明した安全衛生に関する規定は「相対的必要記載事項」に該当するため、安全衛生に関する制度を設ける場合は、それを必ず就業規則に記載しなければなりません。

具体的にどんなことを規定するのか

　まず、規程を定める目的を規定しま

206

す。一般的には、安全衛生管理を行うことで、労働災害の未然防止、従業員の安全と健康を確保し快適な職場環境形成、生産性の向上を図ることができます。事業主の責務以外にも従業員が遵守すべき事項についても記載して、両者がより良い職場にするよう責任を負っている旨を記載します。

次に、事業場の安全衛生管理体制や安全衛生管理教育について規定します。安全衛生管理体制では、その事業場に設置が義務付けられている総括安全衛生管理者、安全管理者、衛生管理者の選任方法や職務内容、権限などを規定します。また、安全衛生委員会などの機関についても規定します。安全衛生教育については、実施する時期などを規定します。

さらに、設備機械などの点検整備について、点検整備の基準や記録の保存などについて規定します。

また、健康診断についても、義務付けられている健康診断の種類や頻度について規定しておきます。一般的な事業場では、年1回実施が義務付けられています。

このような規定を設けておくことで、各事業場は、規定内容に沿って必要十分な安全衛生施策を実行することができます。

安全衛生管理規程の内容

安全衛生管理規程

事業場における安全管理体制
◆ 安全衛生管理者・安全管理者・衛生管理者等の選任・職務
◆ 安全衛生委員会の開催・任務

事業場における安全衛生教育
◆ 教育方針や内容など

事業場における安全衛生点検
◆ 災害予防のための自主検査
◆ 定期的な巡視点検

健康診断
◆ 雇入時健康診断、定期健康診断等の実施
◆ 健診結果に応じた医師や産業医の適切な指導

従業員が業務中に負傷したときの報告書

事業を管轄する労働基準監督署に労働者死傷病報告を提出する

労働者死傷病報告の提出が必要な場合

労働者が業務中にケガをして死亡した場合、または4日以上の休業をした場合、事業者（使用者）は、所轄労働基準監督署長に対し「労働者死傷病報告」の提出が義務付けられています。「労働者死傷病報告」の提出の目的は、使用者側から「労働者死傷病報告」を提出してもらうことによって、「どのような業種で、どのような労働災害が起こっているのか」を監督官庁側で把握することにあります。これによって、事故の発生原因の分析や統計を取り、労働災害の再発防止の指導などに役立たせています。

「労働者死傷病報告」は、事故発生後に所轄労働基準監督署長に提出します。休業が4日以上続いた場合と休業が4日未満の場合では、提出方法が異なります。休業が4日以上の場合には、労働災害が発生したら遅延なく労働基準監督署に報告書を提出しなければなりません。一方で、休業4日未満の場合には、期間ごとに発生した労働災害を取りまとめて報告しなければなりません。取りまとめる期間は、①1〜3月分は、4月末まで、②4〜6月分は、7月末まで、③7〜9月分は、10月末

まで、④10〜12月分は、1月末までとなっています。そのため提出する書式も異なります。添付書類についての定めは特になく、事故などの災害の発生状況を示す図面や写真などがあれば添付します。

なお、通勤途中のケガの場合には、休業日数に関係なく「労働者死傷病報告」の提出は不要です。

事業場以外の労働災害以外にも寄宿舎などで発生した労働災害についても届出の義務がありますので注意しましょう。

事故報告書の提出が必要な場合

人身事故ではなくても（被災者がいない労働災害ではなくても）、特定の機械の事故や爆発・火災などが生じた場合は、所轄労働基準監督署長に対し「事故報告書」を提出することが必要です。提出義務の対象となる主な事故などは、以下のとおりです（労働安全衛生規則96条）。

・事業場内またはその附属建設物内で発生した火災、爆発の事故
・事業場内またはその附属建設物内で発生した遠心機械、研削といしその他の高速回転体の破裂
・機械集材装置、巻上げ機または索道

の鎖または索の切断
・ボイラーの破裂
・クレーン、移動式クレーン、デリックの倒壊
・エレベーター、建設用リフトのワイヤロープの切断

　事故が発生した場合には、遅滞なく「事故報告書」を所轄労働基準監督署長に提出します。実際に事故が発生してしまった場合には、冷静に応急の措置をするとともに、素早く的確に事故の状況を把握し、その内容を具体的に漏れなく報告することが必要です。原因となった機械などを特定し、その概要について記入した上で、事故再発の防止対策もあわせて記入します。

　事故報告書についても特定の添付書類はないものの、事故の発生状況や原因などの詳細を記載することが必要で

す。記入欄に書ききれない場合は、別紙を利用して添付します。

● 「労災隠し」が疑われるケース

　このように労働災害によって人身事故が発生した場合には「労働者死傷病報告」を提出し、特定の機械の事故や爆発等が発生した場合には「事故報告書」を提出する義務があります。しかし、労働災害が発生すると、労災保険料が上がるなどの理由から、この義務を怠り、報告しなかったり、虚偽の報告をすると、「労災隠し」が疑われます。

　また、「労働者死傷病報告」などの提出をしなかったり、または虚偽の内容を報告すると、50万円以下の罰則となる場合があります。

　さらに、悪質な場合には会社と経営者が書類送検されるケースもあります。

業務災害発生時の補償

その他作成する書類

労働者の安全を確保するための書式

◉書式を作成する際の注意点

労働安全衛生法では、事業場の業種や規模に応じた措置として、以下の書式の労働基準監督署への提出が求められる場合があります。

・定期健康診断結果報告書（218ページ）

常時50人以上の労働者を使用している事業場では、定期健康診断を行ったときに提出します。また、一定の有害な業務に従事する労働者を使用する場合には、特殊健康診断を実施する必要があります。有害業務ごとに様式が異なるため注意が必要です。

・心理的な負担の程度を把握するための検査結果等報告書（226ページ）

心理的な負担の程度を把握するための検査とは、ストレスチェックのことです。業種関係なく常時50人以上の労働者を使用している事業場で年1回実施が義務付けられています。実施後は、遅延なく検査結果報告書を提出しなければなりません。

・安全衛生教育実施結果報告（219ページ）

指定を受けた事業場における事業者は、前年度における安全衛生教育（雇入れ時・作業内容変更時の教育、特別教育、職長教育）の実施状況を「安全衛生教育実施結果報告」により毎年度

報告する必要があります。

・総括安全衛生管理者・安全管理者・衛生管理者・産業医選任報告（220ページ）

一般の会社の安全衛生管理体制では、一定の業種または規模（労働者数）の事業場について、管理責任者の選任と委員会の組織化を求めています。なお、選任時には報告が必要です。

・共同企業体代表者（変更）届（224ページ）

2以上の建設業の事業者が1つの仕事を共同で請け負った場合、代表者1名を選定したときに提出します。

・特定元方事業者等の事業開始報告（225ページ）

元請人の労働者および下請人（関係請負人）の労働者が同一の作業場所で作業を行う場合に提出します。建設工事の元請人となった場合や統括安全衛生管理義務者となった場合に限られます。

・建設物・機械等設置・移転・変更届（221ページ）

①支柱の高さが3.5m以上の型枠支保工、②高さおよび長さがそれぞれ10m以上の架設通路、③高さが10m以上の構造の足場（つり足場、張り出し足場は高さに関係なく）の設置時は、その計画について工事開始の30日前までに所轄労働基準監督署長に届け出なけ

ればなりません。ただし、②と③については組立てから解体までの期間が60日以上のものに限ります。

・建設工事・土石採取計画届（222ページ）

　高さ31mを超える建築物の建設等の業務、掘削の高さまたは深さが10m以上である地山の掘削作業、あるいは土石採取のための掘削作業を行う場合は、工事開始日の14日前までに、所轄労働基準監督署長にその計画を届け出る必要があります。仕事の範囲を記入する時は、労働安全衛生規則で定める区分

により記入し、計画の概要は簡潔に記入します。

・クレーン設置届（223ページ）

　つり上げ荷重が3t以上のクレーン（スタッカークレーンは1t以上）を設置・変更・移転をしようとする事業者、廃止したクレーンを再び設置しようとする事業者、あるいは性能検査を受けずに6か月以上経過したクレーンを再び使用しようとする事業者は、「クレーン設置届」を所轄労働基準監督署長に提出しなければなりません。

各書類の名称、提出事由・時期

書類名	提出事由	提出時期
定期健康診断結果報告書	常時50人以上の労働者を使用する場合	健康診断実施時
心理的な負担の程度を把握するための検査結果等報告書	常時50人以上の労働者を使用する場合	ストレスチェック実施時
安全衛生教育実施結果報告	雇入れ時、作業内容の変更時、特別教育、職長教育を行った場合	毎年度
総括安全衛生管理者・安全管理者・衛生管理者・産業医選任報告	選任の必要が生じた場合	遅滞なく
共同企業体代表者（変更）届	2以上の建設業の事業者が1つの仕事を共同で請け負った場合	工事開始の14日前まで
特定元方事業者等の事業開始報告	元請人の労働者および下請人（関係請負人）の労働者が同一の作業場所で作業を行う場合	遅延なく
建設物・機械等設置・移転・変更届	電気使用設備の定格容量の合計が300キロワット以上の事業場	工事開始の30日前まで
建設工事・土石採取計画届	高さ31mを超える建築物の建設業務・掘削の高さ（深さ）10m以上の地山の掘削作業、土石採取のための掘削作業時	工事開始の14日前まで
クレーン設置届	つり上げ荷重3t以上のクレーン（スタッカークレーン1t以上）の設置・変更・移転時	工事開始の30日前まで

安全衛生管理規程

第1章　総　則

第1条（目的） 本規程は、就業規則の定めに基づき、従業員を災害と疾病より予防するため、事業を遂行する上で発生する災害の防止について、責任体制の明確化、危害防止基準の確立、自主的活動の促進、その他必要な事項を定め、従業員の安全と健康を保持し、快適な作業環境の形成を促進することを目的としてこれを定める。

2　従業員は、安全衛生に関する法令および会社の指揮命令を遵守し、会社と協力して労働災害の防止および職場環境の改善向上に努めなければならない。

第2章　安全衛生管理体制

第3条（総括安全衛生管理者） 安全および衛生に関し、各事業所にこれを統括管理する総括安全衛生管理者を選任する。職務について必要な事項は別に定める。

第4条（法定管理者等） 総括安全衛生管理者の他、安全および衛生管理を遂行するために、関係法令に基づき各事業所に法定管理者を次のとおり選任する。

⑴　安全管理者

⑵　衛生管理者　1名は専任とする

⑶　産業医

2　前項により選任された者は、その業務に必要な範囲に応じて安全および衛生に関する措置を講ずる権限を有する。

3　第1項により選任された者の職務について必要な事項は別に定める。

第5条（安全衛生委員会の設置） 安全衛生管理に関する重要事項を調査審議し、その向上を図るため、各事業所に安全衛生委員会を設置する。

2　安全衛生委員会の運営に関する事項は、別に定める安全衛生委員会規則による。

第3章　安全衛生教育

第6条（安全衛生教育訓練） 安全および衛生のため次の教育訓練を行う。

⑴　入社時教育訓練

⑵　一般従業員教育訓練

⑶　配置転換・作業内容変更時の教育訓練

⑷　危険有害業務就業時の特別教育訓練

⑸　管理職（管理職就任時を含む）の教育訓練

⑹　その他総括安全衛生管理者が必要と認めた教育訓練

2　前項各号の教育訓練の科目および教育訓練事項については、別に定める。

3　第1項各号に定める教育訓練の科目および教育訓練事項について、十分な知識および経験を有していると認められる者に対しては、当該科目および事項を省略することができる。

第4章　健康管理

第7条（健康診断） 会社は、従業員を対象として、採用時および毎年1回定期に健康診断を実施する。

2　会社は、法令で定められた有害業務に従事する従業員を対象として、前項に定める健康診断に加えて、特別の項目に関わる健康診断を実施する。

3　従業員は、会社の行う健康診断を拒否してはならない。但し、やむを得ない事情により会社の行う健康診断を受け得ない従業員は、所定の診断項目について他の医師による健康診断書を提出しなければならない。

4　従業員は、自身の健康状態に異常がある場合は、すみやかに会社に申し出なければならない。また、必要に応じて医師等の健康管理者より指導等を受けなければならない。

5　従業員は、労働安全衛生法第66条の10の規定に基づくストレスチェックおよび面接指導の実施を求められた場合は、その指示に従うよう努めなければならない。なお、ストレスチェックおよび面接指導の詳細については、別に定める。

第8条（就業制限等） 前条の健康診断の結果またはそれ以外の事由により、従業員が業務に耐え得る健康状態でないと認める場合は、就業の禁止または制限、あるいは職務の変更を命じることがある。

第9条（健康管理手帳提示の義務）健康管理手帳の所有者は、入社に際し、その旨を届け出なければならない。

第5章　その他

第10条（危険有害業務）危険有害業務については、労働基準法その他関係法令の定めるところにより、就業を禁止または制限する。

第11条（免許証等の携帯）法定の免許または資格を有する者でないと就業できない業務に従事する者は、就業時は、当該業務に係る免許証または資格を証する書面等を常に携帯しなければならない。

第12条（安全衛生点検）災害の未然予防を図るため、関係法令に定めるものの他、所定の安全衛生点検を行う。

第13条（保護具等の使用）危険有害な業務に従事する者は、保護具等を使用しなければならない。

第14条（非常災害時の措置）火災発生時には実態に応じ、必要な応急措置を行い、すみやかに直属所属長に報告し、指示を受けなければならない。

2　労務安全担当課長は、災害の原因について分析し、処理にあったらなければならない。

附 則

1　この規程は令和〇年〇月〇日に制定し、同日実施する。

労働者死傷病報告

様式第23号（第97条関係）（表面）

労働保険番号（建設業の工事に従事する下請人の労働者が被災した場合、元請人の労働保険番号を記入すること。）　　事業の種類

| 8 | 1 | 0 | 0 | 1 | | 1 | 3 | 4 | 0 | 7 | 1 | 0 | 9 | 9 | 9 | 9 | 0 | 0 | 0 | 建設業 |

都道府県　所掌　管轄　　　　基幹番号　　　　　枝番号　　　統一部事業番号

事業場の名称（建設業にあっては工事名を併記のこと。）

| カ | ナ | カ | ブ | シ | キ | ガ | イ | シ | ャ | ト | ウ | ザ | イ | ケ | ン | セ | ツ |

| 漢 | 字 | 株 | 式 | 会 | 社 | 東 | 西 | 建 | 設 |

| 工 事 名 | 新 | 宿 | 中 | 央 | 病 | 院 | 新 | 築 | 工 | 事 |

職員記入欄　派遣元の事業の　労働保険番号

都道府県　所掌　管轄　　基幹番号　　　　枝番号　　被一括事業番号　　派遣労働者が被災した場合は、派遣先の事業場の郵便番号

| | | | | | | | | | | | | | − | |

事業場の所在地　東京都新宿区中央2-1-1　電話　03（3333）1234

構内下請事業の場合は親事業場の名称。建設業の場合は元方事業場の名称　関東・東西建設共同企業体

派遣労働者が被災した場合　派遣先の事業場の名称　提出年月日区分　派遣先　派遣元

郵便番号　| 1 | 6 | 0 | − | 0 | 0 | 0 | 1 |　労働者数　| | | 3 | 4 | 5 |人

発生日時（元号については24時間表記とすること。）
7：平成　9：令和　| 9 | 0 | 3 | 0 | 5 | 1 | 9 | | 1 | 4 | 3 | 0 |　元号　年　月　日　時　分

被災労働者の氏名（姓と名の間は1文字空けること。）

| カ | ナ | カ | ナ | ヤ | マ | | ヨ | ウ | イ | チ |

生年月日　明3大正　昭和　| 5 | 3 | 7 | 0 | 2 | 2 | 4 |（59）歳　性別　| 0 |　男　女

| 漢 | 字 | 神 | 奈 | 山 | | 洋 | 一 |　職種　塗装工業　経験期間　| 3 | 0 |　年　月

休業見込期間又は死亡日時（死亡の場合は死亡欄に○）

休業見込　| 0 | 7 |　月　週　日　死亡　死亡日時

傷病名　右腕打撲　　傷病部位　右腕　　被災地の場所　東京都新宿区中央2-6-5

災害発生状況及び原因
①どのような場所で②どのような作業をしているときに③どのような物は又は環境に④どのような不安全な又は有害な状態があって⑤どのような災害が発生したかを詳細に記入すること。

令和3年5月19日午後2時半頃、病院新築工事現場にて、塗装工事の際、4尺脚立の天板から1段下の段（高さ約1m）に乗り4階天井の木枠を塗装する作業中、誤ってバランスを崩し、落下した。その際、合板の床に右腕を強打して負傷した。

略図（発生時の状況を図示すること。）

床へ落下

労働者が外国人である場合のみ記入すること。
国籍・地域（　　　）在留資格（　　　）

職員記入欄
国籍・地域コード　在留資格コード
起因物　　店社コード　　業種分類
事故の型　発注者種類　事業場等区分　業務上疾病　1：該当　2：非該当　自由設定項目

報告書作成者　職　氏名　労務課課長　赤山三郎

令和3年　6月　1日

事業者職氏名　株式会社　東西建設　代表取締役　千葉二郎　代表者印

新宿　労働基準監督署長殿

受付印

215

様式第24号（第97条関係）

労 働 者 死 傷 病 報 告

事 業 の 種 類	事業場の名称（建設業にあっては工事名を併記のこと。）	事 業 場 の 所 在 地	電　話	労 働 者 数
建設業	株式会社 南北建築	新宿区東新宿 1-2-3	03 (1234) 5678	167名

令和 3 年 7 月から　3 年 9 月まで

被災労働者の氏名	性 別	年齢	職 種	派遣労働者の場合は欄に○	発 生 月 日	傷病名及び傷病の部位	休 業 日 数	災 害 発 生 状 況
黒田 裕一	男・女	35歳	内装工		8月11日	熱中症	1 日	室温４０度の現場で作業中、めまいがふらつきがあり、熱中症を発症したもの
白井 恭介	男・女	58歳	内装工		9月13日	側頭部外傷	2 日	棚の解体作業中、近くにあったカーテンレールに側頭部をぶつけたもの
	男・女	歳			月 日		日	
	男・女	歳			月 日		日	
	男・女	歳			月 日		日	
	男・女	歳			月 日		日	
	男・女	歳			月 日		日	
	男・女	歳			月 日		日	

報告書作成者職氏名　職名 総務課長　氏名 西村一郎

令和 3 年 10 月 5 日

新宿 労働基準監督署長　殿

事業者職氏名　株式会社 南北建築
代表取締役 南山次郎 ㊞（代表者印）

備考　派遣労働者が被災した場合、派遣先及び派遣元の事業者は、それぞれ所轄労働基準監督署に提出すること。
氏名を記載し、押印することに代えて、署名することができる。

216

様式第22号（第96条関係）

事 故 報 告 書

事業場の種類	事業場の名称（建設業にあっては工事名併記のこと）	労働者数
建設業	株式会社 大東京工業 羽田町地内水道管交換工事	60人

事 業 場 の 所 在 地	発 生 場 所
東京都大田区羽田中央1-1-1 （電話　03-3123-4567　）	東京都大田区羽田東 5-5-5

発 生 日 時	事故を発生した機械等の種類等
令和 3 年 9 月 7 日 10 時 00 分	トラック搭載クレーン（吊上荷重2.9t）

構内下請事業の場合は親事業場の名称 建設業の場合は元方事業場の名称	大日本建設株式会社 東京支店

事 故 の 種 類	ワイヤーロープの切断

人的被害

区 分		死亡	休業4日以上	休業1〜3日	不休	計
事故発生事業場の被災労働者数	男	0	0	1	2	3
	女					
その他の被災者の概数	なし					

物的被害

区 分	名称、規模等	被害金額
建 物	m²	円
その他の建設物		円
機 械 設 備	ワイヤーロープ切断	150,000 円
原 材 料		円
製 品		円
そ の 他		円
合 計		円

事 故 の 発 生 状 況	トラック搭載クレーンの荷台から水道管10m（約500kg）を玉掛けし、設置予定箇所に降ろそうとしたところ、作業員に当たりそうになったため、巻き上げ操作を行ったところワイヤーロープが切断した。
事 故 の 原 因	急激な巻き過ぎにより、劣化していたワイヤーロープが切断したこと。事前点検において劣化を発見できなかったこと。
事 故 の 防 止 対 策	作業開始前の異常点検の徹底。 吊り荷の下に作業員を立ち入らせないこと。
参 考 事 項	巻き過ぎ警報装置が正常に作動することにより、ワイヤーロープの切断事故が防げるので、作業開始前に作動を確認する。
報告書作成者職氏名	総務部長　山梨 吉雄

令和 3 年 9 月 9 日

大田労働基準監督署長　殿　　事業者 職 氏名　株式会社 大東京工業 代表取締役 東京 太郎 ㊞

備考
1 「事業の種類」の欄には、日本標準産業分類の中分類により記入すること。
2 「事故の発生した機械等の種類等」の欄には、事故発生の原因となった次の機械等について、それぞれ次の事項を記入すること。
(1) ボイラー及び圧力容器に係る事故については、ボイラー、第一種圧力容器、第二種圧力容器、小型ボイラー又は小型圧力容器のうち該当するもの。
(2) クレーン等に係る事故については、クレーン等の種類、型式及びつり上げ荷物又は積載荷重。
(3) ゴンドラに係る事故については、ゴンドラの種類、型式及び載積重。
3 「事故の種類」の欄には、火災、鎖の切断、ボイラーの破裂、クレーンの逸走、ゴンドラの落下等具体的に記入すること。
4 「その他の被災者の概数」の欄には、届出事業者の事業場の労働者以外の被災者の数を記入し、（ ）内には死亡者数を内数で記入すること。
5 「建物」の欄には構造及び面積、「機械設備」の欄には台数、「原材料」及び「製品」の欄にはその名称及び数量を記入すること。
6 「事故の防止対策」の欄には、事故の発生を防止するために今後実施する対策を記入すること。
7 「参考事項」の欄には、当該事故において参考になる事項を記入すること。
8 この様式に記載しきれない事項については、別紙に記載して添付すること。
9 氏名を記載し、押印することに代えて、署名することができる。

様式第6号（第52条関係）（表面）

定期健康診断結果報告書

8 0 3 1 1

労働保険番号　1 3 1 0 5 0 1 2 3 4 5 0 0 0 □ □ □ □
［都道府県／所掌／管轄／基幹番号／枝番号／被一括事業場番号］

対象年	7：平成　9：令和→	元号 9 年 0 3 （1月～12月分）（報告1回目）	健診年月日	7：平成　9：令和→	元号 9 年 0 3 月 1 2 日 1 5

1～9年は右↑　　　　　　　　　　　　　　1～9年は右↑　1～9月は右↑　1～9日は右↑

事業の種類	建設業	事業場の名称	株式会社 東西建設

事業場の所在地	郵便番号（ 101-0101 ）　東京都中央区中央1－1－1　　電話　03（2468）1357

健康診断実施機関の名称	中央健診センター	在籍労働者数	□ □ □ □ 7 4 人

右に詰めて記入する↑

健康診断実施機関の所在地	中央区中央2－4－6	受診労働者数	□ □ □ □ 7 4 人

右に詰めて記入する↑

（＊）労働安全衛生規則第13条第1項第2号に掲げる業務に従事する労働者数（右に詰めて記入する）

□□□□人	□□□□人	□□□□人	□□□□人	□□□□人
□□□□人	□□□□人	□□□□人	□□□□人	□□□□人
□□□□人	□□□□人	□□□□人	□□□□人	計 □□□□人

健康診断項目

		実施者数	有所見者数		実施者数	有所見者数
	聴力検査（オージオメーターによる検査）(1000Hz)	□□□ 7 4 人	□□□□人	肝機能検査	□□□□ 7 4 人	□□□ 3 人
	聴力検査（オージオメーターによる検査）(4000Hz)	□□□ 7 4 人	□□□□人	血中脂質検査	□□□□ 7 4 人	□□□ 2 人
	聴力検査（その他の方法による検査）	□□□□人	□□□□人	血糖検査	□□□□人	□□□□人
	胸部エックス線検査	□□□ 7 4 人	□□□ 7 人	尿検査（糖）	□□□□ 7 4 人	□□□□人
	喀痰検査	□□□□ 6 人	□□□□人	尿検査（蛋白）	□□□□ 7 4 人	□□□□人
	血圧	□□□ 7 4 人	□□□□人	心電図検査	□□□□ 4 2 人	□□□□人
	貧血検査	□□□□ 4 人	□□□□人			

所見のあつた者の人数	□□ 1 2 人	医師の指示人数	□□□ 2 人	歯科健診	□□□□人 実施者数	□□□□人 有所見者数

産業医	氏名	山中一郎　　㊞
	所属医療機関の名称及び所在地	山中クリニック　中央区中央3－1－16

令和4 年 1 月11日

中央　労働基準監督署長殿

事業者職氏名　代表取締役　南 川 次 郎　（代表者印）

受付印

折り曲げる場合は◀の所を谷に折り曲げること

書式　安全衛生教育実施結果報告

安全衛生教育実施結果報告

様式第4号の5（第40条の3関係）　令和２年４月１日から令和３年３月31日まで

事業場の名称	株式会社 大東京工業	事業場の所在地	東京都大田区羽田中央 1-1-1

教育の種類	イ 雇入れ時の教育　　ロ 作業内容変更時の教育　　ハ 特別の教育　　ニ 職長等の教育	性別 労働者数	男	女	計	教育を省略した理由

教育実施月日			男	女	計	前職で10年にわたり、建設業に従事し、雇入れ時の教育内容については熟知している。
	令和２年４月１日〜令和３年４月７日	全労働者数	50	10	60	
	令和２年10月１日〜令和３年10月７日	教育の対象となる労働者数	8	2	10	
	年　月　日〜　　年　月　日	教育を省略できる労働者数	2	0	2	
	年　月　日〜　　年　月　日	教育を実施した労働者数	6	2	8	

教育内容					教育実施担当者		
科目又は事項	教育方法	教育内容の概要	教育時間	使用教材等	氏名	職名	資格
機械の扱い方法 保護具の性能 作業手順 作業開始時の点検 疾病の原因と予防 整理整頓 事故時の応急措置及び避難 その他	学科／実技 学科 学科／実技 学科／実技 学科 学科／実技 学科／実技 学科／実技	労働者が使用する機械の危険性等を周知し、危険を避けるための保護具の取扱い方法、作業手順、点検について教え、整理整頓の必要性、緊急時の退避方法、その他安全衛生に関する事項	40 時間	当社安全衛生マニュアル	大阪一郎	工場長	一級建築士

令和３年４月８日

事業者 職 氏名 株式会社 大東京工業
代表取締役 東京 太郎

大田 労働基準監督署長 殿

（備考）　1　この報告は、教育の種類ごとに作成すること。

2　「教育の種類」の欄は、該当事項を〇で囲むこと。

3　「教育の内容」及び「教育実施担当者」の欄は、報告に係る期間中に実施された教育のすべての科目又は事項について記入すること。

4　「教育方法」欄は、学科教育、実技教育、討議等と記入すること。

5　労働安全衛生規則第40条の3第1項の規定により作成した安全衛生教育の計画を添付すること。

6　氏名を記載し、押印することに代えて、署名することができる。

様式第3号（第2条、第4条、第7条、第13条関係）（表面）

総括安全衛生管理者・安全管理者・衛生管理者・産業医選任報告

| 8 0 4 0 1 | 労働保険番号 | 1 3 1 0 5 0 1 2 3 4 5 0 0 0 | | ページ □□／総ページ □□ |

| 事業場の名称 | 株式会社 東西建設 | 事業の種類 | 衛生管理者の場合 | 坑内労働又は有害業務（労働基準法施行規則第18条各号に掲げる業務）に従事する労働者数　0人 |
| 事業場の所在地 | 郵便番号（101-0101）東京都中央区中央1-1-1 | 建設業 | | 坑内労働又は労働基準法施行規則第18条第1号、第3号から第5号まで若しくは第9号に掲げる業務に従事する労働者数　0人 |

電話番号 0 3 - 2 4 6 8 - 1 3 5 7　左に詰めて記入する

労働者数 □□□ 7 4　計 □□□□□　右に詰めて記入する

産業医の場合は、労働安全衛生規則第13条第1項第2号に掲げる業務に従事する労働者数

フリガナ　ホッカイ カズ オ

被選任者氏名　北海 一男

選任年月日（7:平成 9:令和）9 0 3 0 7 0 1

生年月日（1:明治 3:大正 5:昭和 7:平成 9:令和）5 4 1 0 3 0 9

選任種別 2　1.総括安全衛生管理者 2.安全管理者 3.衛生管理者（4以外の者）4.衛生管理者（衛生工学管理担当）5.産業医

・安全管理者又は衛生管理者の場合は担当すべき職務　安全管理一般に関すること

専属の別 1　1.専属 2.非専属　他の事業場に勤務している場合は、その勤務先

専任の別 2　1.専任 2.兼職　他の業務を兼職している場合は、その業務　総務部長

・総括安全衛生管理者又は安全管理者の場合は経歴の概要

・産業医の場合は医籍番号等　□-□　種別 医籍番号（右に詰めて記入する）

フリガナ

前任者氏名

辞任、解任等の年月日（7:平成 9:令和）

参考事項

令和3年 7月10日

中央 労働基準監督署長殿

事業者職氏名 代表取締役 南川次郎 ㊞（代表者印）

受付印

220

様式第20号（第86条関係）

機　械　等　設　置・<del>移　転・変　更</del>届

事 業 の 種 類	総合建設業	事業場の名　　称	株式会社新東京工業	常時使用する労働者数	60 人
設　　置　　地	東京都新宿区新宿 123	主たる事務所の 所 在 地	*	東京都大田区羽田東 2-4-6 電話 03（3123）0123	

計画の概要	足場の設置を行う。高さ 25.4ｍ。躯体工事用として、躯体の全周に枠組足場を設置。

製造し、又は取り扱う物質等及び当該業務に従事する労働者数	種　類　等	取　扱　量	従事労働者数		
			男	女	計
			5 名	0 名	5 名

参画者の氏名		参 画 者 の 経 歴 の 概 要	

工 事 着 手 予定年月日	令和 3 年 6 月 10 日	工 事 落 成 予 定 年　　月　　日	令和 3 年 6 月 17 日

令和 3 年 5 月 1 日

事業者職氏名 **株式会社 新東京工業**
代表取締役 東京 一郎

大田 労働基準監督署長　殿

備考

1　表題の「設置」、「移転」及び「変更」のうち、該当しない文字を抹消すること。

2　「事業の種類」の欄は、日本標準産業分類の中分類により記入すること。

3　「設置地」の欄は、「主たる事務所の所在地」と同一の場合は記入を要しないこと。

4　「計画の概要」の欄は、機械等の設置、移転又は変更の概要を簡潔に記入すること。

5　「製造し、又は取り扱う物質等及び当該業務に従事する労働者数」の欄は、別表第 7 の13の項から25の項まで（22の項を除く。）の上欄に掲げ

建 設 工 事
土 石 採 取　計 画 届

様式第21号（第91条、第92条関係）

事 業 の 種 類	事 業 場 の 名 称	仕事を行う場所の地名番号
建設業	株式会社 大東京工業	東京都大田区羽田東2- 20 -3 電話　　03（3123）8901
仕 事 の 範 囲	労働安全衛生規則第90条第1号 （高さ31mを超える建築物等の建設 等の仕事）	採取する土石 の　　種　　類
発 注 者 名	関東不動産株式会社	工 事 請 負 金　　　　　額　　100,000,000 円
仕 事 の 開 始 予 定 年 月 日	令和 3 年 5 月 20日	仕 事 の 終 了 予 定 年 月 日　令和 3 年12月25日
計 画 の 概 要	鉄骨造（一部、鉄骨鉄筋コンクリート造） 地下 1 階、地上 10 階　延べ面積 10,000 ㎡ 高さ65.0m（軒高 60m、ペントハウス 5m）	
参 画 者 の 氏 名	東京 太郎	参 画 者 の 経 歴 の 概 要　一級建築士免許番号 第654321号 建築工事における安全衛生の実務経 験5年（経歴の詳細は別紙）
主 た る の 事 務 所 の　所　在　地	東京都大田区羽田中央1-1-1 電話　　03（3123）4567	

使 用 予 定 労 働 者 数	関係請負人 の 予 定 数	関係請負人の使 用する労働者の予 定数の合計
10人	100人	110人

令和 ○ 年 ○ 月 ○ 日

厚生労働大臣
　　　　　　　　　　殿
大田　労働基準監督署長

　　　　　　　　　　　株式会社 大東京工業
　　　　　事業者職名　代表取締役
　　　　　氏　　　名　　　東京　太郎

備考
1　表題の「建設工事」及び「土石採取」のうち、該当しない文字を抹消すること。
2　「事業の種類」の欄は、次の区分により記入すること。
　建 設 業　水力発電所等建設工事　ずい道建設工事　地下鉄建設工事　鉄道軌道建設工事
　　　　　　橋りよう建設工事　道路建設工事　河川土木工事　砂防工事　土地整理土木工事
　　　　　　その他の土木工事　鉄骨鉄筋コンクリート造家屋建設工事　鉄筋造家屋建築工事
　　　　　　建築設備工事　その他の建築工事　電気工事　機械器具設置工事　その他の設備工事
　土石採取業　採石業　砂利採取業　その他土石採取業
3　「仕事の範囲」の欄は、労働安全衛生規則第90条各号の区分により記入すること。
4　氏名を記載し、押印することに代えて、署名することができる。

様式第2号（第5条関係）

クレーン設置届

事　業　の　種　類	建設業
事　業　の　名　称	株式会社 大東京工業
事業場の所在地	東京都大田区羽田中央1－1－1　　　電話（　03-3123-4567　）
設　　置　　地	東京都大田区羽田中央2－3－5
種 類 及 び 型 式	クラブトロリ式天井クレーン　　つり上げ荷重　100t
製造許可年月日及び番号	令和 3 年 6 月 15 日東京労働局 第999号（　　　）
設置工事を行う者の名 称 及 び 所 在 地	大日本建設株式会社　東京都大田区西羽田6－5－6　　電話（　03-3123-5678　）
設置工事落成予定年月日	令和 3 年 12 月 10 日

令和　○　年　○　月　○　日

事業者職氏名　株式会社 大東京工業　代表取締役 東京 太郎　㊞

大田 労働基準監督署長　殿

備考
1　「事業の種類」の欄は、日本標準産業分類（中分類）による分類を記入すること。
2　「製造許可年月日及び番号」の欄の（　）内には、すでに製造許可を受けているクレーンと型式が同一であるクレーンについて、その旨を注記すること。
3　氏名を記載し、押印することに代えて、署名することができる。

様式第1号（第1条関係）

共同企業体代表者（変更）届

事業の種類	鉄筋鉄骨コンクリート造マンション建設工事
※共同企業体の名称	大東京・大江戸建設工事共同企業体
※共同企業体の主たる事務所の所在地及び仕事を行う場所の地名番地	東京都新宿区○○123　電話（○○○-××××-△△△△）
発注者名	日本不動産株式会社
工事の概要	鉄筋鉄骨コンクリート造マンション5階新築工事
工事請負金額	200,000,000円
工事の開始及び終了予定年月日	令和3年10月1日～令和4年3月31日
※代表者職氏名	新　大東京建築株式会社　代表取締役　東京次郎 旧（変更の場合のみ記入）
※変更の年月日	
※変更の理由	
仕事を開始するまでの連絡先	東京都大田区○○1111　電話（○○○-××××-△△△△）

※令和3年 3 月 20 日

新宿 労働基準監督署長　殿

※共同企業体を構成する事業者 職氏名

大東京建築株式会社　東京次郎　印
代表取締役

大江戸建設株式会社　江戸次郎
代表取締役

※共同企業体代表者変更届にあっては、※印を付してある項目のみ記入する

備考
1. 共同企業体代表者届にあっては、表題の（変更）の部分をまつ消し、（変更）の区分により記入すること。
2. 「事業の種類」の欄には、次の区分により記入すること。
　水力発電所建設工事　ずい道建設工事　地下鉄建設工事　鉄道軌道建設工事　道路建設工事　橋梁建設工事　河川土木工事　砂防工事　土地整理土木工事　その他の土木工事　鉄筋鉄骨コンクリート造建築工事　鉄骨造建築工事　木造建築工事　その他の建築工事又は建設工事
3. この届は、仕事を行う場所を管轄する労働基準監督署長に提出すること。
4. 氏名を記載し、押印することに代えて、署名することができる。

224

書式　特定元方事業者等の事業開始報告

様式任意 (第664条関係)

特定元方事業者等の事業開始報告

	事業の種類	事業の場の名称				所在地		常時使用労働者数
元	ずい道等の工事	株式会社　〇〇土木				〒〇〇〇-〇〇〇〇 東京都新宿区〇〇		31人
方	事業の概要	工事延長　L＝1000m		工期		令和3年8月25日～令和3年12月25日		
事				発注者名		東京都		
業	統括安全衛生責任者の選任の有無及び有の場合氏名 氏名	東京　一郎		有・無	氏名	店社安全衛生管理者の選任の有無及び有の場合氏名		
者	元方安全衛生管理者の選任の有無及び有の場合氏名 氏名	東京　次郎		有・無				

	事業の種類	事業の場の名称				所在地		常時使用労働者数
関	重機機械	〇〇(株)				東京都大田区〇〇〇		5名
係	土木工事	〇〇工業(株)				東京都大田区〇〇〇		10名
請								
負								
人								
備考								

年　　月　　日

労働基準監督署長　殿

特定元方事業者
氏名
職　東京都新宿区〇〇
　　株式会社〇〇土木
　　代表取締役　東京　太郎　㊞

備考　氏名を記載し、押印することに代えて、署名することができる。

様式第6号の2（第52条の21関係）（表面）

心理的な負担の程度を把握するための検査結果等報告書

80501		労働 保険 番号	1 1 1 1 1 1 1 1 1 1 1 1 1 1 1 1 1 1 1 1 1 1
			都道府県 所掌 管轄　　基幹番号　　枝番号　統一括事業場番号

対象年	7:平成 9:令和 →	元号 9 0 3 年分 1～9年は右↑	検査実施年月	7:平成 9:令和 →	元号 9 0 3 1 0 1～9年は右↑ 1～9月は右↑
事業の 種　類	産業機械製造		事業場の名称	GMM株式会社	
事業場の 所在地	郵便番号（ ◯◯◯-◯◯◯◯ ） 　東京都新宿区◯◯		電話　◯◯◯（××××）△△△△		

			在籍労働者数	□□□ 1 2 5 人 右に詰めて記入する↑
検査を実施した者	1	1：事業場選任の産業医 2：事業場所属の医師（1以外の医師に限る。）、 　保健師、歯科医師、看護師、精神保健福祉 　士又は公認心理師 3：外部委託先の医師、保健師、歯科医師、看 　護師、精神保健福祉士又は公認心理師	検査を受けた 労働者数	□□□ 1 1 3 人 右に詰めて記入する↑
面接指導 を実施した医師	1	1：事業場選任の産業医 2：事業場所属の医師（1以外の医師に限 　る。） 3：外部委託先の医師	面接指導を 受けた労働者数	□□□□ 2 人 右に詰めて記入する↑
集団ごとの分析の 実施の有無	1	1：検査結果の集団ごとの分析を行った 2：検査結果の集団ごとの分析を行っていない		

産業医	氏　名　間　太朗	
	所属機関の 名称及び所在地	東新宿病院　新宿区東新宿3－5－2

　　年　　月　　日　　　　　　　　GMM株式会社

　　　　　　　　　　事業者職氏名　産業　太郎

　　新宿　労働基準監督署長殿

受付印

折り曲げる場合は、◀の所を谷に折り曲げること

226

書式　療養補償給付たる療養の給付請求書

様式第5号（表面）　労働者災害補償保険

業務災害用
複数業務要因災害用

療養補償給付及び複数事業労働者
療養給付たる療養の給付請求書

裏面に記載してある注意事項をよく読んだ上で、記入してください。

標　準　字　体　0 1 2 3 4 5 6 7 8 9 ゛ ゜ ー
ア イ ウ エ オ カ キ ク ケ コ サ シ ス セ ソ タ チ ツ テ ト ナ ニ ヌ
ネ ノ ハ ヒ フ ヘ ホ マ ミ ム メ モ ヤ ユ ヨ ラ リ ル レ ロ ワ ン

※印の欄は記入しないでください。（職員が記入します）

標準字体で記入してください。

※ ①帳票種別 ③ 4 5 9 0　①管轄局署　②業通別 1　③保留 | 1業通 1全リセ 3全給付　③処理区分

④受付年月日 ※

⑤労働保険番号　府県 1 3 所掌 1 管轄 0 9 基幹番号 6 5 4 3 2 1 枝番号

⑦支給・不支給決定年月日 ※

年金証書番号記入欄

⑧性別 1男 1 3女　⑨労働者の生年月日 5 4 8 0 2 1 0　⑩負傷又は発病年月日 9 0 3 0 7 1 9

⑪再発年月日 ※

⑫労働者の　シメイ（カタカナ）：姓と名の間は1文字あけて記入してください。濁点・半濁点は1文字として記入してください。
キ タ ダ　マ ナ ブ

⑬三者 ※ ⑭時疾 ⑮特別加入者

氏名　北田　学　（42歳）

⑰負傷又は発病の時刻　午前9時00分頃

⑯郵便番号 151-0000　フリガナ　シブヤクシブヤ
住所　渋谷区渋谷4-5-3

⑱災害発生の事実を確認した者の職名、氏名
職名　大工
氏名　西村一郎

職種　大工

⑲災害の原因及び発生状況　（あ）どのような場所で（い）どのような作業をしているときに（う）どのような物は又は環境に（え）どのような不安全な又は有害な状態があって（お）どのような災害が発生したか（か）⑩と初診日が異なる場合はその理由を詳細に記入すること

7月19日午前9時頃、風雨で劣化した倉庫の屋根修繕をする工事を行っていた。作業中、劣化したスレート屋根を踏み抜いて、3mほど下に落下し、踵骨を骨折した。安全のため歩み板を設置していたものの、風が強くバランスを崩して歩み板を踏み外し、転落したものである。

⑳指定病院等の　名称　東新宿病院　電話（03）3456-7890
所在地　新宿区東新宿3-5-2　〒160-9999

㉑傷病の部位及び状態　踵骨骨折

⑫の者については、⑩、⑰及び⑲に記載したとおりであることを証明します。　令和3年7月23日

事業の名称　株式会社 緑建築　電話（03）3321-1123
事業場の所在地　品川区五反田1-2-3　〒141-0000
事業主の氏名　代表取締役　鈴木 太郎　代表者印

（法人その他の団体であるときはその名称及び代表者の氏名）

労働者の所属事業場の名称・所在地　電話（ ）　−

（注意）　1　労働者の所属事業場の名称・所在地については、労働者が直接所属する事業場が一括適用の取扱いを受けている場合に、労働者が直接所属する支店、工事現場等を記載してください。
　2　派遣労働者について、療養補償給付又は複数事業労働者療養給付のみの請求がなされる場合にあっては、派遣先事業主は、派遣元事業主が証明する事項の記載内容が事実と相違ない旨裏面に記載してください。

上記により療養補償給付又は複数事業労働者療養たる療養の給付を請求します。　令和3年7月23日

品川　労働基準監督署長　殿

病院
診療所　経由
薬局
訪問看護事業者

東新宿

請求人の　〒151-0000　電話（03）3111-4222
住所　渋谷区渋谷4-5-3　（　方）
氏名　北田　学　北田

支不支給決定決議書

	署長	副署長	課長	係長	係	決定年月日	・　・
						不支給の理由	
調査年月日	・　・	・　・	・　・				
復命書番号	第　号	第　号	第　号				

（この欄は記入しないでください。）

第6章　安全衛生に関する書式サンプル集

折り曲げる場合には◀の所を谷に折りさらに2つ折りにしてください。

227

様式第7号（1）（表面）　労働者災害補償保険

業務災害用
複数業務要因災害用

第　回

療養補償給付及び複数事業労働者療養給付たる療養の費用請求書（同一傷病分）

標	準	字	体	0	1	2	3	4	5	6	7	8	9	゛	゜	ー
ア	イ	ウ	エ	オ	カ	キ	ク	ケ	コ	サ	シ	ス	セ	ソ	タ	チ	ツ	テ	ト	ナ	ニ	ヌ
ネ	ノ	ハ	ヒ	フ	ヘ	ホ	マ	ミ	ム	メ	モ	ヤ	ユ	ヨ	ラ	リ	ル	レ	ロ	ワ	ン

※帳票種別
`3 4 2 6 0`

①管轄局署
②通番
`1` 1業通

⑤受付年月日

⑩三者コード　⑪委任未支給　⑫特別加入者　⑬審査コード

③労働保険番号
府県 `1 3` 所掌 `1` 管轄 `0 9` 基幹番号 `1 2 3 4 5 6` 枝番号 `0 0 0`

④
管轄局 種別 西暦年 番号

⑥労働者の性別 `1`
⑦労働者の生年月日 `5` `4 8 0 2 1 0`
⑧負傷又は発病年月日 `9 0 3 0 7 1 9`

※⑭金融機関　店舗
※金融機関コード

⑨労働者の
シメイ（カタカナ）
`キ タ ダ` ` ` `マ ナ フ`

※⑮個別郵便番号

氏名　北田　学 （42歳）
職種　大工

⑯郵便番号 `1 5 1 - 0 0 0 0`
住所　渋谷区渋谷4-5-3

新規・変更
⑯関する金融機関の名称　東都 渋谷 北田 学

⑯預金の種類 ⑰口座番号
`1` 普通
`1 2 2 3 4`

⑱メイギニン（カタカナ）
`キ タ ダ` ` ` `マ ナ フ`

⑲（つづき）メイギニン（カタカナ）

⑨の者については、⑦並びに裏面の（ヌ）及び（ヲ）に記載したとおりであることを証明します。

令和3年8月2日

事業の名称　株式会社 緑建築　　電話（ 03 ）3321-1123
事業場の所在地　品川区五反田1-2-3　〒 141- 0000
事業主の氏名　代表取締役　鈴木 太郎　　（代表者印）
（法人その他の団体であるときはその名称及び代表者の氏名）

療養の内容

（イ）期間 令和3年 7月 19日 から 令和3年 7月 31日まで 13日間　診療実日数 2日

（ロ）傷病の部位及び傷病名
踵骨骨折

傷病の経過の概要
完治していないため治療を要す

令和3年7月31日 治癒（症状固定）　継続中・転医・中止・死亡

⑨の者については、上記（イ）まで（に）に記載したとおりであることを証明します。
令和3年 7月 31日　〒 160- 9999
病院又は診療所の 所在地　新宿区東新宿3-5-2
名称　東新宿病院　電話（ 03 ）3456-7890
診療担当者氏名　医師 本村 一郎　（本村印）

（ハ）療養の内訳及び金額（内訳裏面のとおり。）
`3 2 0 0 0` 円

（ホ）看護料　年　月　日から　月　日まで　日間（看護師の資格の有・無）
（ヘ）移送費　　から　まで 片道・往復　　キロメートル　　回
（ト）上記以外の療養費（内訳別紙請求書又は領収書　　枚のとおり。）

（チ）療養の給付を受けなかった理由
近辺に療養に適切な労災指定病院がなかった為。

⑳療養に要した費用の額（合計）
千百万十万万千百十円
`3 2 0 0 0`

㉑費用の種別※	㉒療養期間の初日	㉓療養期間の末日	㉔診療実日数	㉕転帰事由

上記により療養補償給付又は複数事業労働者療養給付たる療養の費用の支給を請求します。

令和3年 8月 2日

〒 151-0000　電話（ 03 ）3111-4222
住所　渋谷区渋谷4-5-3
請求人の
氏名　北田 学　（北田印）

品川 労働基準監督署長　殿

（リ）労働者の所属事業場の名称・所在地	株式会社 緑建築 品川区五反田1-2-3	（ヌ）負傷又は発病の時刻	午前・午後 9 時 00 分頃	（ル）災害発生の事実を確認した者の	職名 大工 氏名 西村 一郎

（ヲ）災害の原因及び発生状況　（あ）どのような場所で（い）どのような作業をしているときに（う）どのような物又は環境に（え）どのような不安全な又は有害な状態があって（お）どのような災害が発生したか（か）（ア）と初診日が異なる場合はその理由を詳細に記入すること

7月19日午前9時頃、風雨で劣化した倉庫の屋根修繕をする工事を行っていた。作業中、劣化したスレート屋根を踏み抜いて、3mほど下に落下し、踵骨を骨折した。安全のため歩み板を設置していたものの、風が強くバランスを崩して歩み板を踏み外し、転落したものである。

療養の内訳及び金額

診療内容		点数(点)	診療内容	金額	摘要
初診			初診 円		
再診	時間外・休日・深夜		再診 回 円		
	外来診療料 ×　回		指導 回 円		
	継続管理加算 ×　回		その他 円		
	外来管理加算 ×　回				
	時間外 ×　回		食事(基準　)		
	休日 ×　回		円× 日間 円		
	深夜 ×　回		円× 日間 円		
指導					
在宅	往診 回		小計 ② 円		
	夜間 回				
	緊急・深夜 回		摘要		
	在宅患者訪問診療 回				
	その他				
	薬剤				
投薬	内服 薬剤 単位				
	調剤 ×　回				
	屯服 薬剤 単位				
	外用 薬剤 単位				
	調剤 ×　回				
	処方 ×　回				
	麻毒				
	調基				
注射	皮下筋肉内 回				
	静脈内 回				
	その他 回				
処置	薬剤				
手術麻酔	薬剤				
検査	薬剤				
画像診断	薬剤				
その他	処方せん 回				
	薬剤				
入院	入院年月日 年 月 日				
	病・診・衣 入院基本料・加算 ×　日間				
	×　日間				
	×　日間				
	×　日間				
	特定入院料・その他				
小計	点 ①		合計金額 ①＋② 円		

㉘その他就業先の有無

有・無	有の場合のその数（ただし表面の事業場を含まない）　社
有の場合でいずれかの事業で特別加入している場合の特別加入状況（ただし表面の事業を含まない）	労働保険事務組合又は特別加入団体の名称
	加入年月日　年 月 日
	労働保険番号（特別加入）

	派遣元事業主が証明する事項（表面の⑦並びに（ヌ）及び（ヲ））の記載内容について事実と相違ないことを証明します。		
派遣先事業主証明欄	年 月 日	事業の名称	電話（　）－
		事業場の所在地	〒　－
		事業主の氏名	
		（法人その他の団体であるときはその名称及び代表者の氏名）	

社会保険労務士記載欄	作成年月日・提出代行者・事務代理者の表示	氏　名	電話番号
			（　）－

229

■ 様式第8号（表面）

労働者災害補償保険
休業補償給付支給請求書　第　回
複数事業労働者休業給付支給請求書
休業特別支給金支給申請書（同一傷病分）

業務災害用
複数業務要因災害用

標	準	字	体	0	1	2	3	4	5	6	7	8	9	゛	゜	ー
ア	イ	ウ	エ	オ	カ	キ	ク	ケ	コ	サ	シ	ス	セ	ソ	タ	チ	ツ	テ	ト	ナ	ニ	ヌ
ネ	ノ	ハ	ヒ	フ	ヘ	ホ	マ	ミ	ム	メ	モ	ヤ	ユ	ヨ	ラ	リ	ル	レ	ロ	ワ	ン

※ 帳票種別　`3 4 3 6 0`

①管轄局署　②新継再別　④受付年月日　⑧業種別 `1`業種　⑨二者コード　⑩日曜コード　特別加入者

⑰平均賃金　⑱特別給与の額　⑬日数査定　⑭特支コード⑤給付未支給　⑯特別（コード）

②労働保険番号
府県 所掌 管轄　基幹番号　枝番号 `1 3 1 0 9 1 2 3 4 5 6`　③労働者の性別 第3者 `1`
⑥労働者の生年月日 昭和 `5 4 8 0 2 1 0`
⑦負傷又は発病年月日 `9 0 1 0 7 1 9`

⑫労働者
シメイ（カタカナ） `キ タ ダ 　 マ ナ ブ`
氏名　北田　学　（42歳）

の住所　⑧郵便番号 `1 5 1 - 0 0 0 0`　渋谷区渋谷4−5−3

⑲療養のため労働できなかった期間 `9 0 3 0 7 1 9` から `9 0 3 0 8 1 8` まで `3 1` 日間のうち `3 1` 日
㉕賃金を受けなかった日の日数（内訳は裏面⑳のとおり）

②預金の種類 `1`　②口座番号 `1 1 2 2 3 4`

新規・変更

振込を希望する金融機関の名称
東都
渋谷
銀行・金庫
農協・漁協・信組
本店・本所
出張所
支店・支所

メイギニン（カタカナ） `キ タ ダ 　 マ ナ ブ`
（つづき）メイギニン（カタカナ）

口座名義人　北田　学

㉓金融機関コード　　㉔郵便局コード

⑫の者については、⑦、⑲、㉑、㉒から㉕まで（㉓の（ハ）を除く。）及び別紙2に記載したとおりであることを証明します。

令和3年8月23日

事業の名称　株式会社　緑建築　電話（03）3321-1123
事業場の所在地　品川区五反田1−2−3　〒140-0000
事業主の氏名　代表取締役　鈴木　太郎 代表者印
（法人その他の団体であるときはその名称及び代表者の氏名）

労働者の直接所属事業場名称所在地　　　　電話（　）

（注意）
1. ㉓の（イ）及び（ロ）については、⑫の者が厚生年金保険の被保険者である場合に限り証明してください。
2. 労働者の直接所属事業場名称所在地については、労働者が直接所属する事業場が一括適用の取扱いを受けている場合に、労働者が直接所属する支店、工事現場等を記載してください。

1回目の請求書には、必ず記入してください。

死傷病報告書提出年月日
令和3年7月30日

㉖傷病の部位及び傷病名　踵骨骨折
㉗療養の期間　令和3年7月19日から令和3年8月18日まで　31日間　診療実日数　4日
傷病の経過　㉚療養の現況 令和3年8月21日 治癒（症状固定）・死亡・転医・中止 継続中
㉛療養のため労働することができなかったと認められる期間　令和3年7月19日から　令和3年8月18日まで　31日間のうち　31日

⑫の者については、㉖から㉛までに記載したとおりであることを証明します。

診療担当者の証明

令和3年8月23日

〒160-9999　電話（03）3456-7890

病院又は診療所の
所在地　新宿区東新宿3−5−2
名称　東新宿病院
診療担当者氏名　医師　本村　一郎 本村

上記により　休業補償給付又は複数事業労働者休業給付 の支給を請求 します。
　　　　　　休業特別支給金 の支給を申請

令和3年8月24日

〒150-0000　電話（03）3111-4222

請求人の
申請人の
住所　渋谷区渋谷4−5−3　（　方）
氏名　北田　学 北田

品川 労働基準監督署長　殿

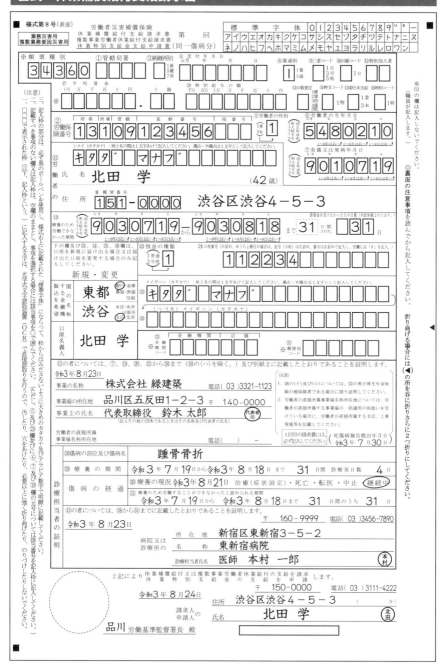

様式第８号（裏面）

㉜労働者の職種	㉝負傷又は発病の時刻	㉞平均賃金（算定内訳別紙1のとおり）	
大工	午前・午後　9時00分頃	10,197円80銭	

㉟所定労働時間	午前・午後8時00分から午前・午後5時00分まで	休業補償給付額、休業特別支給金額の改定比率	平均給与額証明書のとおり

㊱災害の原因、発生状況及び発生当日の就労・療養状況
（あ）どのような場所で（い）どのような作業をしているときに（う）どのような物又は環境に（え）どのような不安全な又は有害な状態があって（お）どのような災害が発生したか（か）⑦と初診日と災害発生日が同じ場合は当日所定労働時間内に通院したか、⑦と初診日が異なる場合はその理由を詳細に記入すること

7月19日午前9時頃、風雨で劣化した倉庫の屋根修繕をする工事を行っていた。作業中、劣化したスレート屋根を踏み抜いて、3mほど下に落下し、踵骨を骨折した。安全のため歩み板を設置していたものの、風が強くバランスを崩して歩み板を踏み外し、転落したものである。

㊲厚生年金保険等の受給関係	（イ）基礎年金番号		（ロ）被保険者資格の取得年月日	年　月　日
	（ハ）当該傷病に関して支給される年金の種類等	年金の種類	厚生年金保険法の　イ障害年金　ロ障害厚生年金	
			国民年金法の　ハ障害年金　ニ障害基礎年金	
			船員保険法の　ホ障害年金	
		障害等級		級
		支給される年金の額		円
		支給されることとなった年月日	年　月　日	
		基礎年金番号及び厚生年金等の年金証書の年金コード		
		所轄年金事務所等		

㊳その他就業先の有無		
有・無	有の場合のその数（ただし表面の事業場を含まない）	社
有の場合でいずれかの事業で特別加入している場合の特別加入状況（ただし表面の事業を含まない）	労働保険事務組合又は特別加入団体の名称	
	加入年月日	年　月　日
	給付基礎日額	円
労働保険番号（特別加入）		

社会保険労務士記載欄	作成年月日・提出代行者・事務代理者の表示	氏名	電話番号
			（　）　―

〔注意〕

一、所定労働時間後に負傷した場合は、⑬及び㉕については、⑱及び㉕欄については記入してください。

二、㉞欄の平均賃金は、労働基準法の平均賃金に相当する金額の算定方法によって算定した金額を記載してください。

三、別紙1は、⑱欄の「賃金を受けなかった日」のうちに業務上の負傷又は疾病による療養のため所定労働時間の一部について休業した日（「一部休業日」という。）が含まれる場合に限り添付してください。

四、別紙3は、㊳欄の「その他就業先の有無」で「有」に〇を付けた場合に、その他就業先ごとに記載してください。その際、その他就業先ごとに注意二及び三の規定に従って記載した別紙1及び別紙2を添付してください。

五、請求人（申請人）が災害発生事業場で特別加入者であるときは、⑬、⑱、㉕、㉗及び㊲欄の事項を証明することができる書類その他の資料を添付してください。

六、第二回目以後の請求（申請）の場合には、⑬、⑱、㉕、㉗及び㉞欄については記入する必要はありません。

（一）別紙1（平均賃金算定内訳）は付する必要はありません。

（二）㉜欄から㊲欄までは記載する必要はありません。

（三）㉝欄及び㉟欄については、前回の請求又は申請後の分について記載してください。

（四）㉝、㉟、㉞及び㊲欄についても記載してください。

七、請求（申請）が離職後である場合（療養のために労働できなかった期間の全部又は一部が離職前にある場合を除く。）には、事業主の証明は受ける必要はありません。

八、㊳「その他就業先の有無」欄の記載がない場合又は複数就業していない場合は、複数事業労働者休業給付の請求はないものとして取り扱います。

九、疾病に係る請求の場合、脳・心臓疾患、精神障害及びその他二以上の事業の業務を要因とすることが明らかな疾病以外は、休業補償給付のみで請求されることとなります。

十、休業特別支給金の支給の申請のみを行う場合には、㊳欄の記載はありません。

231

労　働　保　険　番　号					氏　　　　　名	災害発生年月日
府県	所掌	管轄	基幹番号	枝番号	北田 学	令和3年7月19日
13	1	09	123456			

平均賃金算定内訳

(労働基準法第12条参照のこと。)

雇　入　年　月　日	平成19年 12月 1日	常用・日雇の別	(常用)・日雇

賃金支給方法	(月給)・週給・日給・時間給・出来高払制・その他請負制	賃金締切日	毎月15日

		賃金計算期間	4月16日から 5月15日まで	5月16日から 6月15日まで	6月16日から 7月15日まで	計
A	月よって週その他一定の期間に支払ったもの	総　日　数	30 日	31 日	30 日	(イ) 91 日
	賃金	基本賃金	270,000円	270,000円	270,000円	810,000円
		職務 手当	20,000	20,000	20,000	60,000
		残業 手当	10,000	10,000	10,000	30,000
		計	300,000円	300,000円	300,000円	(ロ) 900,000円
B	日若しくは時間又は出来高払制その他の請負制によって支払ったもの	賃金計算期間	4月21日から 5月20日まで	5月21日から 6月20日まで	6月21日から 7月20日まで	計
		総　日　数	30 日	31 日	30 日	(イ) 91 日
		労　働　日　数	19 日	21 日	21 日	(ハ) 61 日
	賃金	基本賃金	円	円	円	円
		残業 手当	12,000	9,000	7,000	28,000
		手当				
		計	12,000円	9,000円	7,000円	(ニ) 28,000円
総		計	312,000円	309,000円	307,000円	(ホ) 928,000円
平　均　賃　金		賃金総額(ホ) 928,000円÷総日数(イ) 91 = 10,197円 80銭				

最低保障平均賃金の計算方法

Aの(ロ)　900,000円÷総日数(イ) 91 = 9,890円 11銭 (ヘ)

Bの(ニ)　28,000円÷労働日数(ハ)61 × $\frac{60}{100}$ = 275円 41銭 (ト)

9,890円11銭(ヘ)+275円41銭(ト) = 10,165円 52銭 (最低保障平均賃金)

日日雇い入れられる者の平均賃金 (昭和38年労働省告示第52号による。)	第1号又は第2号の場合	賃金計算期間	(ヌ) 労働日数又は労働総日数	(ヲ) 賃金総額	平均賃金(ヲ÷(ヌ)×$\frac{73}{100}$)
		月 日から 月 日まで	日	円	円 銭
	第3号の場合	都道府県労働局長が定める金額			円
	第4号の場合	従事する事業又は職業			
		都道府県労働局長が定めた金額			円

漁業及び林業労働者の平均賃金(昭和24年労働省告示第5号第2条による。)	平均賃金協定額の承認年月日	年 月 日 職種	平均賃金協定額	円

① 賃金計算期間のうち業務外の傷病の療養等のため休業した期間の日数及びその期間中の賃金を業務
上の傷病の療養のため休業した期間の日数及びその期間中の賃金とみなして算定した平均賃金
(賃金の総額(ホ)－休業した期間にかかる②の(リ)) ÷ (総日数(イ)－休業した期間②の(チ))
(円－ 円) ÷ (日－ 日) = 円 銭

健康保険 傷病手当金 支給申請書（第 　 回） **1** 2 3 4 　被保険者記入用 　傷

記入方法および添付書類等については、「健康保険 傷病手当金 支給申請書 記入の手引き」をご確認ください。

申請書は、楷書で枠内に丁寧にご記入ください。　記入見本 0 1 2 3 4 5 6 7 8 9 ア イ ウ

被保険者情報

		記号	番号	生年月日	年 月 日
	被保険者証の（左づめ）	7 1 0 1 0 2 0 3	1 3	1　1.昭和 2.平成 3.令和	6 1 0 1 3 1

氏名・印　（フリガナ）ホンジョウ　タカシ

本上　貴志　　印　　自署の場合は押印を省略できます。

住所　〒 1 1 0 0 0 0 1　東京　都道府県

電話番号（日中の連絡先）※ハイフン除く　TEL 0 3 3 3 3 3 1 1 1 1　目黒区東7−3−19

振込先指定口座

金融機関名称　東西　　銀行　金庫　信組　農協　漁協　その他（　　　）　目黒駅前　本店　支店　代理店　出張所　本店営業部　本所　支所

預金種別	1　1.普通 3.別段 2.当座 4.通知	口座番号	1 2 3 4 5 6 7　左づめでご記入ください。

口座名義　▼カタカナ（姓と名の間は1マス空けてご記入ください。濁点（゛）、半濁点（゜）は1字としてご記入ください。）

ホ ン ジ ョ ウ 　 タ カ シ

口座名義の区分　1　1.被保険者 2.代理人

「2」の場合は必ず記入・押印ください。（押印省略不可）

受取代理人の欄

本申請に基づく給付金に関する受領を下記の代理人に委任します。

被保険者　氏名・印　　印　　□ 1.平成 2.令和　年 月 日

住所　「被保険者情報」の住所と同じ

代理人（口座名義人）　〒　　TEL（ハイフン除く）　被保険者との関係

住所

（フリガナ）

氏名・印　　印

「被保険者記入用」は2ページに続きます。》》》

被保険者のマイナンバー記載欄
（被保険者証の記号番号を記入した場合は記入不要です）
マイナンバーを記入した場合は、必ず本人確認書類を添付してください。▶

(2019.5)

受付日付印

社会保険労務士の提出代行者名記載欄　　印

様式番号　6 0 1 1 6 0　　1 □ □ □ □　　協会使用欄

全国健康保険協会　協会けんぽ

1 / 4

第6章　安全衛生に関する書式サンプル集

健康保険 傷病手当金 支給申請書

被保険者記入用

被保険者氏名	本上　貴志

申請内容

① 傷病名
1つの記入欄に複数の傷病名を記入しないでください。

1)　　自律神経失調症

2)

3)

② 初診日

2	1.平成 2.令和	0 3 0 7 0 1

| | 1.平成 2.令和 | |
| | 1.平成 2.令和 | |

③ 該当の傷病は病気(疾病)ですか、ケガ(負傷)ですか。

1 1. 病気
（発病時の状況）
7月1日の起床時に激しい発汗状態となり、症状が改善しないため受診した。

2. ケガ → 負傷原因届を併せてご提出ください。

④ 療養のため休んだ期間(申請期間)

| 2 | 1.平成 2.令和 | 0 3 0 7 0 1 | から |
| 2 | 1.平成 2.令和 | 0 3 0 8 3 1 | まで |

日数　6 2　日間

⑤ あなたの仕事の内容(具体的に)
(退職後の申請の場合は退職前の仕事の内容)

OA機器の営業(ルート回り)

確認事項

① 上記の療養のため休んだ期間(申請期間)に報酬を受けましたか。または今後受けられますか。

2 1. はい　2. いいえ

①-① 「はい」と答えた場合、その報酬の額と、その報酬支払の対象となった(なる)期間をご記入ください。

| | 1.平成 2.令和 | 年 月 日 | から | 報酬額 | |
| | 1.平成 2.令和 | 年 月 日 | まで | | |

② 「障害厚生年金」または「障害手当金」を受給していますか。受給している場合、どちらを受給していますか。

3 1. はい → 1. 障害厚生年金
2. 請求中　　 2. 障害手当金
3. いいえ

「はい」の場合 ▶

②-① 「はい」または「請求中」と答えた場合、受給の要因となった(なる)傷病名及び基礎年金番号等をご記入ください。

「請求中」と答えた場合は、傷病名・基礎年金番号をご記入ください。

傷病名

基礎年金番号　　　　　　　　　年金コード

支給開始年月日
1.昭和
2.平成
3.令和
年 月 日　年金額　円

③ (健康保険の資格を喪失した方はご記入ください。)
老齢または退職を事由とする公的年金を受給していますか。

1. はい　3. いいえ
2. 請求中

「はい」の場合 ▶

③-① 「はい」または「請求中」と答えた場合、基礎年金番号等をご記入ください。
「請求中」と答えた場合は、基礎年金番号のみをご記入ください。

基礎年金番号　　　　　　　　　年金コード

支給開始年月日
1.昭和
2.平成
3.令和
年 月 日　年金額　円

④ 労災保険から休業補償給付を受けていますか。(又は、過去に受けたことがありますか。)

3 1. はい　3. いいえ
2. 労災請求中

「はい」の場合 ▶

④-① 「はい」または「労災請求中」と答えた場合、支給元(請求先)の労働基準監督署をご記入ください。

労働基準監督署

様式番号

| 6 0 1 2 6 9 |

「事業主記入用」は3ページに続きます。》》》

「健康保険傷病手当金支給申請書記入の手引き」の「添付書類」をご用意ください。および「支給期間と支給額③」をご確認ください。

健康保険 傷病手当金 支給申請書

事業主記入用

労務に服することができなかった期間を含む賃金計算期間の勤務状況および賃金支払状況等をご記入ください。

事業主が証明するところ

被保険者氏名 本上 貴志

勤務状況 【出勤は○】で、【有給は△】で、【公休は公】で、【欠勤は／】でそれぞれ表示してください。

1.平成 2.令和 年 月																		出 勤	有 給
2 0 3 0 7	公 公 ／ ／ ／ ／ ／ ／ ／ ／ ／ ／ ／ ／ ／ ／ ／ 公 公 公 公 公 公 ／ ／ ／ ／ ／ ／ ／															計		0 日	0 日
2 0 3 0 8	／ 公 公 ／ ／ ／ ／ 公 公 ／ ／ ／ ／ ／ ／ ／ ／ ／															計		0 日	0 日
	1 2 3 4 5 6 7 8 9 10 11 12 13 14 15 16 17 18 19 20 21 22 23 24 25 26 27 28 29 30 31															計			

上記の期間に対して、賃金を支給しました(します)か?	給与の種類	賃金計算	締 日	末 日
□ はい ☑ いいえ	☑ 月給 □ 時間給 □ 日給 □ 歩合給 □ 日給月給 □ その他		支払日	2 1.当月 2.翌月 10 日

上記の期間を含む賃金計算期間の賃金支給状況をご記入ください。

支給した(する)賃金内訳

期間 / 区分	単価	07月01日~07月31日分 支給額	08月01日~08月31日分 支給額	月 日~ 月 日分 支給額
基本給		0	0	
通勤手当				
手当				
手当				
手当				
手当				
現物給与				
計		0	0	

賃金計算方法(欠勤控除計算方法等)についてご記入ください。

担当者氏名	山梨 有美

上記のとおり相違ないことを証明します。

事業所所在地 〒141-0000 東京都品川区五反田1-2-3

年 月 日 2 1.平成 2.令和 0 3 0 9 1 3

事業所名称 株式会社 緑商会

事業主氏名 代表取締役 鈴木 太郎 ㊞

電話番号 ※ハイフン除く 0 3 3 3 2 1 1 1 2 3

様式番号 6 0 1 3 6 8

「療養担当者記入用」は4ページに続きます。

全国健康保険協会 協会けんぽ

(3 / 4)

健康保険 傷病手当金 支給申請書

1 2 3 **4**

療養担当者記入用

療養担当者が意見を記入するところ

患者氏名	本上　貴志		

傷病名	(1) 自律神経失調症	初診日 (療養の給付 開始年月日)	(1) 2 1.平成 2.令和 ／ 年 月 日 ／ 0 3 0 7 0 1
	(2)		(2) ☐ 1.平成 2.令和
	(3)		(3) ☐ 1.平成 2.令和

発病または 負傷の年月日	2 1.平成 2.令和 ／ 年 月 日 ／ 0 3 0 7 0 1	☑ 発病 ☐ 負傷		
労務不能と 認めた期間	2 1.平成 2.令和 ／ 年 月 日 ／ 0 3 0 7 0 1 から	発病または 負傷の原因	不詳	
	2 1.平成 2.令和 ／ 年 月 日 ／ 0 3 0 8 3 1 まで	6 2 日間		
うち入院期間	☐ 1.平成 2.令和 ／ から	療養費用の別	☑ 健保 ☐ 公費(　　　) ☐ 自費 ☐ その他	
	☐ 1.平成 2.令和 ／ まで 日間入院	転帰	☐ 治癒 ☐ 中止 ☑ 繰越 ☐ 転医	

診療 実日数 (入院期間 を含む)	6 日	診療日及び入 院していた日 を○で囲んで ください。	0 7 月	① 2 3 4 5 6 7 8 9 10 11 12 13 ⑭ 15 16 17 18 19 20 21 22 23 24 25 ㉗ 28 29 30 31
			0 8 月	1 2 3 4 5 6 7 8 ⑨ 10 11 12 13 14 15 ⑯ 17 18 19 20 21 22 23 24 ㉕ 26 27 28 29 30 31
			月	1 2 3 4 5 6 7 8 9 10 11 12 13 14 15 16 17 18 19 20 21 22 23 24 25 26 27 28 29 30 31

上記の期間中における「主たる症状および経過」「治療内容、検査結果、療養指導」等(詳しく)		
発汗異常・循環障害を発症。 投薬による治療を行う。	手術年月日	☐ 1.平成 2.令和 ／ 年 月 日
	退院年月日	☐ 1.平成 2.令和

症状経過からみて従来の職種について労務不能と認められた医学的な所見
経過は良好で安定しつつあるものの、依然として上記の症状が 継続しているため、自宅療養を要する。

人工透析を実施 または人工臓器 を装着したとき	人工透析の実施または人工臓器を装着した日 ☐ 1.昭和 2.平成 3.令和 ／ 年 月 日	人工臓器等 の種類	☐ 人工肛門　☐ 人工関節 ☐ 人工骨頭　☐ 心臓ペースメーカー ☐ 人工透析　☐ その他(　　　)

上記のとおり相違ありません。		
医療機関の所在地 東京都港区芝町１－１－１ 医療機関の名称 港総合病院 医師の氏名 三田　太郎	2 1.平成 2.令和 ／ 年 月 日 ／ 0 3 1 0 0 8	
	電話番号 ※ハイフン除く	0 3 6 7 6 7 0 1 0 1

様式番号

6 0 1 4 6 7

全国健康保険協会
協会けんぽ

4 / 4

236

索　引

索引

【監修者紹介】
森島 大吾（もりしま だいご）

1986年生まれ。三重県出身。社会保険労務士、中小企業診断士。三重大学大学院卒業。観光業で人事労務に従事後、介護施設で人事労務から経営企画、経理まで幅広い業務に従事する。2020年1月に「いちい経営事務所」を開設。会社員時代には、従業員の上司には言えない悩みや提案を聞くことが多く、開業してからも経営者の悩みに共感し寄り添うことをモットーに、ネガティブな感情をポジティブな感情に動かす『感動サービス』の提供を行っている。人事労務から経理まで多岐にわたる業務に従事していた経験と中小企業診断士の知識を活かして、給与計算代行や労働保険・社会保険の手続き代行だけでなく、経営戦略に寄与する人事戦略・労務戦略の立案も行い、ヒト・モノ・カネの最大化に向けたサポートをしている。

監修書に、『入門図解 テレワーク・副業兼業の法律と導入手続き実践マニュアル』『入門図解 高年齢者雇用安定法の知識』『入門図解 危機に備えるための 解雇・退職・休業・助成金の法律と手続き』『失業等給付・職業訓練・生活保護・給付金のしくみと手続き』『図解で早わかり最新 医療保険・年金・介護保険のしくみ』『株式会社の変更登記と手続き実務マニュアル』『最新 親の入院・介護・財産管理・遺言の法律入門』『社会保険・労働保険の基本と手続きがわかる事典』（小社刊）がある。

図解
最新 労働安全衛生法の基本と実務がわかる事典

2021年6月30日　第1刷発行
2024年6月30日　第3刷発行

監修者	森島大吾
発行者	前田俊秀
発行所	株式会社三修社
	〒150-0001　東京都渋谷区神宮前2-2-22
	TEL　03-3405-4511　FAX　03-3405-4522
	振替　00190-9-72758
	https://www.sanshusha.co.jp
	編集担当　北村英治
印刷所	萩原印刷株式会社
製本所	牧製本印刷株式会社

©2021 D. Morishima Printed in Japan
ISBN978-4-384-04870-4 C2032